PARA DEVOCIONES PERSONALES Y FAMILIARES. DESDE 1956.

Nuestro Pan Diario

EDICIÓN ANUAL 2017

De: Nuestro

Para: Aura Ileana.

Publicaciones
Nuestro Pan Diario

ESCRITORES:
Dave Branon, Anne M. Cetas, Poh Fang Chia, William E. Crowder, Lawrence Darmani, Mart DeHaan, David C. Egner, H. Dennis Fisher, Timothy Gustafson, James Banks, Dorothy A. Thrupp, Shelly Beach, Jaime Fernández Garrido, Chek Phang Hia, Cindy Hess Kasper, Randy K. Kilgore, Albert Lee, Julie Ackerman Link, David C. McCasland, Keila Ochoa, David H. Roper, Jennifer Benson Schuldt, Joseph M. Stowell, Marion Stroud, Marvin L. Williams, Philip D. Yancey, Joanie Yoder.

Traducción: Alicia Ana Güerci
Edición: Gabriela De Francesco, Sandra R. Leoni, Fernando Plou Fernández, Luis Magín Álvarez
Coordenación gráfica: Audrey Novac Ribeiro
Diagramación: Priscila Santos, Rebeka Werner

Fotos de portada:
Chile, Alex Soh © Ministerios Nuestro Pan Diario
Israel, Alex Soh © Ministerios Nuestro Pan Diario

Citas bíblicas:
Excepto cuando se indique lo contrario, las citas bíblicas están tomadas de las versiones Reina-Valera © 1960 por las Sociedades Bíblicas en América Latina (En todos los casos, el nombre «Jehová» ha sido sustituido por su sinónimo «Señor»); y LA BIBLIA DE LAS AMÉRICAS © Copyright 1986, 1995, 1997 por The Lockman Foundation. Usadas con permiso.

Créditos:
Artículos: 11 de marzo; 6 de abril; 14 de julio; 5 de agosto; 25 de septiembre; extraídos y adaptados de *Grace Notes* [Notas de gracia], de Philip Yancey © 2009 Zondervan. Artículo: 19 de octubre: extraído y adaptado de *Prayers for Prodigals* [Oraciones para pródigos], de James Banks © 2011 Discovery House Publishers. Todos los derechos reservados. Artículo: 5 de noviembre: extraído y adaptado de *Precious Lord, Take My Hand* [Precioso Señor, toma mi mano], de Shelly Beach © 2007 Discovery House Publishers. Todos los derechos reservados. Publicados con permiso.

Para la producción de los materiales de Ministerios Nuestro Diario, se utilizan las actualizaciones de la Nueva gramática, la Ortografía y el Diccionario de la lengua de la Real Academia Española. Nuestro idioma es sumamente rico y variado, y su uso también se ve afectado por regionalismos que cambian el significado de ciertas palabras, lo cual podría hacerlas desconocidas o incluso ofensivas según el país. Por este motivo, si algún término o expresión utilizados en este material es desconocido, despierta curiosidad o incluso genera rechazo, por favor, consultar su significado en el Diccionario de la Real Academia Española. Con gusto, responderemos a toda consulta al respecto.

PUBLICACIONES NUESTRO PAN DIARIO
Internet: www.nuestropandiario.org • Email: oficina_regional@odb.org

S1355 • ISBN: 978-1-68043-183-4
HQ847 • ISBN: 978-1-68043-184-1

Impreso en China

Spanish ODB Edition

Contenido

DIRECCIONES DE LAS OFICINAS PARA LA REGIÓN DE IBEROAMÉRICA

ARGENTINA: Ministerios Nuestro Pan Diario, Casilla de Correos 23, Sucursal Olivos, B1636AAG, Buenos Aires. • Email: argentina@odb.org

BRASIL: Ministerios Nuestro Pan Diario, Caixa Postal 4190, 82501-970, Curitiba/PR. • Email: brasil@paodiario.org

COLOMBIA: Ministerios Nuestro Pan Diario, Apartado Postal 21, Fusagasugá, Cundinamarca. • Email: colombia@odb.org

EE.UU.: Ministerios Nuestro Pan Diario, PO Box 177, Grand Rapids, MI 49501-0177. • Email: usa@odb.org

ESPAÑA: Ministerios Nuestro Pan Diario, Apartado de correos 33, 36950 Moaña, Pontevedra. • Email: espana@odb.org

HONDURAS: Ministerios Nuestro Pan Diario, Apartado Postal 30082, Toncontín. • Email: honduras@odb.org

MÉXICO: Ministerios Nuestro Pan Diario, Apartado Postal 47-085, Col. Industrial Del. Gustavo A. Madero, México DF 07801.
Email: mexico@odb.org

PERÚ: Ministerios Nuestro Pan Diario, Casilla de Correos 14-425, Lima.
Email: peru@odb.org

PORTUGAL: Ministérios Nosso Pão Diário, Apartado 66, EC Valença, 4930-999 Valença. • Email: portugal@odb.org

Si no hay una oficina de Ministerios Nuestro Pan Diario en tu país, por favor, escribe a la oficina regional.

Dirección de Internet: www.nuestropandiario.org
Email: oficina_regional@odb.org

Introducción

Nos alegra que hayas buscado un ejemplar de la Edición anual de regalo 2017 de *Nuestro Pan Diario*. Nuestra oración es que te sea útil en tu andar con el Señor.

En la página 374 de este libro, hay un artículo destacado escrito por Gary Inrig sobre el perdón; un tema que suele malinterpretarse. Gary habla de lo que significa perdonar, de lo que necesita arrepentirse la otra persona antes de que la perdonemos y de qué hacer cuando no sentimos deseos de perdonar. Esperamos que este debate te ayude de maneras prácticas en tu relación con los demás.

Si tienes amigos o seres queridos a quienes este libro podría ayudarlos en su tiempo con Dios, considera compartirlo con ellos.

Por favor, ponte en contacto con nosotros en caso de que podamos ayudarte.

—El personal de Ministerios Nuestro Pan Diario

Cultiva tu relación con Dios

Dios te habla a través de la Biblia. Cuando lees una porción de la Escritura, te preguntas: *¿Qué significa?* Dentro del pasaje, hay una verdad espiritual fundamental, cuyo significado trasciende los tiempos. Pregúntate: *¿De qué maneras debería cambiar mi vida al estudiar este pasaje?* El Espíritu puede cambiar tus pensamientos, tu forma de hablar y tu conducta si le permites que use los principios de la Palabra de Dios para moldearte.

Responde a Dios en oración. Confiesa tus pecados y dale gracias al Señor por sus promesas. Pídele que te ayude a entender mejor lo que significa el pasaje y pregúntale cómo puede ayudarte a parecerte más a Jesús.

Las relaciones interpersonales se construyen mediante una comunicación bilateral, y lo mismo sucede con nuestra relación con Dios.

Anota la respuesta. Lleva un registro escrito de lo que descubres. Tu diario te ayudará a ver cómo estás creciendo en la fe. También te ayudará a mantener el pasaje fresco en tu mente para que pueda seguir influenciándote a lo largo del día.

Cultivar una relación no es nada fácil. Requiere diligencia, comunicación, paciencia, confianza y tiempo. Una relación con Dios no es la excepción. Pasa tiempo con Él en su Palabra y en oración. Conversa con Él sobre todos los aspectos de tu vida. Permítele que te hable y, con frecuencia, aparta tiempo para hablar con Él. Cuando lo hagas, tu vida con Dios se hará más profunda y descubrirás que vale la pena hacer el esfuerzo.

Extraído y adaptado de *In His Presence: Spending Time With God* [En su presencia: Pasa tiempo con la Palabra de Dios] de Dennis Fisher.

¿Mejor o peor?

Todos los años, los expertos predicen qué ocurrirá con la economía, la política, el clima y otros temas. ¿Habrá guerra o paz? ¿Pobreza o prosperidad? ¿Progreso o estancamiento? La gente espera que el nuevo año sea mejor que el anterior, pero nadie sabe qué sucederá.

LECTURA:
2 Ti. 3:1-5, 10-17

Pero persiste tú en lo que has aprendido y te persuadiste... (v. 14).

No obstante, hay algo de lo que sí podemos estar seguros. Un orador sugirió una vez que, cuando uno pregunta si el mundo mejorará o empeorará, la respuesta es: «¡Las dos cosas!».

Pablo le dijo a Timoteo: «En los postreros días vendrán tiempos peligrosos. [...] los malos hombres y los engañadores irán de mal en peor, engañando y siendo engañados. Pero persiste tú en lo que has aprendido y te persuadiste, sabiendo de quién has aprendido» (2 TIMOTEO 3:1, 13-14).

La Palabra de Dios inspirada nos instruye, nos corrige y nos alienta a seguir el camino del Señor (vv. 16-17). J. B. Phillips describió la Escritura como nuestro «equipamiento completo», que nos prepara para todas las áreas de la obra de Dios.

A medida que la oscuridad espiritual de nuestro mundo se profundiza, la luz de Cristo brilla más a través de aquellos que conocen y aman al Señor. Jesús es nuestro gozo y esperanza... ¡hoy, mañana y siempre!

DCM

● *Padre celestial, los problemas pueden desviar nuestros ojos de ti. Gracias porque tu Palabra nos mantiene enfocados.*

Los poderes del mal no se comparan con el poder de Jesús en tu interior.

¿Dónde estás?

Los dos jovencitos oyeron el ruido del automóvil de sus padres y se llenaron de pánico. ¿Cómo explicarían el lío que había en casa? Las instrucciones del padre habían sido claras antes de partir: nada de fiestas ni de amigos revoltosos. Sin embargo, a pesar de la advertencia, habían invitado amigos desenfrenados. Ahora, la casa era un caos, y los muchachos estaban un poco borrachos y alborotados. Entonces, por miedo, se escondieron.

LECTURA:
Génesis 3:1-10

Mas el Señor Dios llamó al hombre, y le dijo: ¿Dónde estás tú? (v. 9).

Es probable que Adán y Eva se hayan sentido así cuando, después de decidir desobedecer a Dios, escucharon que Él se acercaba. Por temor, se escondieron. «¿Dónde estás tú?», preguntó Dios. Adán respondió: «Oí tu voz en el huerto, y tuve miedo, porque estaba desnudo; y me escondí» (GÉNESIS 3:9-10). El pecado hace que nos sintamos atemorizados y desnudos; entonces, nos volvemos más vulnerables, incluso, a más tentaciones.

El Señor sigue llamando a las personas, preguntando: «¿Dónde estás tú?». Muchos huyen, tratando de esconderse de Él o de acallar el sonido de su voz. Sin embargo, no podemos escondernos, ya que Dios sabe exactamente dónde estamos. En lugar de ocultarnos por el miedo, podemos responder de este modo: «Dios, sé propicio a mí, pecador» (LUCAS 18:13).

LD

¿Estás escondiendo algo en tu vida? El poder de la sangre de Cristo puede librarte.

El único lugar donde esconder el pecado es bajo la sangre de Cristo.

¡Estoy redimido!

Un día, mientras Ana visitaba a su esposo en el hospital, empezó a hablar con un enfermero que lo atendía. Ana busca maneras de hablarles a todos de Jesús. En aquella ocasión, le preguntó al hombre si sabía qué quería hacer en el futuro. Cuando este le contestó que no estaba seguro, Ana sugirió que sería importante conocer primero a Dios, para que Él lo ayudara con una decisión tan importante como esa. Entonces, el enfermero levantó la manga de su camisa y le mostró un tatuaje en el brazo, que decía: «¡Estoy redimido!».

LECTURA:
Salmo 40:8-10

Cantad al Señor, bendecid su nombre; anunciad [...] su salvación

(Salmo 96:2).

¡Se dieron cuenta de que compartían el amor al Señor Jesucristo! Además, ambos habían encontrado maneras de compartir su fe en Aquel que murió para darnos vida.

El título de una vieja canción cristiana de Steve Green lo expresa mejor: «Tienen que saber». Nosotros tenemos la responsabilidad de hallar diferentes formas de compartir con la gente «la buena noticia» (SALMO 40:9). Algunos se sienten incómodos si tienen que hablar con desconocidos, y no hay un único método apropiado. No obstante, Dios utilizará nuestra personalidad y su luz en nosotros para que reflejemos su amor.

«¡Estoy redimido!» Permitamos que el Señor nos guíe a descubrir maneras de hablar a otros de Jesús, ¡nuestro Redentor!

JDB

● *Habla hoy con alguien sobre la libertad que da creer en Cristo como Salvador.* ______

La buena noticia del evangelio es demasiado buena para callársela.

LA BIBLIA en UN AÑO:
Génesis 10–12; Mateo 4

La bella esposa

He participado en muchos casamientos. Por lo general, planeada según los sueños de la novia, cada boda es única. Pero hay algo similar en todas: con su vestido adornado, un peinado maravilloso y el rostro resplandeciente, la novia es el centro de atención.

LECTURA:
Apocalipsis 19:4-9

... han llegado las bodas del Cordero, y su esposa se ha preparado (v. 7).

Me resulta intrigante que Dios nos describa como su esposa. Al hablar de la Iglesia, declara: «han llegado las bodas del Cordero, y su esposa se ha preparado» (APOCALIPSIS 19:7).

Este concepto es maravilloso para los que se sienten desanimados por la condición de la iglesia. Mi padre fue pastor, yo pastoreé tres congregaciones y he predicado en todo el mundo. Pero, aunque la iglesia parezca con frecuencia algo espinoso, mi amor por ella no ha cambiado.

Lo que sí ha cambiado es mi razón para amarla, y esto se debe, sobre todo, a reconocer a quién le pertenece: la Iglesia es de Cristo; es su esposa. Como es preciosa para Él, también lo es para mí. Por más imperfectos que seamos, ¡el amor de Cristo por su esposa es algo extraordinario!

JMS

Señor, esperamos con ansias el día cuando nos vistamos del lino fino de la pureza y nos unamos a ti en matrimonio en las bodas del Cordero. Mientras tanto, recuérdanos que amemos a tu Esposa y que vivamos para agradarte a ti.

Cristo ama a su Esposa, la Iglesia; por eso, nosotros también debemos amarla.

Requiere montaje

Cuando mi hija y su novio empezaron a recibir regalos de casamiento, uno de ellos fue un armario que debía armarse... y yo me ofrecí a hacerlo, ya que ellos tenían demasiados preparativos para la boda. Aunque me llevó un par de horas, fue mucho más fácil de lo previsto. Todas las piezas de madera ya venían cortadas y con los agujeros correspondientes, incluidos los tornillos para armarlo. Las instrucciones eran a prueba de tontos.

LECTURA:
Filipenses 4:4-13

... sean conocidas vuestras peticiones delante de Dios...

(v. 6).

Lamentablemente, pocas cosas en la vida son así, ya que no incluye instrucciones sencillas ni tenemos a mano todas las piezas necesarias. Enfrentamos situaciones sin tener una idea clara de lo que implicará ni de lo que obtendremos. Con facilidad, quedamos abrumados ante esos momentos difíciles.

Sin embargo, no hay razón para enfrentar esas cargas sin ayuda. Dios desea que se las entreguemos a Él: «Por nada estéis afanosos, sino sean conocidas vuestras peticiones delante de Dios en toda oración y ruego, con acción de gracias. Y la paz de Dios, que sobrepasa todo entendimiento, guardará vuestros corazones y vuestros pensamientos en Cristo Jesús» (FILIPENSES 4:6-7).

Tenemos un Salvador que comprende nuestra situación y nos ofrece su paz en medio de nuestras luchas.

WEC

Señor, gracias porque siempre estás dispuesto a ayudarme y no tengo que enfrentar la vida solo.

El secreto de la paz es dejar que Dios se ocupe de todas nuestras ansiedades.

Hermosear los errores

Al comienzo de su carrera, el intérprete de jazz Hernie Hancock fue invitado a formar parte del quinteto de Miles Davis, una leyenda de la música. En una entrevista, Hancock describió a Davis como una persona sumamente alentadora. Durante una presentación, cuando Davis estaba cerca del clímax de su solo, Hancock tocó mal un acorde. Se sintió avergonzado, pero Davis continuó como si nada hubiese pasado. «Improvisó unas notas que hicieron que mi acorde sonara correcto», declaró Hancock.

LECTURA:
Lucas 22:39-51

Jesús, [...] tocando su oreja, le sanó (v. 51).

¡Qué ejemplo de liderazgo amoroso! Davis no reprendió a Hancock ni lo ridiculizó. Simplemente, reajustó su plan y convirtió en algo hermoso lo que era, en potencia, un error terrible.

Así hizo Jesús con Pedro. Cuando este le cortó la oreja a uno de los que fueron a arrestar al Señor, Él se la reinsertó (LUCAS 22:51). Una y otra vez, Jesús utilizó los errores de los discípulos para mostrar algo mejor.

Lo que el Señor hizo por sus discípulos, también lo hace por nosotros; y nosotros podemos hacerlo por los demás. En vez de magnificar cada error, podemos convertirlos en actos maravillosos de perdón, restauración y redención.

JAL

• *Señor, utiliza para tu gloria los peores aspectos de nuestra vida.*

Jesús anhela convertir nuestros errores en ejemplos asombrosos de su gracia.

¿Dónde puedo ayudar?

El invierno pasado, hubo una tormenta de hielo en la ciudad donde vivo. Por el peso del hielo, cientos de ramas de árboles cortaron los cables de electricidad y dejaron sin luz miles de hogares y negocios durante días. En casa, usamos un generador para suplir las necesidades básicas de energía, pero no se podía cocinar. Cuando salimos a buscar un lugar donde comer, recorrimos muchos kilómetros, y todo estaba cerrado. Por fin, encontramos un restaurante para desayunar, que tenía luz, pero estaba repleto de clientes hambrientos con el mismo problema que nosotros.

LECTURA:
Gálatas 6:1-10

... hagamos bien a todos, y mayormente a los de la familia de la fe (v. 10).

Una mujer se acercó a tomar el pedido, y dijo: «No soy empleada de este restaurante. Un grupo de nuestra iglesia estaba desayunando aquí y, al ver que los empleados estaban desbordados con tantos clientes, le dijimos al gerente que estábamos dispuestos a ayudarlos a atender las mesas». .

La disposición de esta mujer a servir me recordó las palabras de Pablo: «según tengamos oportunidad, hagamos bien a todos» (GÁLATAS 6:10). Ante tanta necesidad, me pregunto qué sucedería si todos le pidiéramos a Dios que nos mostrara hoy alguna oportunidad de servirlo y ayudar a otros.

HDF

Señor, muéstranos dónde y cómo podemos servir y aliviar a otros. Danos un corazón de amor y compasión. Ayúdanos a ponernos en acción.

Seguimos el ejemplo de Cristo cuando servimos a los necesitados.

Lluvias fuera de lo común

¿Qué tienen en común los peces, los renacuajos y las arañas? Todos estos animales han llovido desde el cielo en diferentes partes del mundo. Sobre la ciudad australiana de Lajamanu, cayeron peces. Sobre regiones del centro de Japón, diluviaron renacuajos en varias ocasiones. Sobre el cerro San Bernardo en Argentina, llovieron arañas. Aunque los científicos sospechan que el viento tiene mucho que ver con estas lluvias intrigantes, nadie puede explicarlas por completo.

LECTURA:
Ezequiel 34:25-31

... haré descender [...] lluvias de bendición... (v. 26).

El profeta Ezequiel describió un aguacero mucho más extraordinario: una lluvia de bendiciones (EZEQUIEL 34:26). Habló de un tiempo en el cual Dios enviaría bendiciones, como si fuera una lluvia, para renovar a su pueblo. Los israelitas estarían a salvo de las naciones enemigas, tendrían comida suficiente, y serían liberados de la esclavitud y la vergüenza (vv. 27-29). Estas dádivas restaurarían la relación de Israel con Dios. Sabrían que el Señor estaba con ellos y que «ellos [...], la casa de Israel» eran su pueblo (v. 30).

Dios también bendice a sus seguidores en esta época (SANTIAGO 1:17). Algunas veces, las bendiciones abundan como la lluvia; otras, gotean de una en una. Pero todo lo bueno que recibimos viene con un mensaje de Dios: *Veo tus necesidades. Eres mío y me ocuparé de tus cosas.*

JBS

● *¿Ya constaste hoy todas las bendiciones que has recibido?*

Las bendiciones cotidianas son recordatorios diarios de Dios.

Carta de amor

Todas las mañanas, cuando llego a mi oficina, reviso el correo electrónico. La mayoría de las veces, lo hago sin prestar mucha atención. Sin embargo, hay algunos que estoy ansiosa por abrir. Sí, adivinaste: los que mandan mis seres queridos.

LECTURA:
Salmo 119:97-104

¡Oh, cuánto amo yo tu ley! Todo el día es ella mi meditación (v. 97).

Alguien dijo que la Biblia es la carta de amor de Dios a nosotros. No obstante, tal vez hay días, como me sucede a mí, en los que no tienes ganas de abrirla, y tu corazón no se hace eco de las palabras del salmista: «¡Oh, cuánto amo yo tu ley!» (SALMO 119:97). Las Escrituras son «tus mandamientos» (vv. 98, 100), «tus testimonios» (v. 99), «tu palabra» (v. 101, cursivas añadidas).

Una pregunta formulada por Thomas Manton (1620–1677) sigue siendo importante hoy: «¿Quién es el autor de las Escrituras? Dios. [...] ¿Cuál es el fin de las Escrituras? Dios. ¿Para qué otra cosa se escribieron las Escrituras sino para que disfrutemos eternamente del bendito Dios?».

Cuanto más conocemos a algunos, menos los admiramos, pero, en el caso del Señor, es a la inversa. Familiarizarse con la Palabra de Dios, o, más bien, con el Dios de la Palabra, genera afecto; y el afecto lleva a querer conocerla más.

Cuando abras tu Biblia, recuerda que Dios tiene un mensaje para ti.

PFC

● *Señor, enséñame a amar tu Palabra cada día más.*

Estudiar las Escrituras nos ayuda a conocer al Dios de la Biblia.

LA BIBLIA en **UN AÑO:**
Génesis 25–26; Mateo 8:1-17

¿Tarde para cambiar?

Muchos idiomas tienen dichos sobre la dificultad de cambiar viejos hábitos. En inglés: *You can't teach an old dog new tricks* [Perro viejo no aprende trucos nuevos]. En francés: *Ce n'est pas a un vieux singe qu'on apprend a faire la grimace* [Mono viejo no aprende a hacer muecas]. En español: *Loro viejo no aprende a hablar.*

LECTURA:
Juan 3:1-8, 13-16

Nicodemo le dijo: ¿Cómo puede un hombre nacer siendo viejo?... (v. 4).

Cuando Jesús le dijo a Nicodemo que debía nacer de nuevo para poder ver el reino de Dios, él respondió: «¿Cómo puede un hombre nacer siendo viejo? ¿Puede acaso entrar por segunda vez en el vientre de su madre, y nacer?» (JUAN 3:3-4). Merrill Tenney propone que Nicodemo quiso decir lo siguiente: «Reconozco que es necesario un nuevo nacimiento, pero soy demasiado viejo para cambiar. Ya tengo un estilo de vida. El nacimiento físico es imposible, y el renacimiento psicológico es aun menos probable [...]. Mi situación no tiene salida».

Jesús respondió: «Porque de tal manera amó Dios al mundo, que ha dado a su Hijo unigénito, para que todo aquel que en él cree, no se pierda, mas tenga vida eterna» (v. 16). Esta es la propuesta para una nueva vida y un nuevo comienzo para todos: jóvenes o viejos.

No importa tu edad ni situación en la vida; con el poder de Dios, nunca es demasiado tarde para cambiar.

DCM

Padre, gracias por tu fidelidad para seguir enseñándonos nuevos caminos; tus caminos.

Cambiar es posible porque Dios es poderoso.

LA BIBLIA en UN AÑO:
Génesis 27–28; Mateo 8:18-34

¿Cuál es tu lema?

Grug Crood, padre de una familia de cavernícolas en una película animada, cree que el único lugar seguro es su cueva. Su lema para la familia es: «Jamás no tener miedo». Dicho de otro modo: «*Siempre* tener miedo».

A menudo, Jesús les dijo a sus seguidores lo opuesto: «No teman». Se lo repitió a Simón cuando lo llamó para que lo siguiera (LUCAS 5:10). Cuando se le acercó Jairo, líder de una sinagoga y cuya hija estaba muriéndose, lo calmó con palabras similares (8:50).

LECTURA:
Lucas 12:4-7, 22-32

... No temáis, pues; más valéis vosotros que muchos pajarillos (v. 7).

Lucas 12 relata cuando Jesús les dice a sus discípulos que no tengan miedo, ya que Dios los cuida más que a las aves (v. 7). También, después de su resurrección, les dijo a las mujeres que fueron al sepulcro: «No temáis» (MATEO 28:10).

El miedo es un sentimiento universal. Nos preocupan nuestros seres queridos, nuestras necesidades y el futuro incierto. ¿Cómo aprendemos a tener fe? El Señor nos ha dado un fundamento sobre el cual desarrollar nuestra confianza en Él: «... dijo: No te desampararé, ni te dejaré; de manera que podemos decir confiadamente: El Señor es mi ayudador; no temeré» (HEBREOS 13:5-6).

AMC

Padre, la vida puede ser atemorizante. Gracias por tu promesa de amarnos y cuidarnos siempre. Ayúdanos a recordarla cuando el temor nos invada.

El amor de Dios nos libera de las cadenas del miedo.

LA BIBLIA en **UN AÑO:**
Génesis 29–30; Mateo 9:1-17

Narrador de historias

Después de la Guerra Civil Norteamericana (1861-1865), el general Lew Wallace fue gobernador de los territorios de Nuevo México, que aun no pertenecían a los Estados Unidos de América. Su labor lo puso en contacto con muchos de los personajes que formaron parte de la historia casi mítica del Lejano Oeste; entre ellos, Billy el Niño y el *sheriff* Pat Garrett. Fue allí donde Wallace escribió lo que algunos han llamado el libro cristiano más influyente del siglo XIX: *Ben Hur: Una historia de los tiempos de Cristo.*

LECTURA:
Colosenses 1:13-23

Y a vosotros también, [...] ahora os ha reconciliado (v. 21).

Wallace fue testigo de uno de los peores impactos del pecado de la humanidad, reflejado en tales hechos de violencia. Tanto en su vida como en su famoso libro, el escritor concebía que lo único que tiene poder para redimir y reconciliar es la historia de Jesucristo.

Para los seguidores de Cristo, el clímax de nuestra vida fue el momento en que Dios «nos [libró] de la potestad de las tinieblas, y [trasladó] al reino de su amado Hijo, en quien tenemos redención por su sangre, el perdón de pecados» (COLOSENSES 1:13-14). Ahora gozamos del privilegio de ser narradores de la historia de la maravillosa redención divina.

RKK

Señor, controla hoy mis palabras. Lléname de tus expresiones de amor y gracia, y utilízalas para que algunos corazones se vuelvan a ti. Sin ti, no puedo hacer nada.

La diferencia que Cristo marca en tu vida es una historia digna de contar.

Salido de la oscuridad

No sé en qué situación desesperante se encontraba Asaf, el escritor del Salmo 77, pero yo también he escuchado y expresado lamentos similares. Desde que perdí a mi hija, muchos que han sufrido una pérdida similar me han dicho que experimentaron sentimientos desgarradores como estos: clamar a Dios (v. 1); alzar las manos vacías hacia el cielo (v. 2); tener pensamientos perturbadores sobre el Señor debido a circunstancias terribles (v. 3); experimentar una tristeza inenarrable (v. 4); acobardarse ante la idea de ser abandonado (v. 7); temer que las promesas de Dios no se cumplan y que su misericordia se haya acabado (v. 8).

LECTURA:
Salmo 77:1-15

Con mi voz clamé a Dios, [...] ¿Qué dios es grande como nuestro Dios?
(vv. 1,13).

No obstante, cuando Asaf recuerda las obras maravillosas de Dios, se produce un cambio: los pensamientos se dirigen al amor del Señor, a las obras extraordinarias del pasado, al consuelo de la fidelidad y la misericordia divinas, a la grandeza de Dios, y a su poder y redención.

Esta vida está llena de angustias, y las respuestas no siempre llegan. Aun así, en la oscuridad, cuando recordamos la gloria, la majestad, el poder y el amor de Dios, nuestra desesperación puede disminuir lentamente. Como Asaf, podemos recordar las obras del Señor y volver con gratitud donde una vez estuvimos: al descanso de su amor poderoso.

JDB

● *Señor, rodéame hoy con tus brazos consoladores.*

Recordar el pasado puede dar esperanza para el futuro.

Vale la pena

Leer y escribir le parecía algo imposible a nuestro hijo de nueve años, disléxico. Al fin, nos dieron una solución, pero fue difícil. Todas las noches, teníamos que hacerlo practicar lectura y escritura durante 20 minutos… sin excepción. A veces, no teníamos ganas de hacerlo, y otras, creíamos que él no progresaría nunca. De todos modos, nos habíamos propuesto ayudarlo, así que seguimos luchando.

LECTURA:
2 Corintios 11:24-33

Si es necesario gloriarse, me gloriaré en lo que es de mi debilidad (v. 30).

Después de dos años y medio, todas las lágrimas y los esfuerzos dieron fruto. Roberto aprendió a leer y escribir… y todos aprendimos a tener paciencia y constancia.

El apóstol Pablo experimentó toda clase de dificultades mientras persistía en su objetivo de compartir la buena noticia de Jesucristo con aquellos que nunca la habían oído. Fue perseguido, azotado, encarcelado, malinterpretado; a veces, incluso enfrentó la muerte (2 CORINTIOS 11:25). Pero el gozo de ver que la gente respondía a su mensaje hacía que todo valiera la pena.

Si sientes que la tarea a la que Dios te ha llamado es demasiado difícil, recuerda que las lecciones espirituales y el gozo que acompañan tal esfuerzo pueden, en un principio, parecer ocultos, pero ¡sin duda, están presentes! Dios te ayudará a encontrarlos.

MS

Padre, ayúdame a entender que en las dificultades también hay bendiciones.

El viaje es tan importante como el destino.

La amabilidad «se viraliza»

La noticia de un sencillo acto de bondad en un metro de Nueva York recorrió el mundo. Un joven se durmió apoyado en el hombro de un pasajero mayor. Cuando alguien se ofreció para despertarlo, el hombre dijo en voz baja: «Seguro que tuvo un día largo. Déjalo que duerma. Nos ha pasado a todos». Entonces, dejó que su cansado compañero de viaje durmiera sobre su hombro durante casi una hora. Cuando llegó a la estación donde debía bajarse, se levantó lentamente para no despertarlo. Mientras tanto, otro pasajero tomó una fotografía, la subió a una red social, y la foto «se viralizó».

LECTURA:
Marcos 10:13-16

... Dejad a los niños venir a mí, [...] porque de los tales es el reino de Dios (v. 14).

La bondad de ese hombre parece transmitir lo que todos anhelamos: una acción bondadosa que refleje el corazón de Dios. Vemos esta actitud en Jesús, cuando sus amigos trataron de evitar que el ruido que hacían los niños lo molestara. Pero Él insistió en tomar a aquellos pequeños en sus brazos y bendecirlos (MARCOS 10:16). Mientras lo hacía, nos invitó a todos a confiar en Él como si fuéramos niños (vv. 13-16).

El Señor Jesucristo nos enseña que todos estamos seguros en su presencia. Ya sea que estemos despiertos o dormidos, podemos apoyarnos en Él. Cuando nos sentimos exhaustos, nos ofrece un lugar seguro donde descansar.

MRD

Señor, gracias porque me das seguridad en medio de las tormentas de la vida.

Dios es un lugar seguro de descanso.

La Palabra renovadora

Cuando era niño, solíamos viajar en familia por una zona desértica de nuestro país. Nos encantaba ver a lo lejos las tormentas que desencadenaban intensos chaparrones y bañaban la arena caliente. El agua fría refrescaba la tierra... y a nosotros.

LECTURA:
Isaías 55:8-11

... mi palabra [...] no volverá a mí vacía... (v. 11).

El agua produce cambios maravillosos en las regiones áridas. Por ejemplo, algunos cactus están completamente inactivos durante la temporada seca. Sin embargo, después de las primeras lluvias estivales, brotan y exhiben delicados pétalos rosados, dorados y blancos.

Asimismo, en Tierra Santa, después de una intensa lluvia, los terrenos secos parecen florecer de la noche a la mañana. Isaías utilizó la renovación que produce la lluvia para ilustrar la obra de la Palabra de Dios: «Porque como desciende de los cielos la lluvia y la nieve, y no vuelve allá, sino que riega la tierra, y la hace germinar y producir, y da semilla al que siembra, y pan al que come, así será mi palabra que sale de mi boca; no volverá a mí vacía, sino que hará lo que yo quiero, y será prosperada en aquello para que la envié» (ISAÍAS 55:10-11).

La Escritura tiene vitalidad espiritual. Por eso, no vuelve vacía. Dondequiera que encuentra un corazón abierto, renueva, nutre y da vida nueva.

HDF

● *¿Estás renovándote diariamente en la lectura de la Palabra de Dios?*

La Biblia es al alma sedienta lo que el agua es a la tierra árida.

Dejar cosas

Durante poco más de un año, después de que nuestro hijo adolescente obtuvo su licencia de conducir y comenzó a llevar billetera, recibimos varias llamadas de personas que la habían encontrado en distintos lugares. Le advertimos que fuera más cuidadoso y que no la dejara en cualquier lado.

LECTURA:
Juan 4:9-14, 27-29

... un hombre [...] me ha dicho todo cuanto he hecho. ¿No será éste el Cristo? (vv. 28-29).

De todos modos, dejar cosas no es siempre algo malo. En Juan 4, leemos sobre una mujer que había ido a buscar agua a un pozo. Sin embargo, después de encontrarse con Jesús, cambió inmediatamente de objetivo y regresó a la ciudad para contarles a otros lo que el Señor le había dicho (vv. 28-29). Aun su necesidad física de agua perdió sentido frente a la oportunidad de hablarles a otros sobre el Hombre a quien acababa de conocer.

Pedro y Andrés hicieron algo parecido cuando Jesús los llamó: dejaron sus redes de pesca y siguieron al Señor (MATEO 4:18-20). Jacobo y Juan también dejaron todo cuando Jesús los llamó (vv. 21-22).

Nuestra nueva vida, siguiendo a Jesucristo, tal vez implique dejar algunas cosas, incluso aquellas que brindan satisfacción durante algún tiempo. Aquello que anteriormente deseábamos no puede compararse con la vida y el «agua viva» que ofrece Cristo.

CHK

¿Estás dispuesto a dejar tu comodidad para hablarle a alguien de Jesús? Busca hoy una oportunidad de testificar del amor de Dios.

Cristo mostró su amor al morir por nosotros; mostremos el nuestro al vivir para Él.

LA BIBLIA en **UN AÑO:**
Génesis 43–45; Mateo 12:24-50

La maravilla de la vista

En el sitio de Internet *livescience.com,* leí algo bastante asombroso: «Si estuvieras parado en la cima de una montaña, mirando una extensión del planeta más grande de lo acostumbrado, podrías percibir luces a cientos de kilómetros de distancia. En una noche oscura, incluso alcanzarías a ver la luz de una vela ubicada a 48 kilómetros». No hacen falta telescopios ni gafas para visión nocturna, ya que el ojo humano está diseñado con tal precisión que, aun a larga distancia, es posible ver con claridad.

LECTURA:
Salmo 139:7-16

Te alabaré; porque formidables, maravillosas son tus obras... (v. 14).

Este hecho es un recordatorio vívido de nuestro Creador maravilloso, quien no solo diseñó el ojo humano, sino también todos los detalles que conforman nuestro universo. Además, y a diferencia de todas las otras cosas creadas, Dios nos hizo a su imagen (GÉNESIS 1:26). Este concepto habla de algo mucho más maravilloso que la capacidad de ver. Se refiere a una semejanza al Señor que nos da la posibilidad de relacionarnos con Él.

Podemos confirmar la declaración de David: «Te alabaré; porque formidables, maravillosas son tus obras; estoy maravillado, y mi alma lo sabe muy bien» (SALMO 139:14). No solo se nos han dado ojos para ver, sino que también hemos sido hechos para que, en Cristo, ¡un día lo veamos cara a cara!

WEC

- *Mira hoy al cielo y da gracias a Dios por su maravillosa creación.*

Toda la creación de Dios da testimonio de que Él es nuestro gran Creador.

Había que actuar

Un congresista de Estados Unidos tenía 23 años cuando participó en la histórica «Marcha a Washington» en 1963, encabezada por el Dr. Martin Luther King Jr., en defensa de los derechos humanos. Cincuenta años después, un periodista le preguntó qué efecto le había producido el discurso del Dr. King, *Tengo un sueño*. Respondió: «Después de escucharlo hablar, era imposible volver a las actividades como de costumbre. Había que ponerse en acción. Uno tenía que salir y comunicar la buena noticia».

LECTURA:
Juan 7:37-46

... ¡Jamás hombre alguno ha hablado como este hombre! (v. 46).

A muchos de los que se encontraron con Jesús les resultó imposible permanecer neutrales en cuanto a su Persona. Juan 7:25-46 registra dos reacciones ante el Señor: mientras «muchos de la multitud creyeron en él» (v. 31), los líderes religiosos intentaron hacerlo callar y arrestarlo (v. 32). Es probable que estos hayan estado presentes cuando Jesús dijo: «Si alguno tiene sed, venga a mí y beba. El que cree en mí, [...] de su interior correrán ríos de agua viva» (vv. 37-38). Cuando los guardias volvieron sin Jesús, les preguntaron: «¿Por qué no le habéis traído?» (v. 45). Ellos respondieron: «¡Jamás hombre alguno ha hablado como este hombre!» (v. 46).

Las palabras de Jesús nos inducen a movilizarnos más allá de lo habitual.

DCM

● *¿Qué puedes hacer hoy para reflejar la bondad de Dios?*

La sangre de Jesús perdonó mis pecados pasados y hoy me inspira a obedecer.

LA BIBLIA en **UN AÑO:**
Génesis 49–50; Mateo 13:31-58

Cuando Dios calla

Me encanta fotografiar puestas de sol en los lagos. Algunas tienen tonalidades pasteles sublimes, mientras que otras presentan colores brillantes. A veces, el sol se esconde delicadamente detrás del espejo de agua; y otras, se pone en lo que parece ser una llameante explosión.

LECTURA:
1 Reyes 19:1-12

... [Elías] se quedó dormido; y [...] un ángel le tocó, y le dijo: Levántate, come (v. 5).

Tanto en las fotos como en las personas, prefiero esto último, pero ambas situaciones muestran la obra de Dios. Cuando se trata de la obra del Señor en el mundo, me sucede lo mismo. Me gusta más ver respuestas sorprendentes a la oración que provisiones comunes de pan cotidiano. Pero ambas son obras divinas.

Quizá Elías tenía preferencias similares. Había crecido en medio de demostraciones extraordinarias del poder de Dios. Cuando oró, el Señor apareció de una manera espectacular: primero, derrotando milagrosamente a los profetas de Baal; y después, al final de una larga y devastadora hambruna (1 REYES 18). Pero, luego, Elías tuvo miedo y huyó. Entonces, Dios mandó un ángel para que lo alimentara y fortaleciera. El Señor se comunicó con él con voz suave, en lugar de con milagros extraordinarios (19:11-12).

Si estás desanimado porque Dios no ha aparecido en un destello de gloria, tal vez esté manifestándose mediante su presencia silenciosa.

JAL

Señor, ayúdame a verte aun en las situaciones más habituales de la vida.

Dios está tanto en las cosas pequeñas como en las grandes.

Señalar hacia Dios

La primera línea del himno nacional de Ghana dice: «Dios bendiga nuestra tierra». Otros himnos africanos también incluyen una bendición divina. Los fundadores de algunas naciones utilizaban los himnos como oraciones, e invocaban a Dios para que bendijera su tierra y a su pueblo. Tanto en África como en otros países, los himnos señalan a Dios como el Creador y Sustentador. También incluyen frases que invitan a la reconciliación, la transformación y la esperanza de pueblos frecuentemente divididos por cuestiones étnicas, políticas y sociales.

LECTURA:
Deut. 8:11-18

Acuérdate de tu Creador [...] antes que vengan los días malos...
(Eclesiastés 12:1).

Pero hoy, muchos líderes y ciudadanos tienden a olvidarse de Dios y vivir ajenos a estas declaraciones; en especial, cuando las cosas andan bien. Pero ¿por qué esperar que se produzcan guerras, enfermedades, ataques terroristas o violencia antes de acordarse de buscar a Dios? Moisés les advirtió a los israelitas que no se olvidaran de Dios cuando les iba bien (DEUTERONOMIO 8:11). Eclesiastés 12:1 nos exhorta: «Acuérdate de tu Creador [...] antes que vengan los días malos».

Acercarse a Dios cuando estamos fuertes y saludables nos prepara para descansar en Él cuando lleguen los «días malos» y necesitemos ayuda y esperanza.

LD

● *Señor, te necesito. Ayúdame a seguirte y a reconocer que siempre te ocupas de mí.*

Recordar a nuestro Creador puede ser nuestro himno personal.

LA BIBLIA en UN AÑO:
Éxodo 4–6; Mateo 14:22-36

Explosión maravillosa

En el libro *Kisses from Katie* [Besos de Katie], Katie Davis relata el gozo de mudarse a Uganda y adoptar a varias niñas de aquel país. Un día, una de sus hijas le preguntó: «Mamá, si dejo que Jesús entre en mi corazón, ¿voy a explotar?». Al principio, Katie le dijo que no. Que Jesús entre en nuestro corazón es un acontecimiento espiritual.

LECTURA:
Juan 13:31-35

... como yo os he amado, que también os améis unos a otros (v. 34).

Sin embargo, después de pensarlo un poco, Katie explicó que, cuando decidimos entregarle a Jesús nuestra vida y corazón, «explotaremos de amor, compasión, tristeza por los que sufren y alegría por los que se gozan». En esencia, conocer a Cristo genera un profundo interés por las personas que nos rodean.

La Biblia nos desafía: «Gozaos con los que se gozan; llorad con los que lloran» (ROMANOS 12:15). Cuando recibimos a Cristo, el Espíritu Santo entra a morar en nosotros. El apóstol Pablo lo describe así: «... habiendo creído en [Cristo], fuisteis sellados con el Espíritu Santo de la promesa» (EFESIOS 1:13).

Ocuparse de los demás le muestra al mundo que somos seguidores de Cristo (JUAN 13:35). También nos recuerda su amor hacia nosotros. Jesús afirmó: «... como yo os he amado, que también os améis unos a otros» (v. 34).

JBS

Querido Jesús, ayúdame a experimentar tu amor más profundamente, para que pueda compartirlo con otros.

El amor que se da refleja el que uno ha recibido.

Sin perdón

Estaba almorzando con dos hombres que habían aceptado a Cristo como Salvador mientras estaban presos. El más joven estaba desanimado porque la familia a la que le había robado no quería perdonarlo.

«Mi delito fue violento —dijo el mayor—, y sigue obsesionando y afectando hasta hoy a la familia. No me han perdonado, ya que el dolor es demasiado grande. Al principio, ese deseo de ser perdonado me paralizaba». Luego, agregó: «Un día, entendí que mi pesar empezó a ir acompañado de egoísmo. Estaba demasiado centrado en lo que yo creía necesitar para sanar mi pasado. Me llevó un tiempo comprender que ese perdón era una cuestión entre ellos y Dios».

LECTURA:
Filipenses 3:12-16

... olvidando ciertamente lo que queda atrás, [...] prosigo a la meta... (v. 14).

«¿Cómo puedes soportarlo?», preguntó el más joven.

El hombre mayor le explicó que Dios había hecho por él lo que no merecía y lo que otros no pueden hacer: murió por nuestros pecados, y cumple su promesa de no acordarse más de ellos (ISAÍAS 43:25).

Ante un amor tan grandioso, honramos al Señor al aceptar la suficiencia de su perdón. Debemos olvidar lo que queda atrás y seguir avanzando (FILIPENSES 3:13-14).

RKK

● *Padre, gracias por la obra de Cristo en la cruz. Ayúdame a entender y aceptar su significado, y a comunicar ese perdón a quienes encuentre en mi camino.*

La obra de Cristo es suficiente para cualquier pecado.

Responder al clamor

Cuando mis nietos eran pequeños, mi hijo los llevó a ver el musical *El rey león*. Cuando Simba, el león joven, se paró junto a su padre, que había sido asesinado por su malvado tío, el pequeño, asustado y solo, exclamó: «¡Auxilio, auxilio, auxilio!». En ese momento, mi nieto de tres años se paró en su butaca, en medio del silencio del teatro, y gritó: «¡¿Por qué nadie lo ayuda?!».

LECTURA:
Isaías 30:15-22

... al oír la voz de tu clamor [el Señor] te responderá (v. 19).

El Antiguo Testamento contiene muchos relatos sobre el pueblo de Dios clamando por ayuda. Aunque sus problemas solían ser autoimpuestos debido a su rebeldía, Dios seguía dispuesto a ayudarlos.

El profeta Isaías tuvo que dar muchas noticias malas, pero, al mismo tiempo, le aseguró al pueblo: «¡El Dios de piedad se apiadará de ti cuando clames pidiendo ayuda!» (ISAÍAS 30:19 NVI). De todos modos, el Señor solía esperar que el mismo pueblo fuera la respuesta a ese clamor de ayuda (VER ISAÍAS 58:10).

Hoy estamos rodeados de personas que necesitan ayuda, y tenemos el alto privilegio de convertirnos en las manos de Dios al responder en su nombre a esos clamores.

JMS

Señor, recuérdame que deseas mostrar compasión a los necesitados y que sueles llamarnos para ser instrumentos tuyos. Dame hoy la oportunidad de mostrar tu amor, al menos, a una persona necesitada.

Extiende tu mano para ayudar y demuestra así que Dios está atento a todo.

Reposo tranquilo

Hace unos años, mi hijo y yo aceptamos llevar algunos equipos de un amigo a su casa de campo ubicada en un lugar alejado. En esa zona, no había caminos que mi camión pudiera atravesar. Entonces, el administrador de la casa hizo arreglos para encontrarnos al final del camino con un pequeño carro arrastrado por un par de mulas.

LECTURA:
Mr. 6:30-32; Sal. 4:7-8

... solo tú, Señor, me haces vivir confiado (v. 8).

Mientras nos dirigíamos hacia la casa, empecé a charlar con el hombre, y me enteré de que vivía en la propiedad todo el año. «¿Qué hace en el invierno? —le pregunté, ya que sabía que, en esa zona, los inviernos eran largos y duros, y que la casa no tenía electricidad ni teléfono; solo una radio satelital—. ¿Cómo lo soporta?».

«En realidad —dijo lentamente—, me resulta muy agradable».

En medio de nuestros días inundados de tensiones, a veces anhelamos tener paz y tranquilidad. Hay demasiado ruido por todas partes y gente en exceso a nuestro alrededor. Queremos ir «a un lugar desierto, y [descansar] un poco» (MARCOS 6:31). ¿Podemos encontrar un lugar así?

Sí, existe tal lugar. Si reflexionamos unos momentos en el amor y la misericordia de Dios, y le entreguemos nuestras cargas, encontraremos en ese tranquilo sitio de la presencia del Señor la paz que el mundo nos ha quitado.

DHR

● *Jesucristo es el único lugar donde podemos encontrar el verdadero reposo.*

Pasar un tiempo a solas con Dios nos dará un tranquilo reposo.

LA BIBLIA en UN AÑO:
Éxodo 14–15; Mateo 17

Fortalece mis manos

Al primer Primer Ministro de Singapur, se le atribuye la situación actual de ese país. Durante su liderazgo, la nación prosperó y se convirtió en una de las más desarrolladas de Asia. Cuando le preguntaron si alguna vez había pensado en retirarse al enfrentar críticas y desafíos durante los años que había servido en el gobierno, respondió: «Es un compromiso de por vida».

LECTURA:
Nehemías 6:1-9, 15

... Ahora, pues, oh Dios, fortalece tú mis manos (v. 9).

Nehemías, quien encabezó la reconstrucción de los muros de Jerusalén, se negó a abandonar la tarea. Enfrentó insultos e intimidación de parte de diversos enemigos, e injusticias de su propio pueblo (NEHEMÍAS 4–5). Los enemigos incluso insinuaron que tenía intereses personales (6:6-7). Pero él buscaba la ayuda de Dios.

A pesar de los desafíos, el muro se terminó en 52 días (6:15), pero la labor de Nehemías no había terminado. Instó a los israelitas a estudiar las Escrituras, a adorar y a cumplir la ley de Dios. Después de gobernar doce años (5:14), volvió para asegurarse de que sus reformas continuaran en vigencia (13:6). Comprometió toda su vida a liderar a su pueblo.

Todos enfrentamos desafíos y dificultades en la vida. Pero, así como Dios ayudó a Nehemías, también nos fortalecerá las manos (6:9) por el resto de nuestra vida en todo lo que nos dé para hacer.

CPH

Señor, ayúdame a enfrentar la crítica y los desafíos, y a ser fiel a tu llamado.

Los desafíos de la vida no buscan quebrantarnos, sino inclinarnos hacia Dios.

LA BIBLIA en UN AÑO:
Éxodo 16–18; Mateo 18:1-20

La mano de Dios

Cuando la NASA empezó a usar una nueva clase de telescopio espacial para fotografiar diferentes espectros de luz, los investigadores quedaron sorprendidos ante una de las tomas, la cual muestra lo que parecen ser dedos, un pulgar y la palma de una mano abierta con matices espectaculares de azul, púrpura, verde y dorado. Algunos la han llamado «La mano de Dios».

LECTURA:
Salmo 63:1-8

Está mi alma apegada a ti; tu diestra me ha sostenido (v. 8).

La idea de que Dios extiende su mano para ayudarnos en momentos difíciles es un tema central en las Escrituras. El Salmo 63 declara: «Está mi alma apegada a ti; tu diestra me ha sostenido» (v. 8). El salmista consideraba que la ayuda de Dios era como una mano que lo sostenía. Algunos maestros de la Biblia creen que el rey David escribió este salmo en el desierto de Judá, durante la terrible época de la rebelión de su hijo Absalón. Este había conspirado para derrocar a su padre, y David huyó al desierto (2 SAMUEL 15–16). Aun durante aquel difícil momento, Dios no lo había abandonado, y David confiaba en Él. Señaló: «Porque mejor es tu misericordia que la vida; mis labios te alabarán» (SALMO 63:3).

A veces, la vida puede ser dolorosa; no obstante, Dios ofrece su mano de consuelo en medio de todo. No estamos fuera de su alcance.

HDF

Señor, gracias porque siempre me sostienes de tu mano cuando necesito ayuda.

Dios sostiene el mundo sobre sus hombros y a sus hijos en la palma de sus manos.

LA BIBLIA en UN AÑO:
Éxodo 19–20; Mateo 18:21-35

Contra las distracciones

Todos los días, recorro el mismo camino para ir a trabajar y volver a casa, y siempre veo una cantidad alarmante de conductores distraídos. Por lo general, están hablando por teléfono o enviando mensajes, pero ¡también he visto algunos que leen el periódico, se maquillan o comen cereales mientras tratan de maniobrar un auto a más de 120 kilómetros por hora! A veces, las distracciones son breves e inofensivas, pero, en un vehículo en movimiento, pueden matar.

LECTURA:
Lucas 10:38-42

... María ha escogido la buena parte, la cual no le será quitada (v. 42).

Las distracciones también pueden afectar nuestra relación con Dios. Así se sintió Jesús en cuanto a su amiga Marta, ya que ella «se preocupaba con muchos quehaceres» preparando la comida (LUCAS 10:40). Cuando Marta se quejó de que María, su hermana, no la ayudaba, Jesús le dijo: «Marta, Marta, afanada y turbada estás con muchas cosas. Pero sólo una cosa es necesaria; y María ha escogido la buena parte, la cual no le será quitada» (vv. 41-42).

Marta tenía buenas intenciones al desenfocarse, pero estaba desaprovechando la oportunidad de escuchar a Jesús y disfrutar de su presencia. El Señor merece nuestra devoción más profunda, y es el único que puede capacitarnos plenamente para evitar cualquier distracción en la vida.

WEC

Señor, quiero un corazón como el de María, para aprender cerca de ti; y como el de Marta, para servirte con amor.

Para sentirte mal, mira hacia dentro; distraído, a tu alrededor; pacífico, hacia arriba.

Fuente de ayuda

Ya a los 20 años, Lygon Stevens, un experimentado montañista, había llegado a la cima de los montes McKinley y Rainier; de 4 cumbres de los Andes, en Ecuador; y de 39 de las montañas más altas de Colorado, en Estados Unidos. «Escalo porque me encantan las montañas —declaró—, y porque allí me encuentro con Dios». En enero de 2008, Lygon murió en una avalancha mientras escalaba un cerro junto con su hermano, el cual sobrevivió.

LECTURA:
Salmo 121

Mi socorro viene del Señor, que hizo los cielos y la tierra
(v. 2).

Cuando sus padres descubrieron sus diarios, quedaron profundamente conmovidos por su íntima relación espiritual con Cristo. Su madre señaló: «Lygon siempre brilló para su Señor, ya que vivía una comunión profunda y sincera con Él; algo que incluso algunos experimentados veteranos de la fe anhelan tener».

Tres días antes de la avalancha, mientras estaba en su tienda, Lygon escribió en su diario por última vez: «Dios es bueno, y tiene un plan para nuestra vida más grande y más bendecido que el que nosotros escogemos. Estoy tan agradecido por eso. Gracias, Señor, por traerme hasta aquí. Dejo el resto, mi futuro, en esas mismas manos y te doy gracias».

Lygon hizo propias las palabras del salmista: «Mi socorro viene del Señor, que hizo los cielos y la tierra» (SALMO 121:2). *DCM*

Padre, gracias porque me proteges con el mismo poder que creaste el universo.

Ante un futuro desconocido, podemos confiar en un Dios omnisciente.

LA BIBLIA en **UN AÑO:**
Éxodo 23–24; Mateo 20:1-16

Deslizarse y orar

Cuando nieva en la zona donde vivo, me gusta buscar a mis nietos para ir juntos a deslizarnos en nuestros trineos de plástico sobre la nieve detrás de casa. Bajamos rápidamente la colina en diez segundos y subimos para lanzarnos otra vez.

Cuando viajo a Alaska con un grupo de jóvenes, también hacemos lo mismo. Un autobús nos lleva cerca de la cima de un monte, subimos a los trineos y, durante diez o veinte minutos, bajamos a toda velocidad.

Diez segundos en el patio trasero de mi casa o diez minutos en una montaña de Alaska... en ambos casos, nos deslizamos en trineos, pero hay una gran diferencia.

He comparado esto con la oración. A veces, hacemos una oración de «diez segundos en el patio»: rápida, repentina o dando gracias antes de comer. Otras, oramos «bajando de un monte»: larga e intensa, con pasión y concentrados en nuestra relación con Dios. Ambas son apropiadas y vitales para la vida.

Jesús oraba con frecuencia y, a veces, durante largos períodos (LUCAS 6:12; MARCOS 14:32-42). Sea como sea, presentemos los deseos de nuestro corazón al Dios de los patios traseros y de las montañas de nuestra vida.

JDB

LECTURA:
Marcos 14:32-42

... [Jesús] fue al monte a orar, y pasó la noche orando a Dios
(Lucas 6:12).

Señor, desafíanos a orar constantemente; en sesiones cortas o largas. Que en los valles, las colinas y los montes de nuestra vida, elevemos nuestro corazón y mente a ti en comunicación permanente.

El corazón de la oración es orar con el corazón.

Se cierra la puerta

Pip, pip, pip... el sonido de advertencia y las luces intermitentes avisaban a los pasajeros que las puertas del tren iban a cerrarse. No obstante, algunas personas que llegaban atrasadas corrieron para intentar subir. La puerta se cerró y apretó a una de ellas. Menos mal que se volvió a abrir y que el pasajero subió sin lastimarse. Me pregunté por qué la gente se arriesga tanto, cuando el próximo tren llegaría en solo cuatro minutos.

LECTURA:
2 Corintios 5:18–6:2

... He aquí ahora el tiempo aceptable; he aquí ahora el día de salvación (6:2).

Hay una puerta mucho más importante que es necesario atravesar antes de que se cierre: la de la misericordia de Dios. El apóstol Pablo dice: «He aquí ahora el tiempo aceptable; he aquí ahora el día de salvación» (2 CORINTIOS 6:2). Cristo vino, murió por nuestros pecados y resucitó de la tumba. Abrió el camino de la reconciliación con Dios y nos proclamó el día de la salvación.

Ese día es hoy. Sin embargo, un día, la puerta de la misericordia se cerrará. A los que le recibieron, Cristo les dirá: «Venid, benditos de mi Padre, heredad el reino preparado para vosotros» (MATEO 25:34). Pero, a los que no lo conocen, los echará (V. 46).

Nuestra respuesta a la verdad de Jesucristo determina nuestro destino. Hoy Jesús invita: «Yo soy la puerta; el que por mí entrare, será salvo» (JUAN 10:9).

PFC

- *¿Has aceptado ya a Cristo como tu Salvador personal?*

Hoy es el mejor día para entrar en la familia de Dios.

LA BIBLIA en UN AÑO:
Éxodo 27–28; Mateo 21:1-22

Unidos

Cuando cumplí 65 años, mi esposa me compró una guitarra Dreadnought D-35. Fabricada originalmente a principios del siglo XX, es famosa por su sonido intenso y potente. Le pusieron ese nombre por el acorazado británico usado durante la Primera Guerra Mundial, el *HMS Dreadnought*. La parte posterior de la D-35 es única, ya que, por la escasez de trozos grandes de palo santo de buena calidad, los artesanos idearon unir tres trozos de madera más pequeños, lo cual dio como resultado un sonido más brillante.

LECTURA:
Efesios 4:5-16

... somos hechura suya, creados en Cristo Jesús para buenas obras...
(Efesios 2:10).

La obra de Dios se asemeja mucho a ese diseño novedoso de guitarra. Jesús toma fragmentos y los une para que le brinden alabanza. Enroló cobradores de impuestos, revolucionarios judíos, pescadores y otros hombres con oficios variados para que lo siguieran. Y, a través de los siglos, sigue llamando a personas de diversas esferas de la vida. El apóstol Pablo declara: «Él hace que todo el cuerpo encaje perfectamente. Y cada parte, al cumplir con su función específica, ayuda a que las demás se desarrollen, y entonces todo el cuerpo crece y está sano y lleno de amor» (EFESIOS 4:16 NTV).

En la mano del Maestro, muchas clases de personas se unen y se convierten en algo con un gran potencial para alabar a Dios y servir a los demás.

HDF

Señor, ayúdanos a vivir con tu poder.

Juntos podemos lograr más cosas que solos.

LA BIBLIA en **UN AÑO:**
Éxodo 29–30; Mateo 21:23-46

Por nuestra salud

Según una investigación del departamento médico de una prominente universidad: «Si la gratitud fuera un medicamento, sería el producto mejor vendido en el mundo, por sus [beneficios saludables] para todos los sistemas importantes del organismo».

LECTURA:
1 Crónicas 16:7-14

Dad gracias al Señor... (v. 8 LBLA).

Para algunos, ser agradecido significa reconocer lo que tenemos y enfocarnos en eso, en vez de pensar en lo que nos gustaría tener. La Biblia profundiza aun más el concepto y señala que dar gracias nos lleva a reconocer a Aquel que nos concede las bendiciones que disfrutamos (SANTIAGO 1:17).

David sabía que Dios era responsable de que el arca del pacto llegara a salvo a Jerusalén (1 CRÓNICAS 15:26). Esto lo llevó a escribir un cántico de gratitud centrado en el Señor. La balada comienza diciendo: «Dad gracias al Señor, invocad su nombre; dad a conocer sus obras entre los pueblos» (16:8). Luego, se regocija en la grandeza de Dios, y enfatiza la salvación que Él ofrece, su poder creador y su misericordia (vv. 25-36).

Hoy podemos demostrar nuestra gratitud adorando al Dador en lugar de enfocarnos en los regalos que disfrutamos. Centrarnos en las cosas buenas de nuestra vida puede beneficiar nuestro cuerpo, pero expresarle a Dios nuestra gratitud nos mejora el alma.

JBS

Señor, que al mirar mi corazón, solo encuentres expresiones de gratitud.

La verdadera acción de gracias se concentra en el Dador, no en las dádivas.

LA BIBLIA en **UN AÑO:**
Éxodo 31–33; Mateo 22:1-22

Proverbios chinos

Los proverbios chinos suelen surgir de alguna historia. Por ejemplo: «estirar las plantitas para que crezcan más rápido» alude a un hombre impaciente, quien estaba ansioso por ver que sus plantas de arroz crecieran. Pensó: *Voy a estirar cada planta algunos centímetros hacia arriba.* Después de un día de trabajo tedioso, fue a ver qué había pasado. Estaba contento porque parecía que «estaban más altas»... pero, al día siguiente, las plantas habían empezado a marchitarse porque sus raíces ya no tenían suficiente profundidad.

LECTURA:
2 Timoteo 2:1-6

... sabiendo que vuestro trabajo en el Señor no es en vano (1 Corintios 15:58).

En 2 Timoteo 2:6, Pablo compara la obra de un ministro del evangelio con la de un agricultor. Le escribió a Timoteo que, como en la agricultura, hacer discípulos puede ser una labor difícil e incesante. Aras, siembras, esperas, oras. Deseas ver pronto los frutos de tu trabajo, pero el crecimiento lleva tiempo. Y, como lo ilustra el proverbio chino, cualquier esfuerzo para acelerar el proceso será inútil. William Hendriksen declara: «Si Timoteo [...] se esfuerza al máximo para llevar a cabo la tarea espiritual que Dios le ha encomendado, [...] verá en la vida de los demás [...] el principio de ese fruto glorioso que se menciona en Gálatas 5:22-23». Esperemos en el Señor, quien hace que las cosas crezcan (1 CORINTIOS 3:7).

PFC

Señor, dame paciencia y fidelidad en mi servicio a ti.

Nosotros sembramos la semilla, y Dios produce la cosecha.

LA BIBLIA en **UN AÑO:**
Éxodo 34–35; Mateo 22:23-46

Lo que no se compra

«**Hay algunas cosas** que el dinero no puede comprar; pero, en estos tiempos, son pocas», afirma Michael Sandel, autor de *Lo que el dinero no puede comprar*. Una persona puede comprar un calabozo mejor por 90 dólares la noche cuando está presa; el derecho a cazar un rinoceronte negro en peligro de extinción, por 250.000 dólares; o el número de teléfono móvil de su médico, por 1.500 dólares. Parece ser que «casi todo está a la venta».

LECTURA:
Efesios 1:3-14

... en quien tenemos [...] el perdón de pecados... (v. 7).

Pero lo que el dinero no puede comprar es la redención: la libertad del dominio del pecado. Cuando Pablo empezó a escribir sobre el plan de Dios para la salvación mediante Cristo, su corazón irrumpió en alabanza: «en quien tenemos redención por su sangre, el perdón de pecados según las riquezas de su gracia, que hizo sobreabundar para con nosotros...» (EFESIOS 1:7-8).

La muerte de Jesús fue el alto costo para liberarnos del pecado. Y solo Él podía pagar ese precio, porque es el perfecto Hijo de Dios. La respuesta natural ante una gracia tan generosa, pero también costosa, es una alabanza espontánea y de corazón, y una consagración al Dios que nos compró por medio de Jesucristo (1:13-14).

¡Alabado sea nuestro Dios amoroso; Él vino para darnos libertad!

MLW

Padre celestial, gracias porque entregaste voluntariamente a tu Hijo para que muriera en nuestro lugar. ¡Gracias!

Solo la muerte de Jesús pudo comprar nuestra libertad.

Hábitos saludables

En la actualidad, se habla mucho sobre mejorar la salud desarrollando hábitos optimistas, ya sea al enfrentar un diagnóstico médico difícil o una pila de ropa para lavar. La Dra. Bárbara Fredrickson, profesora universitaria de Psicología, señala que deberíamos tratar de realizar actividades que generen gozo, gratitud, amor y otros sentimientos positivos. No obstante, sabemos que no basta con tener un deseo generalizado de sentirnos bien, sino que también necesitamos una fuerte convicción de que existe una fuente de gozo, paz y amor de la cual podemos depender.

LECTURA:
Salmo 37:1-8

Confía en el Señor, y haz el bien... (v. 3).

El Salmo 37:1-8 presenta acciones positivas que podemos tomar como un antídoto para el pesimismo y el desánimo. Considera estos reforzadores del ánimo: confiar en el Señor, hacer el bien, alimentarse de la fidelidad (v. 3); deleitarse en el Señor (v. 4); encomendar tus caminos al Señor y confiar en Él (v. 5); descansar y esperar en el Señor, no afanarse (v. 7); dejar el enojo, abandonar la ira (v. 8).

Estas directrices son más que expresiones de deseo o sugerencias utópicas. Se vuelven posibles por causa de Jesús y la fortaleza que Él da.

Nuestra única fuente verdadera de optimismo es la redención en Cristo. ¡Él es la razón de nuestra esperanza!

DCM

Señor, ayúdanos a encontrar esperanza en ti y en tu obra a nuestro favor.

Cuando hay malas noticias, nuestra esperanza es la buena nueva de Jesús.

Bendiciones disfrazadas

Meses después de que mi esposo tuvo un ataque al corazón y se recuperó, la gente seguía preguntándome cómo me sentía, y mi respuesta era a menudo muy simple: «Bendecida. Me siento bendecida».

LECTURA:
Génesis 45:4-8

¡Cuán grande es tu bondad, que has guardado para los que te temen!...
(Salmo 31:19).

No obstante, las bendiciones vienen en diferentes formas y tamaños. Aun cuando estamos haciendo todo lo que pensamos que Dios espera de nosotros, tal vez sigamos experimentando sufrimientos. A veces, nos sorprende que el Señor no responda como esperamos o que su tiempo no sea el que nosotros creemos oportuno.

Esto lo vemos en la vida de José. Desde una perspectiva humana, podríamos pensar que Dios se había olvidado de él, ya que, por más de una década, José experimentó sufrimientos. Lo arrojaron a un pozo, lo vendieron como esclavo, lo acusaron falsamente, lo encarcelaron de manera injusta. No obstante, al final, la fidelidad de Dios hacia él se manifestó ante todos al ponerlo como gobernante de Egipto y salvar a muchos de la hambruna (GÉNESIS 37–46). C. S. Lewis escribió: «Cuando perdemos una bendición, otra suele ser dada en su lugar de la manera más inesperada».

Dios siempre tuvo su mano de bendición sobre José, como lo hace con todos los que confían en Él. «¡Cuán grande es tu bondad...!» (SALMO 31:19).

CHK

Señor, ayúdanos a aprender y a apreciar que tienes todo lo que necesitamos... y muchísimo más.

La verdadera felicidad consiste en saber que Dios es bueno.

LA BIBLIA en UN AÑO:
Levítico 1–3; Mateo 24:1-28

Fiesta de cumpleaños

Me encantaban los cumpleaños. Aún recuerdo estar delante de la puerta de mi casa, esperando con entusiasmo que mis amigos llegaran a mi fiesta cuando cumplí cinco años. No solo me alegraban los globos, los regalos y el pastel, ¡sino también que ya no seguía teniendo cuatro años!... estaba creciendo.

LECTURA:
Salmo 71:5-18

En ti he sido sustentado desde el vientre... (v. 6).

Sin embargo, a medida que pasa el tiempo, los cumpleaños han sido a veces más desalentadores que emocionantes. El año pasado, cuando cambié de década, mi esposa Martie me animó al recordarme que debía dar gracias por seguir cumpliendo años. Mencionó el Salmo 71, donde el salmista recuerda: «De las entrañas de mi madre tú fuiste el que me sacó» (v. 6); y proclama con gratitud: «Oh Dios, me enseñaste desde mi juventud, y hasta ahora he manifestado tus maravillas» (v. 17). Luego, cuando está más viejo, tiene el honor de anunciar: «[el] poder [de Dios] a la posteridad, y [su] potencia a todos los que han de venir» (v. 18). Dios bendijo al salmista con su presencia durante toda su vida.

Ahora, los cumpleaños me recuerdan la fidelidad del Señor. Además, ¡me acercan a la presencia de Aquel que ha estado conmigo todos estos años!

JMS

Señor, ¡recuérdame que envejecer significa acercarme más a ti! Que no deje de agradecerte por tus muchas bendiciones, y que mi mente siga enfocada en el gozo del cielo.

Cuenta tus muchas bendiciones... ¡cumpleaños tras cumpleaños!

¿Quién es el jefe?

Un día, mientras mi esposa cuidaba a nuestros dos nietos pequeños, ellos empezaron a pelear por un juguete. De pronto, el menor le ordenó a su hermano mayor: «¡Cameron, vete a tu cuarto!». Con los hombros encogidos, el abatido hermano comenzaba a obedecer, cuando mi esposa dijo: «No tienes que irte a tu cuarto. ¡Nathan no es tu jefe!». Esa aclaración cambió todo, y Cam, sonriendo, volvió a sentarse a jugar.

LECTURA:
Romanos 6:1-14

... el pecado no se enseñoreará de vosotros; pues [...] estáis [...] bajo la gracia (v. 14).

Como seguidores de Cristo, la realidad de nuestra imperfección e inclinación al pecado puede adquirir una falsa autoridad, como la del hermano menor. El pecado nos aturde y amenaza con dominar nuestro corazón y mente, y el gozo desaparece de nuestra comunión con el Salvador.

No obstante, por la muerte y la resurrección de Cristo, esa amenaza no existe. El pecado no tiene autoridad sobre nosotros. Por eso, Pablo escribió: «... el pecado no se enseñoreará de vosotros; pues no estáis bajo la ley, sino bajo la gracia» (ROMANOS 6:14).

Aunque nuestra situación angustiante es muy real, la gracia de Cristo nos capacita para vivir como le agrada a Dios y transmitirle al mundo su poder transformador. Ahora vivimos en la gracia y la presencia de Jesús, y su control sobre nuestra vida nos libera de la esclavitud al pecado.

WEC

Señor, tu gracia es mayor que nuestro pecado.

Dios nos recibe en nuestro pecado y nos sostiene en nuestra fragilidad.

LA BIBLIA en UN AÑO:
Levítico 6–7; Mateo 25:1-30

La chica de amarillo

Fue su impermeable amarillo lo que me llamó la atención. Rápidamente, aumentó mi interés en esta bonita alumna de primer año, de cabello castaño. Poco después, me armé de valor y, torpemente, invité a Sue a salir. Me sorprendí cuando me dijo que sí.

LECTURA:
Génesis 2:18-25

... se unirá [el hombre] a su mujer, y serán una sola carne (v. 24).

Más de cuatro décadas después, Sue y yo miramos atrás y nos reímos de nuestro primer encuentro en aquella universidad... y nos maravillamos de cómo Dios unió a esos dos jóvenes tímidos. A través de los años, hemos enfrentado innumerables crisis mientras formábamos nuestra familia. Nos esforzamos para criar cuatro hijos y nos dolió tremendamente cuando perdimos a nuestra hija Melissa. Problemas grandes y pequeños han probado nuestra fe, pero hemos permanecido juntos. Todo esto implicó un compromiso de parte de ambos y la gracia de Dios. Hoy nos regocijamos en los designios del Señor, expresados en Génesis 2:24: dejar a nuestros padres, unirnos como hombre y mujer, y convertirnos en una sola carne. Amamos este plan asombroso que nos ha dado una vida tan maravillosa juntos.

El diseño de Dios para el matrimonio es hermoso. Por eso, oramos para que las parejas casadas experimenten cuán maravilloso es disfrutar juntos de la vida con la bendición de la guía amorosa del Señor.

JDB

Señor, gracias por el matrimonio. Ayúdame a fortalecer a otros en su relación matrimonial.

El matrimonio florece en un clima de amor, respeto y tolerancia.

El visitante

Un amigo mío le preguntó a un hombre recién jubilado qué iba a hacer ahora que ya no trabajaba. «Me considero un visitante —respondió el hombre—. Voy a ver a personas que están en el hospital o en centros de cuidados especiales, que viven solos o que necesitan alguien que hable y ore con ellos. ¡Y me encanta hacerlo!». Mi amigo quedó impresionado ante la claridad de propósito de este hombre y su interés en los demás.

LECTURA:
Mateo 25:31-40

Estuve desnudo, y me cubristeis; enfermo, y me visitasteis; en la cárcel, y vinisteis a mí (v. 36).

Unos días antes de que Jesús fuera crucificado, contó a sus seguidores una historia que enfatizaba la importancia de visitar a los necesitados. «Entonces el Rey dirá a los de su derecha: [...] estuve desnudo, y me cubristeis; enfermo, y me visitasteis; en la cárcel, y vinisteis a mí» (MATEO 25:34, 36). Cuando le pregunten: «¿... cuándo te vimos enfermo, o en la cárcel, y vinimos a ti?», el Rey responderá: «De cierto os digo que en cuanto lo hicisteis a uno de estos mis hermanos más pequeños, a mí lo hicisteis» (vv. 39-40).

Ir a ver a una persona para ayudarla y alentarla es servir al Señor directamente. ¿Hay alguien a quien lo alentaría que lo visitaras hoy?

DCM

Señor, ayúdame a ver a los demás con tus ojos. Muéstrame cuánto significa demostrar amor a quienes me rodean. Gracias por poder compartir el amor que me das primero a mí.

Compasión es entender los problemas ajenos y tener un deseo urgente de ayudar.

LA BIBLIA en **UN AÑO:**
Levítico 11–12; Mateo 26:1-25

Volver de la muerte

¿**Puede una persona** estar viva después de ser declarada muerta? Esta pregunta se convirtió en una noticia internacional cuando un hombre apareció veinticinco años después de haber sido declarado desaparecido. En aquel momento, no tenía trabajo, era adicto a las drogas y había dejado de pagar la cuota alimentaria para sus hijos. Por eso, decidió desaparecer. No obstante, al reaparecer, descubrió cuán difícil es volver de la muerte. Cuando fue a los tribunales para revertir el fallo que lo declaraba legalmente muerto, el juez rechazó su pedido, ya que se requería un período de tres años para modificar la medida.

LECTURA:
Efesios 2:1-10

Aun estando [...] muertos [...], [Dios] nos dio vida juntamente con Cristo... (v. 5).

Ese pedido inusual a un tribunal humano es una experiencia habitual para Dios. En su carta a los efesios, Pablo señala que, aunque estábamos espiritualmente muertos, Dios «nos dio vida juntamente con Cristo» (EFESIOS 2:1, 5). No obstante, esta fue una cuestión sumamente dolorosa para Dios, ya que nuestro pecado y la consecuente muerte espiritual exigieron el sufrimiento, la muerte y la resurrección de su Hijo (vv. 4-7).

Nuestro desafío es demostrar vida espiritual. Al ser declarados vivos en Cristo, se nos llama a vivir agradecidos por la inconmensurable misericordia y la vida que hemos recibido.

MRD

Padre celestial, que nunca dejemos de agradecerte por lo que hiciste para darnos vida.

Jesús murió para que nosotros pudiéramos vivir.

LA BIBLIA en UN AÑO:
Levítico 13; Mateo 26:26-50

Vida bien regada

Tengo un amigo que vive en una finca ganadera. El camino hasta su casa es un sendero largo a través de un terreno seco y árido, pero se destaca del resto por la hilera de árboles verdes y la vegetación frondosa que lo circunda. Uno de los ríos más hermosos para pescar truchas atraviesa la propiedad, y todo lo que crece cerca disfruta de una fuente inagotable de agua revitalizadora.

LECTURA:
Jeremías 17:1-8

... será como el árbol plantado junto a las aguas, [...] su hoja estará verde... (v. 8).

Este es el cuadro que pinta Jeremías cuando afirma que aquellos que confían en el Señor son «como el árbol plantado junto a las aguas, que junto a la corriente echará sus raíces» (JEREMÍAS 17:8). Tal vez hay muchos que prefieren el calor abrasador y la sequía asfixiante de una vida lejos de Dios, pero los que confían en el Señor serán vibrantes y fructíferos. Depender de Él es como poner nuestras raíces en el agua refrescante de su bondad. Nos fortalece la confianza en que su amor inalterable hacia nosotros nunca fallará.

Al final, Dios arreglará todas las cosas. Confiar en que Él convertirá nuestra tristeza en un beneficio y que utilizará el sufrimiento para que maduremos nos da poder para llevar fruto en una tierra seca y sedienta.

JMS

● *Señor, gracias por no dejarme solo en el calor abrasador de la vida. ¡Colocaré las raíces de mi confianza en el río de tus promesas infalibles y tu amor inalterable!*

Echa raíces junto al río de la bondad de Dios.

LA BIBLIA en **UN AÑO:**
Levítico 14; Mateo 26:51-75

La Palabra entre nosotros

La Palabra de Dios nos llega de muchas maneras: mediante las predicaciones, la lectura, las canciones, los grupos de estudio y los artículos devocionales. Sin embargo, no podemos pasar por alto la lectura y el estudio personal.

LECTURA:
Salmo 119:17-24

Pues tus testimonios son mis delicias y mis consejeros (v. 24).

Hace poco, mi corazón se conmovió con un estudio minucioso de Deuteronomio en paralelo con del Sermón del monte, en Mateo 5–7. Ambos pasajes contienen códigos de fe: los Diez Mandamientos (DEUTERONOMIO 5:6-21) y las Bienaventuranzas (MATEO 5:3-12). Deuteronomio nos muestra el antiguo pacto: la ley que Dios quería que siguiera su pueblo. En Mateo, Jesús nos muestra cómo vino Él a cumplir esa ley y establecer los principios del nuevo pacto, el cual nos libera del peso de la ley.

El Espíritu Santo viene con la Palabra de Dios para enseñarnos, darnos poder, instruirnos, convencernos y purificarnos. El resultado es entendimiento, arrepentimiento, renovación y crecimiento en Cristo. El teólogo Philip Jacob Spener escribió: «Cuanto más a gusto estemos con la Palabra de Dios, tendremos más fe y más de sus frutos». Oremos con el salmista: «Abre mis ojos, y miraré las maravillas de tu ley» (SALMO 119:18), para que podamos poner estas cosas en práctica en nuestra vida.

DCE

● *¿Cuánto tiempo estoy dedicando diariamente a meditar en la Palabra de Dios?*

Cuando la Palabra de Dios está en nuestro interior, fluye de nuestra vida.

Cuestión de amor

«**Cuando el intelecto** y las emociones chocan, el corazón suele ser el más sabio», escribieron los autores de *Una teoría general del amor*. También señalan que, en el pasado, la gente creía que la mente debía gobernar el corazón, pero que, ahora, la ciencia ha descubierto que la verdad es lo opuesto: «Lo que somos y en lo que nos convertimos depende, en parte, del objeto de nuestro amor».

LECTURA:
Marcos 12:28-34

Y amarás al Señor tu Dios de todo tu corazón...
(Deuteronomio 6:5).

Las personas que conocen las Escrituras saben que esta es una antigua verdad y no un descubrimiento reciente. El mandamiento más importante que Dios le dio a su pueblo le otorga al corazón un lugar destacado: «Y amarás al Señor tu Dios de todo tu corazón, y de toda tu alma, y con todas tus fuerzas» (DEUTERONOMIO 6:5). Solo a partir de los Evangelios de Marcos y de Lucas, vemos que Jesús agregó la palabra mente (MARCOS 12:30; LUCAS 10:27). Así que, lo que los científicos están descubriendo ahora, la Biblia ya lo enseñaba hace mucho.

Los que seguimos a Cristo también comprendemos la importancia de quién es el objeto de nuestro amor. Si deseamos que el Señor gobierne nuestro corazón, nuestra mente se mantendrá enfocada en cómo servirlo, y nuestras acciones impulsarán su reino en la Tierra y el cielo.

JAL

Señor, quiero que te conviertas en el deseo supremo de mi corazón. Guíame hoy.

«Cuenta como perdido cada día que no hayas utilizado para amar a Dios». —HERMANO LORENZO

LA BIBLIA en **UN AÑO:**
Levítico 17–18; Mateo 27:27-50

Tráiganme al muchacho

«N**o creo en Dios** y no voy a ir», dijo Marcos.

A Ana se le hizo un nudo en la garganta. Su hijo se había convertido de un muchacho alegre en un joven malhumorado y desaprensivo. La vida era un campo de batalla, y el domingo se había vuelto un día incómodo, ya que Marcos no quería ir a la iglesia con su familia. Finalmente, sus padres, desesperados, consultaron a un consejero, el cual dijo: «Marcos tiene que experimentar la fe personalmente. Dejen que Dios obre. Sigan orando y esperando».

LECTURA:
Marcos 9:14-27

... respondió Jesús [...:] Tráiganme al muchacho (V. 19 NVI).

Ana esperó... y oró. Una mañana, las palabras de Jesús resonaron en su mente. Los discípulos del Señor no habían podido ayudar a un joven endemoniado, pero Jesús tuvo la respuesta: «Tráiganme al muchacho» (MARCOS 9:19). Si Jesús pudo ayudar en una situación tan extrema como aquella, podía sin duda ayudar a su hijo. Imaginó estar de pie con su hijo y Jesús allí mismo. Entonces, mentalmente, dio un paso atrás y dejó a su hijo solo con Aquel que lo amaba aun más que ella.

Todos los días, Ana entregaba silenciosamente a Marcos al Señor, aferrándose a la certeza de que Él conocía las necesidades del muchacho y que, a su tiempo y manera, obraría en su vida.

MS

Padre, pongo a mi amado en tus manos, sabiendo que lo amas más que yo y que sabes cómo suplir sus necesidades. Lo dejo a tu cuidado.

La oración es la voz de la fe, que confía en que Dios se interesa por nosotros.

LA BIBLIA en **UN AÑO:**
Levítico 19–20; Mateo 27:51-66

Domar lo indomable

Desde cerdos vietnamitas hasta zorros siberianos, los humanos han aprendido a domar animales salvajes. A la gente le encanta enseñarles a los monos a «actuar» en publicidades o entrenar ciervos para que coman de sus manos. Como señala el apóstol Santiago: «toda naturaleza de bestias, y de aves, y de serpientes, y de seres del mar, se doma y ha sido domada por la naturaleza humana» (3:7).

LECTURA:
Santiago 3:1-12

... ningún hombre puede domar la lengua... (v. 8).

Pero hay algo que no podemos domar: «... ningún hombre puede domar la lengua», afirma Santiago (v. 8).

¿Por qué? Porque, aunque nuestras palabras estén en la punta de la lengua, se originan en lo profundo de nuestro ser: «Porque de la abundancia del corazón habla la boca» (MATEO 12:34). Entonces, la lengua puede usarse para bien y para mal (SANTIAGO 3:9). El erudito Peter Davids lo expresa así: «Por un lado, [la lengua] es muy religiosa, pero, por el otro, puede ser sumamente profana».

Si no podemos domar esta lengua desenfrenada que tenemos, ¿está destinada a ser un problema diario en nuestra vida, siempre inclinada a decir cosas malas? (v. 10). Por la gracia de Dios, no. Aunque nuestros métodos fracasen, el Señor pondrá «guarda a mi boca» y a «la puerta de mis labios» (SALMO 141:3). Él puede domar lo indomable.

JDB

Señor, a veces digo cosas que no te honran. Gracias porque puedes controlar mi lengua indomable.

Para dominar la lengua, deja que Cristo gobierne tu corazón.

Construir un puente

El libro *Centenario,* de James Michener, es una ficción sobre la historia y la conquista del oeste norteamericano. A través de los ojos de un comerciante llamado Pasquinel, el autor entrecruza las historias de los indígenas arapajó y la comunidad europea de Saint Louis. Este tosco aventurero se convierte en un puente entre dos mundos drásticamente diferentes.

LECTURA:
1 Tes. 1:1-10

... en todo lugar vuestra fe en Dios se ha extendido...
(v. 8).

Los seguidores de Cristo también tienen la oportunidad de construir puentes entre dos mundos muy distintos: los que conocen y siguen a Jesús y los que no lo conocen. Los primeros cristianos en Tesalónica habían estado construyendo puentes en la cultura idólatra que los rodeaba; por eso, Pablo dijo de ellos: «Porque partiendo de vosotros ha sido divulgada la palabra del Señor, no sólo en Macedonia y Acaya, sino [...] también en todo lugar...» (1 TESALONICENSES 1:8). El puente que estaban edificando tenía dos componentes: «la palabra del Señor» y el ejemplo de la fe de ellos. Todos veían que estos creyentes se habían convertido «de los ídolos a Dios, para servir al Dios vivo y verdadero» (v. 9).

A medida que Dios se manifieste a los que nos rodean mediante su Palabra y nuestra vida, podemos convertirnos en puentes para aquellos que todavía no conocen el amor de Cristo.

WEC

Señor, que mi vida sea un medio para que otros quieran conocerte.

Vive el evangelio y los demás escucharán.

Espejito, espejito

¿Cuántas veces te miras al espejo? Un estudio señala que la persona promedio se mira entre 8 y 10 veces por día. Otras encuestas indican que el número podría llegar hasta 60 o 70 veces, si se incluye mirar nuestro reflejo en la vidriera de las tiendas y en las pantallas de los teléfonos móviles.

LECTURA:
Santiago 1:19-27

... el [...] hacedor de la obra, éste será bienaventurado...
(v. 25).

¿Por qué nos miramos tanto? Los expertos afirman que es para verificar nuestro aspecto; en especial, antes de reuniones o actividades sociales. ¿Qué sentido tiene mirarse si no planeamos cambiar lo que está mal?

El apóstol Santiago afirmó que leer u oír la Palabra de Dios sin ponerla en práctica es como mirarse en un espejo y olvidarse de lo que uno vio (1:22-24). No obstante, la mejor alternativa es mirar detenidamente y actuar según lo que vemos. Santiago declaró: «Mas el que mira atentamente en la perfecta ley, la de la libertad, y persevera en ella, no siendo oidor olvidadizo, sino hacedor de la obra, éste será bienaventurado en lo que hace» (v. 25).

Si oímos la Palabra de Dios y no hacemos nada, nos engañamos a nosotros mismos (v. 22). Pero, cuando nos examinamos a la luz de las Escrituras y obedecemos sus instrucciones, el Señor nos libera de todo lo que nos impide parecernos cada día más a Él.

DCM

Señor, gracias por tu Palabra. Danos sabiduría y guía al leer sus páginas, y ayúdanos a obedecer.

La Biblia es un espejo que nos permite vernos como Dios nos ve.

LA BIBLIA en **UN AÑO:**
Levítico 25; Marcos 1:23-45

¿La voluntad de quién?

«Que todo ocurra según tu voluntad» es un saludo frecuente durante el año nuevo chino. Por más maravilloso que suene, las cosas salen mejor cuando se aplica la voluntad de Dios y no la nuestra.

Si hubiese podido elegir, José no habría querido ser esclavo en Egipto (GÉNESIS 39:1). Sin embargo, a pesar de su cautiverio, fue «próspero» porque «el Señor estaba con José» (v.2). Dios incluso bendijo la casa de su amo «a causa de [él]» (v. 5).

LECTURA:
Gén. 39:1-6, 20-23

... no sea como yo quiero, sino como tú (Mateo 26:39).

Tampoco hubiese querido ir preso, pero así sucedió cuando lo acusaron falsamente de acoso sexual. No obstante, leemos por segunda vez: «el Señor estaba con José» (v. 21). Allí se ganó la confianza del guardia (v. 22), ya que «lo que él hacía, el Señor lo prosperaba» (v. 23). Su espiral descendente hacia la cárcel se convirtió en el comienzo de su ascenso a la posición más elevada en Egipto. Pocos escogerían ser ascendidos como José. Pero Dios bendice a pesar de las circunstancias adversas e, incluso, a través de ellas.

El Señor tenía un propósito al llevar a José a Egipto, y también lo tiene al colocarnos en el lugar donde estamos. Aprendamos a decir, como lo hizo nuestro Salvador antes de ir a la cruz: «no sea como yo quiero, sino como tú» (MATEO 26:39).

CPH

Señor, perdóname por mi egoísmo. Ayúdame a colocarte en primer lugar.

A menudo, esperar con paciencia es la mejor manera de hacer la voluntad de Dios.

Muy cargado

El 10 de agosto de 1628 fue una fecha oscura para la historia naval. Ese día, la corbeta real Vasa zarpó en su viaje inaugural. Después de dos años de construcción, lujosamente adornado y con 64 cañones, el orgullo de la flota naval sueca se hundió a un kilómetro y medio de la costa. ¿Qué falló? La carga era demasiado pesada como para que pudiera navegar. El exceso de peso llevó al Vasa al fondo del mar.

LECTURA:
Hebreos 12:1-5

... despojémonos de todo peso y del pecado que nos asedia... (v. 1).

La vida cristiana también puede hundirse por exceso de equipaje. Hebreos señala: «despojémonos de todo peso y del pecado que nos asedia, y corramos con paciencia la carrera que tenemos por delante, puestos los ojos en Jesús, el autor y consumador de la fe» (HEBREOS 12:1-2).

Como el barco lujosamente decorado, podemos impresionar exteriormente a los demás, pero, si el pecado nos agobia en lo interior, nuestra perseverancia puede verse afectada. No obstante, hay un remedio: al descansar en la guía de Dios y el poder del Espíritu Santo, nuestra carga puede aliviarse y la perseverancia fortalecerse.

El perdón y la gracia están siempre a disposición del peregrino espiritual.

HDF

● *Padre celestial, muy a menudo trato de esconder el peso de mi pecado tras actividades cristianas externas. Perdóname y ayúdame a dejar de lado lo que me impide correr una buena carrera.*

Perseverar se trata de lo que no hacemos como de lo que sí llevamos a cabo.

Acercarse a Dios

Algo que anteriormente solía molestarme era que, cuanto más me acercaba a Dios, más pecador me sentía. Al tiempo, un fenómeno que observé en mi habitación me hizo recapacitar: una pequeña abertura en la cortina de la ventana dejaba pasar un rayo de luz. Al mirar, vi partículas de polvo que volaban en el reflejo. Sin ese rayo, el cuarto parecía limpio, pero la luz revelaba las partículas de suciedad.

LECTURA:
Isaías 6:1-8

... toda la tierra está llena de [la] gloria [del Señor] (v. 3).

Ese hecho arrojó luz sobre mi vida espiritual. Cuanto más me acerco al Señor de la luz, con más claridad me veo. Esta expone el pecado; pero no lo hace para desanimarnos, sino para que confiemos humildemente en Dios. Cuando somos orgullosos, la luz revela nuestro corazón, y clamamos como Isaías: «¡Ay de mí! [...]; porque siendo hombre inmundo de labios, [...] han visto mis ojos al Rey, el Señor de los ejércitos» (ISAÍAS 6:5).

Dios es absolutamente perfecto en todo. Para acercarse a Él, es necesario tener humildad y confianza como la de un niño, y dejar de lado la jactancia y el orgullo. Es por su gracia que nos atrae hacia su Persona. Es bueno sentirnos indignos cuando nos acercamos a Dios, porque esto nos enseña a ser humildes y nos hace depender solamente de Él.

LD

¿Qué ves en tu interior ante la luz de la Palabra de Dios? Pídele al Señor que te muestre qué cambios debes experimentar.

No hay lugar para el orgullo cuando caminamos con Dios.

Pregúntale al autor

He formado parte de diversos grupos de lectores. Por lo general, varios amigos leen un libro y, después, se reúnen para comentar las ideas expuestas por el autor. Casi siempre, alguien formula una pregunta que nadie puede contestar. Entonces, otro dirá: «Si tan solo pudiéramos preguntarle al autor». En diversas ciudades, algunos autores se ponen a disposición para encontrarse con los miembros del club, por una tarifa mínima.

LECTURA:
1 Corintios 2:9-16

... nosotros tenemos la mente de Cristo (v. 16).

¡Qué diferente es esto para los que nos reunimos a estudiar la Biblia! Jesús se reúne con nosotros siempre: sin cobrar una tarifa, sin conflicto de horarios, sin viáticos. Además, tenemos el Espíritu Santo que nos guía para que entendamos. Una de las últimas promesas de Jesús a sus discípulos fue que Dios enviaría el Espíritu Santo para enseñarles (JUAN 14:26).

El Autor de la Biblia no está limitado al tiempo ni al espacio. Por eso, cuando tenemos una duda, podemos preguntarle, con la certeza de que nos contestará... aunque tal vez no sea según nuestro cronograma.

Dios quiere que tengamos la mente del Autor (1 CORINTIOS 2:16), para que, mediante la enseñanza del Espíritu, comprendamos la grandeza del regalo que gratuitamente nos ha dado (v. 12). *JAL*

Señor, gracias por reunirte conmigo en este momento. Enséñame a conocerte en lo profundo de mi corazón.

Cuando abras tu Biblia, pídele al Autor que abra tu mente y tu corazón.

El mundo invisible

¿S**abías que los microbios** que tienes en una mano superan la cantidad de personas que habitan la Tierra? Estos organismos vivientes unicelulares son demasiado pequeños para verlos sin un microscopio. Aun así, interactuamos constantemente con ellos, aunque su mundo está completamente fuera de nuestra percepción.

LECTURA:
Números 22:21-31

... el ángel del Señor estaba en el camino... (v. 23 RVC).

Las realidades del mundo espiritual también suelen ser invisibles para los seres humanos, tal como lo descubrió el profeta Balaam. Mientras viajaba por el camino junto con sus dos siervos, su asna «vio que el ángel del Señor estaba en el camino, y que en la mano tenía desenvainada la espada» (NÚMEROS 22:23 RVC). Para no toparse con el ángel, el animal se desvió hacia un campo, aplastó el pie de Balaam contra una pared y se echó con el profeta aún sobre su lomo. Balaam se enojó y azotó el asna. No se dio cuenta de que estaba ocurriendo algo sobrenatural... hasta que Dios le abrió los ojos (v. 31).

La Biblia nos enseña que existe un mundo espiritual, y es posible que, a veces, nos encontremos con realidades de esa esfera, tanto buenas como malas (HEBREOS 13:2; EFESIOS 6:12). Por esta razón, se nos exhorta a estar alertas, preparados y en oración. Tal como Dios gobierna el mundo que vemos, también lo hace en el invisible.

JBS

Señor, ayúdame a ver las verdades espirituales.

Todo lo visible y lo invisible está bajo el poder soberano de Dios.

Anhelar ser rescatado

La película *El hombre de acero*, estrenada en 2013, es una versión actualizada de la historia de *Superman*. Repleta de efectos especiales asombrosos y de acción ininterrumpida, atrae multitudes a los cines en todo el mundo. Algunos dijeron que tanta atracción se debía a su espectacular tecnología. Otros la atribuyeron a la «mitología del supermán».

LECTURA:
Mateo 1:18-25

... y llamarás su nombre Jesús, porque él salvará a su pueblo de sus pecados (v. 21).

Amy Adams, la actriz que representa en la película el papel de Luisa Lane, tiene una perspectiva diferente del atractivo de la historia y dice que tiene que ver con un anhelo básico de la condición humana: «¿Quién no quiere creer que hay una persona que puede venir a salvarnos de nuestra propia maldad?».

Es una gran pregunta. Y la respuesta es que ciertamente hubo alguien que ya vino para salvarnos: Jesús. Se hicieron varios anuncios sobre su nacimiento. Uno de ellos se lo hizo el ángel Gabriel a José: «Y [María] dará a luz un hijo, y llamarás su nombre Jesús, porque él salvará a su pueblo de sus pecados» (MATEO 1:21).

Jesús vino para salvarnos de nuestros pecados y de nuestra propia maldad. Su nombre significa «el Señor salva», y su misión fue nuestra salvación. El anhelo de ser rescatado que inunda el corazón humano encuentra total satisfacción en Cristo. *WEC*

● *Señor, eres mi héroe. Gracias por dar tu vida en la cruz para salvarme.*

El nombre y la misión de Jesús son lo mismo: Él vino para salvarnos.

LA BIBLIA en **UN AÑO:**
Números 12–14; Marcos 5:21-43

Su elección

Cuando nuestros hijos eran pequeños, solía orar con ellos cuando los acostábamos. Pero, antes de orar, a veces me sentaba al borde de la cama y charlábamos. Recuerdo decirle a nuestra hija: «Si pudiera poner en fila a todas las niñas de cuatro años que hay en el mundo, te buscaría a ti. Recorrería toda la fila y te elegiría para que fueras mi hija». Eso siempre le ponía una sonrisa en el rostro, porque sabía que ella era especial.

LECTURA:
2 Tes. 2:13-17

... Dios os [ha] escogido desde el principio para salvación... (v. 13).

Si esa situación era un motivo para que mi hija sonriera, piensa en lo que significa que, en su gracia, el Dios creador del universo te haya «escogido desde el principio para salvación» (2 TESALONICENSES 2:13). En la eternidad pasada, ya deseaba hacerte su hijo. Por esta razón, las Escrituras suelen usar el tema de la adopción para comunicar la realidad asombrosa de que, sin mérito de nuestra parte, el Señor nos eligió.

¡Qué noticia tan maravillosa! Somos «amados por el Señor» (v. 13) y disfrutamos de los beneficios de ser parte de su familia. «Y el mismo Jesucristo Señor nuestro, y Dios nuestro Padre, el cual nos amó [...] os confirme en toda buena palabra y obra» (vv. 16-17).

JMS

¡Padre, siempre estaré agradecido de ser tu hijo y de que me ames! Enséñame a recordar todos los beneficios de ser tuyo, y que te sirva fielmente como parte de tu familia.

Dios decidió amarte, transformarte y hacerte parte de su familia.

Cambio de perspectiva

Mi esposa es madrugadora; le encanta leer la Biblia y orar antes de empezar el día. Hace poco, se instaló en su silla favorita, pero se encontró con un sillón que yo había dejado bastante desordenado. Al principio, su frustración conmigo le interrumpió la calidez del momento.

LECTURA:
Hechos 17:16-23

...[el] espíritu [de Pablo] se enardecía viendo la ciudad entregada a la idolatría (v. 16).

Entonces, se cambió al sofá. Desde allí, podía mirar por la ventana mientras el sol se levantaba sobre el Océano Atlántico. La belleza de la escena le cambió la perspectiva.

Mientras me contaba la historia, ambos reconocimos la lección de aquella mañana. Aunque no siempre podemos controlar las cosas que afectan nuestro día, sí podemos elegir: seguir dando vueltas en el «desorden» o cambiar de perspectiva. Cuando Pablo estaba en Atenas, «su espíritu se enardecía viendo la ciudad entregada a la idolatría» (HECHOS 17:16). Sin embargo, cuando cambió su perspectiva, usó el interés de los atenienses en la religión como una oportunidad para proclamar al Dios verdadero: Jesucristo (vv. 22-23).

Cuando mi esposa salió para ir a trabajar, fue el momento para que otra persona cambiara de perspectiva: le pedí al Señor que me ayudara a ver mi desorden a través de los ojos de ella y de los de Él.

RKK

● *Señor, dame sabiduría para cambiar mi perspectiva y para arreglar los «líos» en que involucro a otras personas.*

La sabiduría es ver las cosas desde la perspectiva de Dios.

LA BIBLIA en **UN AÑO:**
Números 17–19; Marcos 6:30-56

Una vida coherente

Mientras estudiaba el libro de Daniel, me llamó la atención la facilidad con que él podría haber evitado que lo arrojaran al foso de los leones. Sus celosos rivales, que trabajaban para el gobierno de Babilonia, le tendieron una trampa relacionada con su costumbre de orar diariamente a Dios (DANIEL 6:1-9). Daniel era plenamente consciente del complot, y podría haber decidido orar en privado durante un mes, hasta que todo se tranquilizara. Pero no era esa clase de persona.

LECTURA:
Daniel 6:1-10

... [Daniel] se arrodillaba [...], y oraba [...] como lo solía hacer antes (v. 10).

«Cuando Daniel supo que el edicto había sido firmado, entró en su casa, y abiertas las ventanas de su cámara que daban hacia Jerusalén, se arrodillaba tres veces al día, y oraba y daba gracias delante de su Dios, como lo solía hacer antes» (v. 10). Daniel no tuvo miedo ni negoció con el Señor, sino que continuó «como acostumbraba hacerlo» (v. 10 RVC). La presión de la persecución no lo intimidó.

El poder de la vida de Daniel estaba en su constante devoción al Señor. Su fortaleza venía de Dios. Cuando surgía una crisis, no necesitaba cambiar su práctica diaria para superarla, sino que, simplemente, seguía comprometido con su Señor.

DCM

Padre, quiero permanecer firme como Daniel cuando surjan persecuciones. Dame ese mismo compromiso con la oración. Ayúdame a dar a conocer públicamente mi fe.

Dios nos da el poder para defender su causa cuando nos arrodillamos a orar.

Todo se sabe

Un pastor relató la siguiente historia: Estaba charlando con un hombre mayor a quien acababan de presentarle. Entonces, dijo: «Así que usted trabajaba en una empresa de servicios». «Exacto», respondió el hombre. El pastor señaló que, cuando era chico, los cables de esa empresa pasaban por la propiedad de sus padres. «¿Dónde vivía?», preguntó el hombre. Cuando el pastor le dijo, el anciano respondió: «Recuerdo esa propiedad. Me costó muchísimo mantener colocados en su lugar los carteles de advertencia de los cables. Los niños los sacaban siempre». Cuando la cara del pastor se puso roja de vergüenza, el hombre preguntó: «Usted era uno de ellos, ¿verdad?». Y no se había equivocado.

LECTURA:
Salmo 32:1-5

Mientras callé, se envejecieron mis huesos en mi gemir todo el día (v. 3).

Los errores del pasado nos alcanzan de alguna manera, y los pecados antiguos que no hemos resuelto pueden generar consecuencias graves. Como se lamenta David en el Salmo 32: «Mientras callé, se envejecieron mis huesos». Sin embargo, confesar nuestros errores restaura la comunión con el Señor: «Mi pecado te declaré, [...] y tú perdonaste la maldad de mi pecado» (v. 5). Mediante la confesión, podemos disfrutar del perdón divino.

JDB

● *Señor, es hora de arreglar las cosas contigo. Te confieso mi pecado de* ______

______

Restaura mi comunión contigo. ______

______

______

Los cristianos pueden borrar de su memoria lo que Dios ha borrado del registro.

Entender el costo

Hace poco, le regalamos a nuestro hijo de dos años un par de botas nuevas. Estaba tan contento que no se las sacó hasta la hora de dormir. Pero, al día siguiente, se olvidó y se puso sus zapatillas viejas. Mi esposo dijo: «Ojalá supiera cuánto cuestan las cosas».

Las botas eran caras, pero un niño pequeño no entiende nada sobre las horas de trabajo, los salarios y los impuestos. Recibe los regalos de buena gana, pero sabemos que no se puede esperar que aprecie plenamente el sacrificio que hacen sus padres para darle cosas nuevas.

LECTURA:
1 Pedro 1:17-21

Porque habéis sido comprados por precio...
(1 Corintios 6:20).

A veces, me comporto como una niña. Con brazos abiertos, recibo los regalos de Dios y sus infinitas misericordias, pero ¿soy agradecida? ¿Considero el precio que se pagó para que yo pueda vivir una vida plena?

El costo fue muy alto... más que «cosas corruptibles, como oro o plata». Como leemos en 1 Pedro, se requirió «la sangre preciosa de Cristo, como de un cordero sin mancha y sin contaminación» (1:18-19). Jesús dio su vida para transformarnos en parte de su familia. Y Dios lo levantó de los muertos (v. 21).

Cuando entendemos el costo de nuestra salvación, aprendemos a agradecer de verdad.

KO

Señor, ayúdame a entender lo que significó para ti soportar mi pecado. Recuérdame que debo dar gracias por la salvación y por todas las maneras en que me muestras tu amor hoy.

La salvación es infinitamente costosa, pero absolutamente gratuita.

Arma mortal

El famoso boxeador Mohamed Ali usaba distintas tácticas para vencer a sus contrincantes, y una era la provocación. En su pelea contra George Foreman, en 1974, lo provocó diciendo: «¡Pega más fuerte! Eso no duele. ¿Acaso no eres malo?». Echando humo, Foreman arrojaba golpes furiosamente, gastando sus energías y debilitando su confianza en sí mismo.

LECTURA:
Nehemías 4:1-10

... los que esperan al Señor tendrán nuevas fuerzas...
(Isaías 40:31).

Es una vieja táctica. Al burlarse de los esfuerzos de Nehemías para reconstruir el muro de Jerusalén (NEHEMÍAS 4:3), Tobías quería debilitar a los obreros con venenosas palabras de desaliento. Goliat hizo lo mismo con David (1 SAMUEL 17:41-44).

Un comentario desalentador puede ser un arma mortal. Nehemías se negó a rendirse a las burlas de Tobías, así como David rechazó las provocaciones diabólicas de Goliat. Ambos se concentraron en Dios y en su ayuda. No prestaron atención a las situaciones desmoralizadoras y, así, pudieron triunfar.

La provocación puede venir de parte de cualquiera, incluso de los que están cerca. Responder en forma negativa solo agota nuestra energía. En cambio, Dios nos alienta con sus promesas. Él nunca nos abandonará (SALMO 9:10; HEBREOS 13:5) y nos invita a confiar en su ayuda (HEBREOS 4:16).

LD

● *Señor, ayúdame a vencer el desaliento, y a confiar y descansar en ti.*

Si estás en un túnel de desánimo, sigue caminando hacia la Luz.

Todo tiene su tiempo

Si eres como yo, a veces te cuesta decir que no a una nueva responsabilidad; en especial, si es por una buena causa. Podemos tener buenas razones para seleccionar nuestras prioridades. Sin embargo, a veces, al no acceder a asumir más responsabilidad, podemos sentirnos culpables o pensar que, de alguna manera, fallamos en nuestro andar de fe.

LECTURA:
Eclesiastés 3:1-13

Todo tiene su tiempo, y todo lo que se quiere debajo del cielo tiene su hora (v. 1).

No obstante, según Eclesiastés 3:1-8, la sabiduría reconoce que todo en la vida tiene su tiempo, tanto en las actividades humanas como en la esfera natural. «Todo tiene su tiempo, y todo lo que se quiere debajo del cielo tiene su hora» (3:1).

Tal vez vayas a casarte o a tener tu primer hijo. Quizá estés a punto de terminar tus estudios y entrar en el mundo laboral, o dejes de trabajar a tiempo completo para jubilarte. Al ir pasando de una etapa a otra, nuestras prioridades cambian. Tal vez tengamos que dejar de lado lo que solíamos hacer y canalizar nuestra energía en otra cosa.

Cuando la vida produce cambios en nuestras circunstancias y obligaciones, tenemos que discernir qué clase de compromisos podemos tomar, buscando siempre hacer «todo para la gloria de Dios» (1 CORINTIOS 10:31).

PFC

Señor, dame sabiduría para establecer mis prioridades y glorificarte en todo lo que hago.

El compromiso con Cristo es un desafío diario.

Hormigas sabias

Según los investigadores de la Universidad de Bristol, la hormiga roja puede ser mejor que nosotros para dominar el mercado inmobiliario. Las colonias de estos animalitos usan hormigas exploradoras para supervisar constantemente las condiciones de vida de sus hormigueros. Valiéndose de habilidades sociales asombrosas, estas hormigas trabajan juntas para encontrar el espacio adecuado para vivir, y la oscuridad y la seguridad necesarias para darles a la reina madre y a sus larvas la mejor vivienda disponible.

LECTURA:
Núm. 13:25–14:19

Señor, tú nos has sido refugio de generación en generación
(Salmo 90:1).

En la época de Moisés, las familias de Israel buscaban un nuevo hogar. El desierto de Sinaí no era lugar para establecerse, pero había un problema: según los exploradores israelitas, la tierra a la que Dios estaba guiándolos ya estaba ocupada por ciudades amuralladas y gigantes que hacían que los mensajeros se sintieran como langostas (NÚMEROS 13:28, 33).

A veces, puede ser útil compararnos con insectos. Las hormigas exploradoras siguen el instinto que Dios les dio. Sin embargo, nosotros solemos dejar que nuestros temores nos impidan seguir al Señor y confiar en Él. Cuando descansamos en la seguridad de su presencia y su amor, podemos decir: «Señor, tú nos has sido refugio de generación en generación». *MDH*

● *Señor, no hay mejor lugar para vivir que en tu presencia.*

Nos sentimos como en casa cuando estamos bien con Dios.

Empieza conmigo

Las llamo «Las notas de Mel»: breves comentarios prácticos que mi hija Melissa escribía en su Biblia.

En Mateo 7, por ejemplo, marcó los versículos 1 y 2, que hablan de no juzgar a otros. Al costado, apuntó: «Mira lo que haces antes de mirar a los demás».

LECTURA:
1 Corintios 13:4-13

... no mirando cada uno por lo suyo propio, sino [...] por lo de los otros (Filipenses 2:4).

Melissa siempre estaba pensando en los demás. Vivía las palabras de Filipenses 2:4. Matt, su compañero de clase, que la conoció desde la escuela dominical hasta un año antes de terminar la escuela secundaria, cuando ella murió en un accidente automovilístico, dijo sobre ella en la reunión de recordación: «Creo que nunca te vi sin una sonrisa o algo que iluminara el día de los demás». Su amiga Tara declaró: «Gracias por ser mi amiga; nadie era tan buena y alegre como tú».

En una época en que criticar duramente a los demás parece ser la norma, es bueno recordar que el amor empieza en nosotros. Me vienen a la mente las palabras de Pablo: «Y ahora permanecen la fe, la esperanza y el amor, estos tres; pero el mayor de ellos es el amor» (1 CORINTIOS 13:13).

¡Qué diferencia haremos si, al mirar a los demás, decimos: «El amor empieza en mí»! ¿No sería un reflejo maravilloso del amor de Dios hacia nosotros?

JDB

Señor, gracias por amarme. Ayúdame a amar a los demás; quiero ser como tú.

Aceptar el amor de Dios para con nosotros es la clave para poder amar a los demás.

Explicación del misterio

Una de las atracciones turísticas más populares en Inglaterra son los pilares gigantes de roca llamados *Stonehenge*. Estas piezas enormes de granito también son un gran misterio. Todos los años, la gente viaja hasta allí, con preguntas como: ¿Por qué fueron levantadas? ¿Quién logró esta maravilla extraordinaria de la ingeniería? Y quizá, lo que más nos preguntamos es cómo lo hicieron. No obstante, el misterio sigue en pie.

LECTURA:
Romanos 5:1-11

... siendo aún pecadores, Cristo murió por nosotros (v. 8).

Las Escrituras hablan de otro gran misterio: Dios vino a vivir entre nosotros como hombre. En 1 Timoteo 3:16, Pablo escribió: «... grande es el misterio de la piedad: Dios fue manifestado en carne, justificado en el Espíritu, visto de los ángeles, predicado a los gentiles, creído en el mundo, recibido arriba en gloria».

Esta breve reseña de la vida de Cristo (el misterio de la encarnación) es increíble. Sin embargo, lo que llevó al Creador del universo a venir a vivir y morir por su creación no es un misterio: «Mas Dios muestra su amor para con nosotros, en que siendo aún pecadores, Cristo murió por nosotros» (ROMANOS 5:8). El gran amor de Dios para con nosotros es la raíz del misterio de la piedad, y la cruz lo manifestó a toda la humanidad.

WEC

Señor, no entendemos todo, pero sabemos que Jesús murió por nosotros, y eso es suficiente.

Cómo Cristo tomó forma humana puede ser un misterio, pero el amor de Dios no lo es.

LA BIBLIA en **UN AÑO:**
Deuteronomio 3–4; Marcos 10:32-52

Poder para sobrevivir

Cuando era chico, tenía un muñeco plástico inflable para darle puñetazos. Era casi tan alto como yo y tenía un rostro sonriente. Mi desafío era pegarle con suficiente fuerza como para que quedara tirado en el suelo. Pero, por más fuerte que le pegara, siempre se levantaba. ¿El secreto? Tenía un peso de plomo en la parte inferior, que lo mantenía de pie. Los veleros operan con el mismo principio. El peso en la quilla proporciona el lastre que los mantiene equilibrados en medio de vientos fuertes.

LECTURA:
2 Corintios 4:7-12

... estamos atribulados en todo, mas no angustiados... (v. 8).

En la vida del cristiano, sucede lo mismo. Nuestro poder para sobrevivir a los desafíos no reside en nosotros, sino en Dios, que mora en nuestro interior. No estamos exentos de los golpes de la vida ni de las tormentas que, inevitablemente, amenazarán nuestra estabilidad. Sin embargo, con plena confianza en el poder divino que nos sustenta, podemos decir como Pablo: «estamos atribulados en todo, mas no angustiados; en apuros, mas no desesperados; perseguidos, mas no desamparados; derribados, pero no destruidos» (2 CORINTIOS 4:8-9).

Únete a los muchos viajeros de la vida que se aferran con confianza inconmovible a la gracia de Dios y a que, en nuestra debilidad, Él se hace fuerte (12:9).

JMS

- *¿Dónde buscas estabilidad durante las tormentas de la vida?*

El poder de Dios en ti es mayor
que la presión de los problemas que te rodean.

Buscar la santidad

A menudo, vemos encuestas que le preguntan a la gente si es feliz o si está satisfecha con su trabajo. Pero nunca vi que preguntaran: «¿Eres santo?». ¿Cómo responderías?

Un diccionario bíblico define la santidad como «separación para Dios y conducta adecuada de aquellos que han sido separados». El autor Frederick Buechner dijo que, cuando escribe sobre el carácter de una persona, «no hay nada más difícil de describir que la santidad». Añade: «La santidad no es una cualidad humana en absoluto, como lo es la virtud. [...] no es algo que las personas hagan, sino lo que Dios hace en ellas».

LECTURA:
Romanos 6:14-23

... sin [santidad] nadie verá al Señor (Hebreos 12:14).

Romanos 6 presenta el increíble regalo a través de la fe en Cristo. «... somos sepultados juntamente con él para muerte por el bautismo, a fin de que como Cristo resucitó de los muertos por la gloria del Padre, así también nosotros andemos en vida nueva» (v. 4). La búsqueda de la santidad se produce día a día, cuando nos sometemos en obediencia al Señor. «... ahora quedaron libres del poder del pecado y se han hecho esclavos de Dios. Ahora hacen las cosas que llevan a la santidad y que dan como resultado la vida eterna» (v. 22 NTV).

¿Estás volviéndote más santo? Por la gracia y el poder de Dios, la respuesta puede ser un resonante: «¡Sí! Cada día más».

DMC

● *Señor, purifícame día tras día. Quiero reflejar tu santidad.*

La decisión de buscar la santidad es una cuestión de vida o muerte.

LA BIBLIA en UN AÑO:
Deuteronomio 8–10; Marcos 11:19-33

Puerta para gatos

Mi esposo y yo tenemos un nuevo miembro en la familia: una gata atigrada de dos meses llamada Jasper. Para mantenerla protegida, tuvimos que cambiar algunas viejas costumbres, como la de dejar las puertas abiertas. No obstante, seguimos teniendo un problema: la escalera. A los gatos les gusta trepar. Así que, cuando Jasper está en la planta baja conmigo, quiere subir. Intentar mantenerla en un espacio seguro ha puesto a prueba mi ingenio. Las puertas que funcionan con los niños y los perros no funcionan con los gatos.

LECTURA:
Juan 10:1-10

Yo soy la puerta; el que por mí entrare, será salvo... (v. 9).

Mi dilema me hizo recordar la metáfora que usó Jesús para describirse a sí mismo. Dijo: «Yo soy la puerta de las ovejas» (JUAN 10:7). En Medio Oriente, los corrales tenían una abertura para que las ovejas entraran y salieran. De noche, mientras los animales estaban seguros adentro, el pastor se acostaba delante de esa abertura, para que ni las ovejas ni los depredadores pudieran pasar.

Aunque quiero mantener protegida a Jasper, no estoy dispuesta a transformarme en la puerta. Tengo otras cosas que hacer. Sin embargo, eso es exactamente lo que Jesucristo hace por nosotros. Se coloca entre nosotros y nuestro enemigo, el diablo, para protegernos de daños espirituales.

JAL

Gracias, Jesús, por ser mi puerta de salvación y mi protección. Confío en ti.

Cuanto más cerca estemos del Pastor, más lejos estaremos del lobo.

Encuentro inesperado

Diego estaba guiando por primera vez la alabanza en una congregación grande. Luisa, una mujer que asistía a la iglesia desde hacía mucho, quiso alentarlo, pero pensó que sería difícil llegar al frente antes de que se marchara. Sin embargo, se las ingenió para abrirse paso entre la multitud, y le dijo: «Aprecio tu entusiasmo en la alabanza. ¡Sigue sirviendo al Señor!».

LECTURA:
Rut 2:11-20

El Señor recompense tu obra, y tu remuneración sea cumplida de parte del Señor Dios de Israel... (v. 12).

Mientras se iba, Luisa se encontró con Sabrina, a quien no había visto en meses. Después de una breve conversación, Sabrina la animó: «Gracias por lo que haces para el Señor. ¡Sigue sirviéndolo!». Como Luisa se había esforzado para ir a dar ánimo, se encontró en el lugar correcto para recibir también una palabra inesperada de aliento.

Cuando Rut y su suegra Noemí se marcharon de Moab y regresaron a Israel, recibieron una bendición inesperada. Las dos eran viudas y no tenían a nadie que las ayudara, así que Rut fue a recoger espigas en un campo (RUT 2:2-3). El campo le pertenecía a Booz, un pariente lejano de Noemí. Rut llamó la atención de este hombre, y él suplió su necesidad; más tarde, se casó con ella (2:20; 4:13).

A veces, Dios usa encuentros no programados para conceder bendiciones inesperadas.

AMC

● *Señor, ayúdame a animar a los demás. Quiero ser tus manos y tus pies.*

Cuando se trate de ayudar a otros, que nada te detenga.

LA BIBLIA en UN AÑO:
Deuteronomio 14–16; Marcos 12:28-44

Acceso ilimitado

Cuando John F. Kennedy era presidente de Estados Unidos, los fotógrafos a veces captaban una escena encantadora: sentados alrededor del escritorio del Despacho Oval, miembros del gabinete debaten cuestiones de consecuencia mundial. Mientras tanto, un niñito de dos años, John-John, pasa gateando, completamente ajeno al protocolo de la Casa Blanca y a los críticos asuntos de estado. Simplemente, está visitando a su papá.

LECTURA:
Rom. 8:14-17, 24-26

... habéis recibido el espíritu de adopción, por el cual clamamos: ¡Abba, Padre! (v. 15).

Esa clase de accesibilidad asombrosa es la que comunica la palabra *Abba* cuando Jesús dijo: «Abba, Padre, todas las cosas son posibles para ti» (MARCOS 14:36). Dios es el Señor soberano del universo, pero, a través de su Hijo, se hizo tan accesible como cualquier padre humano que se desvive por sus hijos. En Romanos 8, Pablo profundiza aun más la imagen de intimidad. Declara que el Espíritu de Dios mora en nuestro interior y que, cuando no sabemos cómo orar, «el Espíritu mismo intercede por nosotros con gemidos indecibles» (v. 26).

Jesús vino a demostrar que un Dios perfecto y santo acepta gustoso los ruegos de una viuda con dos monedas, de un centurión romano, de un publicano miserable y de un ladrón en la cruz. Solo tenemos que clamar «Abba» o, si no podemos, simplemente gemir. Así se ha acercado Dios a nosotros.

PY

Hoy me acerco a ti, como un hijo a su Padre.

La oración es una conversación íntima con nuestro Dios.

¡Pásame los binoculares!

Cuando estaba en la escuela primaria, mi amigo Kent y yo solíamos pasar tiempo mirando el cielo nocturno con un par de binoculares. Nos maravillábamos al ver las estrellas en el cielo y las montañas sobre la superficie lunar. Durante todo el anochecer, nos turnábamos diciendo: «¡Pásame los binoculares!».

LECTURA:
Salmo 19:1-6

Los cielos cuentan la gloria de Dios... (v. 1).

Siglos antes, un pastorcito judío también miró el cielo nocturno y se maravilló. No tenía unos binoculares que lo ayudaran, pero sí disponía de algo más importante: una relación personal con el Dios vivo. Me imagino las ovejas balando tranquilas en el fondo, mientras David contemplaba el cielo. Más adelante, escribiría inspirado: «Los cielos cuentan la gloria de Dios, y el firmamento anuncia la obra de sus manos. Un día emite palabra a otro día, y una noche a otra noche declara sabiduría» (SALMO 19:1-2).

Con nuestras ajetreadas agendas, podemos olvidarnos fácilmente de sentirnos extasiados ante la belleza celestial que nuestro Creador ha preparado para nuestro disfrute y su gloria. Cuando dedicamos tiempo para mirar el cielo nocturno y maravillarnos de lo que vemos, logramos entender más de Dios y de su poder y gloria eternos.

HDF

Señor, creemos que este mundo es tuyo, y, al mirar lo que nos rodea, nos asombramos ante tu creatividad. ¡Tú y todo lo que hiciste es maravilloso! Te admiramos.

En las maravillas de la creación de Dios, vemos su majestad y su carácter.

LA BIBLIA en **UN AÑO:**
Deuteronomio 20–22; Marcos 13:21-37

Espejos

Cuando Moisés reunió a los hijos de Israel para comenzar a trabajar en el tabernáculo (ÉXODO 35–39), llamó a un talentoso artesano para fabricar el mobiliario. Se les pidió a ciertas mujeres que donaran sus hermosos espejos de bronce para hacer la fuente de ese mismo metal que él estaba construyendo (38:8).

LECTURA:
Filipenses 2:1-5

[Bezaleel] también hizo la fuente [...], de los espejos de las mujeres...
(Éxodo 38:8).

¿Donar nuestros espejos? Para la mayoría, sería difícil hacerlo. No es algo que se nos pida, pero me hace pensar que un exceso de escrutinio y autocrítica puede ser desconcertante. Tal vez nos lleve a ocupar nuestra mente demasiado en nosotros mismos e ignorar bastante a los demás.

Cuando podamos olvidarnos rápidamente de nuestro rostro y recordar que Dios nos ama tal cual somos (con todas nuestras imperfecciones), entonces podremos empezar a no mirar «cada uno por lo suyo propio, sino cada cual también por lo de los otros» (FILIPENSES 2:4).

Agustín dijo que nos perdemos al amarnos a nosotros mismos, pero que nos encontramos cuando amamos a los demás. Dicho de otra manera, el secreto para hallar la felicidad no es tener el rostro perfecto, sino entregar el corazón, la vida y a nosotros mismos con amor.

DHR

Padre, hoy quiero pensar más en los demás que en mí mismo. Que mis pensamientos egoístas puedan perderse en mi interés por los demás y sus necesidades.

Un corazón enfocado en los demás no será consumido por el egoísmo.

El intermediario

Imagina que estás parado al pie de una montaña, codo a codo con todos los integrantes de tu comunidad. Hay truenos y relámpagos, y escuchas el sonido ensordecedor de una trompeta. En medio de las llamas, Dios desciende. Todo empieza a temblar, y tú también (ÉXODO 19:16-20).

LECTURA:
Éxodo 20:18-26

Y el pueblo se mantuvo a distancia, mientras Moisés se acercaba […] donde estaba Dios (v. 21 LBLA).

Cuando los israelitas tuvieron esa experiencia aterradora cerca del monte Sinaí, le pidieron a su líder que mediara entre ellos y el Todopoderoso. «Entonces el pueblo estuvo a lo lejos, y Moisés se acercó a la oscuridad en la cual estaba Dios» (v. 21). Después de encontrarse con Él, Moisés bajó de la montaña a llevarle al pueblo el mensaje del Señor.

Hoy adoramos al mismo Dios que hizo este gran despliegue de grandeza en el monte Sinaí. Como el Señor es perfectamente santo y nosotros somos tan irremediablemente pecaminosos, no podemos relacionarnos con Él. Abandonados a nuestra suerte, nosotros también podríamos (y deberíamos) temblar de terror. No obstante, Jesús hizo posible que conociéramos a Dios cuando cargó con nuestros pecados, murió y resucitó (1 CORINTIOS 15:3-4). Ahora mismo, Él es el intermediario que aboga a nuestro favor frente a un Dios santo y perfecto (ROMANOS 8:34; 1 TIMOTEO 2:5). *JBS*

● *Señor Jesús, te adoro porque, al dar tu vida por mí, me abriste el camino para llegar a Dios.*

Jesús cierra la brecha entre Dios y nosotros.

LA BIBLIA en UN AÑO:
Deuteronomio 26–27; Marcos 14:27-53

Dios escucha

El día antes de una entrevista a Billy Graham en 1982, su director de relaciones públicas, Larry Ross, pidió una habitación privada para que Graham orara allí antes de la reunión. Sin embargo, cuando el Sr. Graham llegó al estudio, su asistente le informó a Ross que el pastor no necesitaba la habitación. Le dijo: «El Sr. Graham comenzó a orar cuando se levantó esta mañana, oró mientras desayunaba, mientras veníamos en el auto, y es probable que siga orando mientras dure la entrevista». Más tarde, Ross declaró: «Esa fue una lección importante para mí como joven».

LECTURA:
Salmo 5

Oh Señor, [...] de mañana me presentaré delante de ti, y esperaré
(v. 3).

La oración no es un suceso aislado, sino una manera de relacionarse con Dios. Esta clase de comunión íntima se desarrolla cuando el pueblo de Dios ve la oración como un estilo de vida. Los salmos nos alientan a comenzar cada día elevando nuestra voz al Señor (SALMO 5:3); a conversar constantemente con Él (55:17); y, frente a las acusaciones y la difamación, a entregarnos de lleno a la oración (109:4). Practicamos la oración como una manera de vivir porque deseamos estar con Dios (42:1-4; 84:1-2; 130:5-6).

La oración es nuestra forma de conectarnos con el Señor. Dios está siempre escuchando, y podemos hablar con Él en cualquier momento del día.

MLW

● *¿Cuál es el mayor obstáculo para tu vida de oración?*

Cuando oras, Dios escucha más tu corazón que tus palabras.

LA BIBLIA en UN AÑO:
Deuteronomio 28–29; Marcos 14:54-72

Un buen nombre

Charles Ponzi transformó el fraude financiero en un estilo de vida. Después de varios delitos financieros menores, a principios de la década de 1920, comenzó a ofrecerles a los inversores una ganancia del 50% sobre lo invertido en un plazo de 45 días, y del 100% en 90 días. Aunque parecía demasiado bueno para ser verdad, el dinero empezó a llover de todas partes. Ponzi utilizaba el capital de nuevos inversores para pagarles a los anteriores y así financiar su lujoso estilo de vida. Cuando su fraude fue descubierto en agosto de 1920, los inversores ya habían perdido veinte millones de dólares, y cinco bancos habían cerrado. Ponzi pasó tres años en prisión, lo deportaron a Italia y murió sin un centavo, a los 66 años.

LECTURA:
Proverbios 10:2-15

De más estima es el buen nombre que las muchas riquezas...
(Proverbios 22:1).

El libro de Proverbios suele contrastar la reputación de la gente sabia con la de la necia: «La memoria del justo será bendita; mas el nombre de los impíos se pudrirá. [...] El que camina en integridad anda confiado; mas el que pervierte sus caminos será quebrantado» (PROVERBIOS 10:7, 9). Salomón lo resume así: «De más estima es el buen nombre que las muchas riquezas, y la buena fama más que la plata y el oro» (22:1).

Buscamos tener un buen nombre para glorificar a Cristo, cuyo nombre es sobre todo nombre.

DCM

- *¿Qué lugar ocupa en tu vida la palabra «integridad»?*

Un buen nombre honra a nuestro gran Dios.

LA BIBLIA en **UN AÑO:**
Deuteronomio 30–31; Marcos 15:1-25

Visitantes inoportunos

Hace poco, mi esposa Marlene y yo recibimos una llamada telefónica de nuestro hijo y su esposa, que estaban aterrados. La noche anterior, habían encontrado dos murciélagos en su casa. Sé que son una parte importante del ecosistema, pero no son mis favoritos entre las criaturas de Dios.

LECTURA:
Santiago 1:2-12

... la prueba de vuestra fe produce paciencia (v. 3).

Sin embargo, ambos fuimos gustosos a la casa de nuestros hijos para ayudarlos a tapar los agujeros que esos inoportunos visitantes probablemente usaron para entrar.

Otro visitante inoportuno que suele invadir nuestra vida es el sufrimiento. Cuando llegan las pruebas, podemos llenarnos de pánico o desanimarnos fácilmente. No obstante, nuestro amoroso Padre celestial puede utilizar estas circunstancias para hacernos más parecidos a Cristo. Por eso, Santiago escribió: «Hermanos míos, tened por sumo gozo cuando os halléis en diversas pruebas, sabiendo que la prueba de vuestra fe produce paciencia. Mas tenga la paciencia su obra completa...» (SANTIAGO 1:2-4).

No se espera que disfrutemos de las pruebas ni que celebremos el sufrimiento. Pero, cuando llegan estos visitantes inoportunos, podemos buscar la mano de Dios en ellos y confiar en que podemos usarlos para parecernos más a su Hijo.

WEC

Padre, gracias por darnos cada día lo que sabes que es mejor. Confiamos en tu bondad inconmensurable.

Las pruebas pueden visitarnos, pero nuestro Dios está siempre con nosotros.

Atajos peligrosos

Hace poco, cuando hubo elecciones en mi país, una madre necesitada a quien conozco cambió su voto por una bolsa de pañales. Su decisión me desilusionó. «¿Qué pasa con tus convicciones?», le pregunté. Ella permaneció en silencio.

Seis meses después de que ganó su candidato, los impuestos subieron aun más. Ahora todo está más caro... ¡incluso los pañales!

LECTURA:
Mateo 4:1-10

[Jesús] respondió y dijo: Escrito está... (v. 4).

En todo el mundo, la corrupción política no es nada nuevo. Tampoco lo es la corrupción espiritual. Satanás intentó tentar a Jesús para que «vendiera» sus convicciones (MATEO 4:1-10). El tentador se le acercó cuando el Señor estaba cansado y hambriento, y le ofreció satisfacción inmediata.

Sin embargo, Jesús era consciente de que los atajos son enemigos peligrosos. Pueden ofrecer un camino libre de sufrimiento, pero, al final, el dolor que producen es mucho peor de lo que podamos imaginar. «Escrito está», declaró Jesús tres veces durante su tentación (vv. 4, 7, 10). Se aferró con firmeza a lo que sabía que era la verdad de Dios y su Palabra.

Cuando somos tentados, Dios también puede ayudarnos. Podemos depender de Él y de la verdad de su Palabra para ayudarnos a evitar atajos peligrosos.

KO

● *¿Qué cosas te tientan a dejar de lado tus convicciones bíblicas? Aférrate a la Palabra de Dios.*

El camino de Dios no es fácil, pero lleva a la satisfacción eterna.

LA BIBLIA en UN AÑO:
Josué 1–3; Marcos 16

Este es mi lugar

Miles de hebras de tiempo, sucesos y personas se entretejen en el tapiz que llamamos lugar. Más que una casa, «lugar» es donde se juntan el significado, la pertenencia y la seguridad, cobijados bajo nuestros mejores esfuerzos de amor incondicional. Incluso si nuestro lugar no es perfecto, sentimos una poderosa y magnética atracción a permanecer allí.

LECTURA:
Nehemías 1:4-11

En la casa de mi Padre muchas moradas hay [...]; voy, pues, a preparar lugar para vosotros
(Juan 14:2).

La Biblia habla muchas veces del lugar. Vemos un ejemplo en el anhelo de Nehemías de una Jerusalén restaurada (NEHEMÍAS 1:3-4; 2:2). Entonces, no es sorprendente que Jesús afirme: «voy, pues, a preparar lugar para vosotros» (JUAN 14:1-2).

Para aquellos que tienen recuerdos tiernos de lugares terrenales, esta promesa nos hace pensar en algo que podemos comprender fácilmente y esperar con ansias. Además, a aquellos que no han tenido un lugar reconfortante y seguro, Jesús les promete que, un día, escucharán la dulce melodía de aquel lugar de pertenencia, ya que morarán allí con Él.

Al margen de cuál sea tu lucha o de los problemas que encuentres en tu travesía de fe, recuerda esto: ya hay un lugar perfecto para ti esperándote en el cielo. Jesús no lo habría dicho si no fuera verdad.

RKK

Jesús, ¡no veo la hora de llegar al hogar que me has preparado! Vivir contigo será mucho mejor.

Que el recuerdo de nuestro lugar terrenal nos señale nuestro hogar eterno.

LA BIBLIA en **UN AÑO:**
Josué 4–6; Lucas 1:1-20

Regalo de esperanza

Cuando un poderoso tifón arrasó la ciudad de Tacloban, en Filipinas, murieron unas 10.000 personas, y muchos sobrevivientes se encontraron sin casa y sin trabajo. Tres meses más tarde, mientras la ciudad todavía luchaba para recuperarse, un bebé nació al borde de un camino cerca de la ciudad, en medio de lluvias torrenciales y un fuerte viento. Aunque el clima traía recuerdos dolorosos, los habitantes trabajaron juntos para encontrar una partera y transportar a la madre y al recién nacido a una clínica. El bebé sobrevivió, creció y se transformó en un símbolo de esperanza durante una época de desesperación.

LECTURA:
Jueces 13:1-7

... él comenzará a salvar a Israel de mano de los filisteos (v. 5).

Cuarenta años de opresión filistea caracterizaron un período oscuro en la historia de Israel. Durante esa época, un ángel le informó a una mujer israelita que daría a luz a un hijo especial (JUECES 13:3). Ese bebé sería nazareo (separado para Dios) y comenzaría «a salvar a Israel de manos de los filisteos» (v. 5). El pequeño Sansón fue un regalo de esperanza en medio de tiempos difíciles.

Los problemas son inevitables, pero Jesús tiene poder para rescatarnos de la desesperación. Cristo nació «para dar luz a los que habitan en tinieblas y en sombra de muerte; para encaminar nuestros pies por camino de paz» (LUCAS 1:79). *JBS*

● *Señor, ayúdame a ver más allá de las circunstancias.*

Jesús es la esperanza que calma las tormentas de la vida.

LA BIBLIA en UN AÑO:
Josué 7–9; Lucas 1:21-38

Misericordia y justicia

Cuando un acusado comparece ante un juez, está a merced del tribunal. Si es inocente, el tribunal debería ser un refugio. Pero, si es culpable, se espera que la corte lo condene.

En Nahum, vemos a Dios como un refugio y como un juez. Leemos: «Bueno es el Señor; es refugio en el día de la angustia...» (1:7 NVI), pero también: «Mas con inundación impetuosa consumirá a sus adversarios, y tinieblas perseguirán a sus enemigos» (v. 8). Unos 100 años antes, Nínive se había arrepentido y la tierra había disfrutado de seguridad (JONÁS 3:10). No obstante, durante la época de Nahum, la ciudad empezó a tramar el mal contra el Señor (NAHUM 1:11 NVI); entonces, en el capítulo 3, el profeta detalla su destrucción.

LECTURA:
Nahum 1:1-9

El Señor es bueno, fortaleza en el día de la angustia...
(Nahum 1:7).

Muchas personas solo conocen uno de los lados del trato de Dios con la raza humana. Creen que el Señor es santo y quiere castigarnos, o que es misericordioso y solo desea mostrarnos bondad. En realidad, Él es Juez y Refugio. Pedro escribe que Jesús encomendó «la causa al que juzga justamente» (1 PEDRO 2:23). Como resultado, «llevó él mismo nuestros pecados en su cuerpo sobre el madero, para que nosotros, estando muertos a los pecados, vivamos a la justicia» (v. 24).

El Señor es Juez, pero, gracias a Jesús, también podemos acudir a Él para buscar refugio.

JDB

● *Señor, ayúdame a ver cuánto odias el pecado.*

La justicia y la misericordia de Dios se encuentran en la cruz.

LA BIBLIA en UN AÑO:
Josué 10–12; Lucas 1:39-56

La familia de la fe

Hace años, una clase para solteros en nuestra iglesia se transformó en una familia muy unida para muchos que habían perdido a un cónyuge por un divorcio o la muerte. Cuando alguien necesitaba mudarse, los miembros de la clase ayudaban. Los cumpleaños y las fiestas ya no eran momentos solitarios, porque la fe y la amistad se habían fundido en una relación duradera y alentadora. Muchos de estos vínculos forjados durante la adversidad hace tres décadas siguen floreciendo y sustentando hoy a individuos y familias.

LECTURA:
1 Tes. 2:6-14

... habéis llegado a sernos muy queridos (v. 8).

Las cartas de Pablo a los tesalonicenses pintan una imagen de las relaciones vivificantes en la familia de Dios. «Antes fuimos tiernos entre vosotros, como la nodriza que cuida con ternura a sus propios hijos» (1 TESALONICENSES 2:7). «Porque os acordáis, hermanos, de nuestro trabajo y fatiga; [...] para no ser gravosos a ninguno de vosotros...» (v. 9). «... como el padre a sus hijos, exhortábamos y consolábamos a cada uno de vosotros» (v. 11). Como padres y hermanos, Pablo y sus compañeros compartían el evangelio y sus vidas con estos creyentes que habían llegado a serles muy queridos (v. 8).

En su familia, el Señor brinda su gozo cuando compartimos nuestras vidas juntos en su gracia y amor.

DMC

Señor, dame un corazón dispuesto a interesarme por los demás y ayudarlos.

Dios nos ama a ti y a mí; por eso, amémonos los unos a los otros.

LA BIBLIA en UN AÑO:
Josué 13–15; Lucas 1:57-80

Reflector

La aldea de Rjukan, en Noruega, es un lugar encantador para vivir… excepto durante el invierno. Ubicado al pie del monte Gaustatoppen, el pueblo no recibe luz solar directa durante casi medio año. Hace mucho, los lugareños pensaron en colocar espejos en la cima de la montaña para reflejar el sol, pero la idea no fue factible hasta hace poco. En 2005, un artista local comenzó el «Proyecto espejo». Ocho años más tarde, los espejos se pusieron en acción. Los habitantes se amontonaron en la plaza del pueblo para absorber la luz solar reflejada.

LECTURA:
Juan 1:1-9

… Este vino por testimonio, para que diese testimonio de la luz… (v. 7).

En un sentido espiritual, gran parte del mundo se parece a la aldea de Rjukan. Montañas de problemas evitan que la luz de Jesús ilumine. No obstante, Dios coloca estratégicamente a sus hijos para que funcionen como reflectores. Una de estas personas fue Juan el Bautista, quien vino a dar «testimonio de la luz», Jesús, el cual da luz «a los que habitan en tinieblas y en sombra de muerte» (JUAN 1:7; LUCAS 1:79).

Así como la luz del sol es esencial para la salud emocional y física, la exposición a la luz de Jesús también es fundamental para la salud espiritual. Felizmente, todos los creyentes están en una posición ideal para reflejar la luz del Señor en los lugares lúgubres del mundo.

JAL

● *¿Estoy reflejando la luz de Cristo en mi vida diaria?*

Un mundo en tinieblas necesita la luz de Jesús.

LA BIBLIA en UN AÑO:
Josué 16–18; Lucas 2:1-24

Confianza absoluta

Cuando nuestros hijos eran pequeños, llevarlos al consultorio médico era una experiencia interesante. La sala de espera estaba llena de juguetes y revistas infantiles. Hasta ahí, íbamos bien. Pero, apenas los levantaba para entrar, todo cambiaba. De repente, cuando la enfermera se aproximaba con la aguja para la vacuna que necesitaban, la diversión se transformaba en miedo. Cuanto más se acercaba, con más fuerza me abrazaban del cuello. Se aferraban a mí para encontrar consuelo; probablemente, esperando que los rescatara, pero sin saber que lo que sucedía era por su propio bien.

LECTURA:
Salmo 56

En el día que temo, yo en ti confío (v. 3).

A veces, en este mundo caído, pasamos de tiempos de paz al reino doloroso de los problemas. En ese momento, ¿cómo respondemos? Podemos tener miedo y preguntarnos por qué Dios permitió que nos sucediera algo así, o confiar en que, en medio de esta tribulación, Él está haciendo algo que será para nuestro beneficio, aunque duela. Haríamos bien en recordar las palabras del salmista, que escribió: «En el día que temo, yo en ti confío» (SALMO 56:3).

Al igual que mis hijos, cuanto más dura es la realidad, más tenemos que aferrarnos al cuello del Señor. Confía en Él. ¡Su amor nunca falla!

JMS

Señor, enséñame a confiar en ti en momentos de prueba. Recuérdame que estás conmigo y que me sostienes con tus brazos amorosos.

Aférrate a tu Padre celestial; Él es tu única esperanza.

LA BIBLIA en UN AÑO:
Josué 19–21; Lucas 2:25-52

El reloj perfecto

De vez en cuando, visito a dos ancianas. Una está bien física y económicamente, pero siempre encuentra algo negativo para decir. La otra sufre de artritis y está bastante olvidadiza. Vive con sencillez y tiene un cuaderno donde anota todo, para no olvidar sus compromisos. No obstante, lo primero que escuchan quienes la visitan es: «¡Dios es tan bueno conmigo!». Al alcanzarle su cuaderno en mi última visita, noté que, el día anterior, había escrito: «¡Mañana salgo a almorzar! Otro día feliz».

LECTURA:
Lucas 2:36-40

Esta [...] hablaba del niño a todos los que esperaban la redención en Jerusalén (v. 38).

Ana era una profetisa en la época en que nació Jesús, y sus circunstancias eran difíciles (LUCAS 2:36-37). Había quedado viuda siendo joven, y probablemente no tenía hijos, así que podría haberse sentido inútil y abandonada. No obstante, se concentraba en Dios y en servirlo. Anhelaba la llegada del Mesías, pero, mientras tanto, estaba ocupada en los negocios del Señor: oraba, ayunaba y les enseñaba a otros lo que había aprendido sobre Él.

Finalmente, cuando ya tenía más de 80 años, llegó el día en que vio al Mesías bebé en brazos de su joven madre. Toda su paciente espera había valido la pena. Su corazón cantaba de alegría mientras alababa a Dios, y, luego, les comunicó a todos la feliz noticia.

MS

Señor, no quiero quejarme más. A partir de hoy, deseo rebosar de gratitud por todo.

El mejor lugar es donde confluyen el plan de Dios y nuestra parte en él.

La decisión definitiva

Viniendo de alguien que solía valorar los dioses ancestrales, la declaración de mi padre, cerca del final de su vida, fue notable: «Cuando muera, que nadie haga otra cosa aparte de lo que hará la iglesia. Nada de adivinaciones, de sacrificios ancestrales ni de rituales. Así como mi vida está en manos de Jesucristo, ¡mi muerte también lo estará!».

LECTURA:
Josué 24:15-24

... Nosotros serviremos al Señor (v. 21 NTV).

Mi padre decidió caminar con Cristo cuando ya era anciano. Sus contemporáneos se burlaban de él, pero su decisión de seguir y adorar al Dios verdadero era definitiva, igual que la del pueblo al que le habló Josué.

«Escogeos hoy a quién sirváis», los desafió su líder; «pero yo y mi casa serviremos al Señor» (24:15). La respuesta de ellos fue firme: decidieron adorar a Dios. Incluso después de que Josué advirtió respecto a las consecuencias (vv. 19-20), mantuvieron su decisión de seguir al Señor, recordando su salvación, provisión y protección (vv. 16-17, 21).

No obstante, una decisión tan firme requiere acciones que la respalden, como les recordó de modo irrebatible Josué: «Quitad, pues, ahora los dioses ajenos [...], e inclinad vuestro corazón al Señor» (v. 23). ¿Has tomado la decisión de vivir para Dios?

LD

Señor, enséñame lo que significa seguirte. Que mis palabras, acciones y actitudes muestren cuánto te amo.

Una decisión definitiva exige acciones contundentes.

LA BIBLIA en UN AÑO:
Jueces 1–3; Lucas 4:1-30

Efectos de sala

Crac. Crac. ¡Paf! En los inicios de la era cinematográfica, los efectos de sala creaban sonidos para acompañar la acción de la historia. Apretar una bolsa de cuero llena de fécula de maíz imitaba el sonido de las pisadas sobre la nieve, agitar un par de guantes simulaba el aleteo de las aves y sacudir un palito delgado se parecía al silbido del viento. Para lograr que las películas resultaran realistas, estos artistas utilizaban técnicas creativas para imitar sonidos.

LECTURA:
Juan 16:7-15

... el mismo Satanás se disfraza como ángel de luz
(2 Corintios 11:14).

Al igual que los sonidos, los mensajes también pueden imitarse. Una de las técnicas más usadas por Satanás es la de repetir mensajes de maneras espiritualmente peligrosas. En 2 Corintios 11:13-14, Pablo advierte: «Porque éstos son falsos apóstoles, obreros fraudulentos, que se disfrazan como apóstoles de Cristo. Y no es maravilla, porque el mismo Satanás se disfraza como ángel de luz».

Jesús enseñó que un propósito del Espíritu Santo es vivir en nosotros, y que, «cuando venga el Espíritu de verdad, él [nos] guiará a toda la verdad» (JUAN 16:13). Con la ayuda y la guía del Espíritu, podemos encontrar la seguridad de la verdad en un mundo de mensajes falsos.

WEC

● *Espíritu Santo, ayúdanos a discernir el error. Que podamos aprender de ti para no descarriarnos.*

El Espíritu Santo es nuestro Maestro siempre presente.

Árboles del sendero

A mi hija le fascina la historia de los indígenas que habitaban al norte de donde ella vive. Una tarde de verano, me mostró un sendero con un cartel que decía: «Árboles del sendero», y me explicó que se creía que los nativos solían doblar los árboles jóvenes para indicar el camino hacia determinados lugares, y que, luego, esos árboles siguieron creciendo con formas extrañas.

LECTURA:
Isaías 53:4-12

... Horadaron mis manos y mis pies...

(Salmo 22:16).

El Antiguo Testamento tiene un propósito similar. Muchos mandamientos y enseñanzas de la Biblia guían nuestro corazón hacia el sendero indicado por el Señor. Los Diez Mandamientos son un gran ejemplo. Además, los profetas del Antiguo Testamento señalaron el camino para el Mesías. Miles de años antes de que Jesús viniera, hablaron de Belén, el lugar donde Él nació (VER MIQUEAS 5:2 Y MATEO 2:16), y describieron con sorprendente detalle su muerte en la cruz (VER SALMO 22:14-18 Y JUAN 19:23-24). Isaías 53:1-12 también se refiere al sacrificio que haría Jesús cuando Dios «cargó en él el pecado de todos nosotros» (v. 6; VER LUCAS 23:33).

Mil años antes, los siervos de Dios del Antiguo Testamento ya apuntaban hacia el Hijo del Altísimo, Jesús, Aquel que «llevó [...] nuestras enfermedades, y sufrió nuestros dolores» (ISAÍAS 53:4). Él es el camino a la vida.

CHK

- *Señor Jesús, tú eres el único camino que me lleva al cielo.*

Jesús sacrificó su vida por nosotros.

LA BIBLIA en UN AÑO:
Jueces 7–8; Lucas 5:1-16

¿Quién eres?

De vez en cuando, leo de algunos que se ofenden porque no han sido tratados con el respeto y la deferencia que creen merecer. «¿Sabe quién soy yo?», gritan indignados. Y esto nos recuerda el dicho: «Si tienes que decirle a la gente quién eres, probablemente no seas quien crees ser». El extremo opuesto de esta arrogancia se ve en Jesús; incluso cuando su vida se acercaba al final.

LECTURA:
Mateo 21:1-11

... toda la ciudad se conmovió, diciendo: ¿Quién es éste? (v. 10).

Jesús entró en Jerusalén en medio de los gritos de alabanza del pueblo (MATEO 21:7-9). Cuando otros habitantes de la ciudad preguntaron: «¿Quién es éste?», las multitudes respondieron: «Este es Jesús el profeta, de Nazaret de Galilea» (vv. 10-11). Él no apareció reclamando privilegios especiales, sino que, con humildad, vino a entregar obedientemente su vida.

Las palabras de Jesús y sus obras merecían respeto. Sin embargo, a diferencia de los gobernantes inseguros, Él nunca exigió que los demás lo respetaran. Sus horas más angustiosas parecen ser sus puntos de mayor debilidad y fracaso. No obstante, el poder de su identidad y misión lo ayudaron a atravesar esos momentos, cuando murió por nuestros pecados para que pudiéramos vivir en su amor.

El Señor es digno de una vida de devoción. ¿Reconoces quién es Él?

DCM

Señor, me asombran tu humildad, fortaleza y amor. Hazme más semejante a ti.

«Después de haber visto a Jesús, ya nunca puedes ser el mismo». —OSWALD CHAMBERS

¡Es hermoso!

Cuando regresaba de un viaje, Roberto quiso elegir unos regalitos para sus hijos. El empleado de una tienda del aeropuerto le recomendó varios, pero eran muy caros. Entonces, Roberto le dijo: «No traigo tanto dinero. Necesito algo más barato». El empleado trató de hacerlo sentir como un tacaño, pero Roberto sabía que sus hijos estarían felices con cualquier cosa que les llevara, porque lo haría de corazón. Y tenía razón… los regalos les encantaron.

LECTURA:
Marcos 14:3-9

… Jesús dijo: Dejadla, ¿por qué la molestáis? Buena obra me ha hecho (v. 6).

Durante la última visita de Jesús a Betania, María quiso mostrarle que lo amaba (MARCOS 14:3-9). Entonces, tomó «un vaso de alabastro de perfume de nardo puro de mucho precio» y lo ungió con él (v. 3). Los discípulos preguntaron enojados: «¿Para qué este desperdicio?» (MATEO 26:8). Jesús la defendió: «Buena obra me ha hecho» (MARCOS 14:6). A Jesús le encantó el regalo de María, porque procedía de un corazón amoroso. ¡Incluso fue hermoso que lo ungiera para la sepultura!

¿Qué te gustaría darle al Señor para mostrarle tu amor: tu tiempo, tus talentos, tus tesoros? No importa que sea barato o caro, ni que otros te entiendan o te critiquen. Para Él, todo lo que surge de un corazón lleno de amor es hermoso.

AMC

● *Padre, no podría retribuir tu sacrificio con nada, pero te entrego mi corazón en gratitud por tu amor.*

Un corazón sano palpita de amor a Jesús.

¿Por qué yo?

Al pastor Joseph Parker, le preguntaron: «¿Por qué escogió Jesús a Judas como uno de sus discípulos?». Durante un tiempo, pensó detenidamente en esa pregunta, pero no pudo encontrar respuesta. Más tarde, dijo que seguía enfrentándose con otra pregunta aun más incomprensible: «¿Por qué me eligió a mí?».

LECTURA:
Marcos 14:10-21

... siendo aún pecadores, Cristo murió por nosotros
(Romanos 5:8).

Esta es una pregunta que se ha hecho durante siglos. Cuando los seres humanos son totalmente conscientes de su pecado, claman a Jesús pidiendo misericordia. Maravillados, experimentan la verdad de que Dios los ama, que Jesús murió por ellos y que todos sus pecados son perdonados. ¡Esto sí que es incomprensible!

Yo también me he preguntado: ¿Por qué yo? Sé que las acciones pecaminosas y oscuras de mi vida fueron motivadas por un corazón aun más oscuro, pero que, de todos modos, ¡Dios me amó! (ROMANOS 5:8). No merecía nada, estaba destruido y sin esperanza; sin embargo, el Señor extendió sus brazos y su corazón hacia mí.

¡Es verdad! A mí me encantaba mi pecado. Lo disfrutaba y negaba que fuera malo. No obstante, Dios me amó lo suficiente para perdonarme y hacerme libre.

«¿Por qué yo?». Es inexplicable. Sin embargo, sé que Cristo me ama... ¡y que también te ama a ti!

DCE

Señor, tu gracia es mayor que mi pecado. ¡Qué maravilla! Gracias por hacerme libre.

Dios no nos ama por lo que somos, sino por lo que Él es.

El propósito del dolor

Pregunté a varios amigos cuál había sido la experiencia más difícil y dolorosa que habían atravesado, y mencionaron guerras, divorcios, cirugías y pérdidas de seres amados. Mi esposa contestó: «El nacimiento de nuestro primer hijo», ya que fue un parto complicado, en un solitario hospital del ejército. Pero, al mirar atrás, agregó que lo considera una alegría, «porque el dolor tuvo un gran propósito».

LECTURA:
Juan 16:17-24

[Jesús dijo:] os volveré a ver, y se gozará vuestro corazón... (v. 22).

Antes de que Jesús fuera a la cruz, les dijo a sus seguidores que iban a atravesar un período de gran dolor y tristeza, y lo comparó con lo que siente una mujer durante el alumbramiento, cuando su angustia se convierte en gozo después del nacimiento del bebé (JUAN 16:20-21). «También vosotros ahora tenéis tristeza; pero os volveré a ver, y se gozará vuestro corazón, y nadie os quitará vuestro gozo» (v. 22).

En la vida, enfrentamos angustias; pero Jesús, «el cual por el gozo puesto delante de él sufrió la cruz, menospreciando el oprobio» (HEBREOS 12:2), compró el perdón y la libertad para todos los que lo reciben como Salvador. Su doloroso sacrificio llevó a cabo el propósito eterno de Dios de abrir el camino a la comunión con Él.

El gozo de nuestro Salvador superó su sufrimiento, tal como la alegría que Él nos da aplaca nuestras angustias. *DCM*

Padre, gracias que mi dolor hace que me parezca más a Cristo.

El sufrimiento puede ser como un imán que atrae al creyente hacia Cristo.

LA BIBLIA en **UN AÑO:**
Jueces 16–18; Lucas 7:1-30

Disfrutar su comida

No tiene que ver con que la mesa sea cuadrada o redonda ni que las sillas sean de plástico o de madera; tampoco importa la comida, si fue hecha con amor. Una buena comida se disfruta cuando apagamos el televisor y los teléfonos celulares, y nos concentramos en las personas con quienes la compartimos.

LECTURA:
1 Corintios 11:23-34

... haced esto en memoria de mí (v. 24).

Me encanta sentarme y disfrutar de una buena charla con amigos y familiares sobre infinidad de temas. Sin embargo, la tecnología lo ha dificultado. A veces, nos interesa más lo que dicen otros (tal vez, a miles de kilómetros de distancia) que lo que comenta la persona que está al otro lado de la mesa.

Hemos sido invitados a reunirnos alrededor de otra mesa para celebrar la Cena del Señor. No tiene que ver con que la iglesia sea grande o pequeña ni con el tipo de pan que se use. Se trata de apagar nuestros pensamientos para olvidar las preocupaciones y concentrarnos en Jesús.

¿Cuándo disfrutamos por última vez al participar de la mesa del Señor? ¿Gozamos de su presencia o nos preocupa más lo que sucede en otra parte? Esto es importante, porque «todas las veces que comiereis este pan, y bebiereis esta copa, la muerte del Señor anunciáis hasta que él venga» (1 CORINTIOS 11:26). *KO*

Señor, ayúdame a disfrutar la comunión con otros mientras recordamos lo que hiciste en el Calvario por nosotros.

Recordar la muerte de Cristo nos da fortaleza para hoy y esperanza para mañana.

LA BIBLIA en **UN AÑO:**
Jueces 19–21; Lucas 7:31-50

¡No te preocupes!

El actor y humorista George Burns declaró: «Si preguntas: "¿Cuál es la clave más importante para la longevidad?", tendría que decir que es evitar las preocupaciones y el estrés. Y, aunque no me lo preguntaras, de todas formas tendría que decirlo». A este hombre, que vivió hasta los 100 años, le encantaba hacer que la gente se riera, y, aparentemente, seguía su propio consejo.

LECTURA:
1 Pedro 5:1-11

Echando toda vuestra ansiedad sobre él, porque él tiene cuidado de vosotros (v. 7).

Pero ¿cómo podemos evitar preocuparnos cuando la vida es tan incierta y llena de problemas y necesidades? El apóstol Pedro alentó así a los seguidores de Cristo que habían sido forzados a dispersarse durante el siglo I: «Humillaos, pues, bajo la poderosa mano de Dios, para que él os exalte cuando fuere tiempo; echando toda vuestra ansiedad sobre él, porque él tiene cuidado de vosotros» (1 PEDRO 5:6-7).

Esas instrucciones no se dieron para evitar el sufrimiento (v. 9), sino para que encontremos paz y fuerza para mantenernos victoriosos ante los ataques de Satanás (vv. 8-10). En lugar de que la ansiedad y las preocupaciones nos consuman, tenemos libertad para disfrutar del amor de Dios hacia nosotros y transmitirlo unos a otros.

Nuestra meta no debe ser cuántos años podremos vivir, sino disfrutar sirviendo al Señor durante el resto de nuestra vida.

DCM

Señor, descanso en ti para que alivies mis cargas y preocupaciones.

«No hay nada que [Dios, mi Padre] olvide, así que, ¿para qué preocuparme?» —OSWALD CHAMBERS

LA BIBLIA en UN AÑO:
Rut 1–4; Lucas 8:1-25

El árbol del amor

El sauce tirabuzón se mantuvo erguido en nuestro patio durante más de 20 años. Dio sombra a nuestros cuatro hijos mientras jugaban y refugio a las ardillas del vecindario. Sin embargo, cuando llegó la primavera y no despertó de su sueño invernal, fue hora de cortarlo.

LECTURA:
Mateo 27:27-35

[Jesús] llevó [...] nuestros pecados en su cuerpo sobre el madero...
(1 Pedro 2:24).

Durante una semana, trabajé sobre aquel sauce: primero, para echarlo abajo; luego, para cortar en trozos dos décadas de madera. Eso me dio mucho tiempo para pensar en los árboles.

Pensé en el primer árbol: aquel del cual pendía el fruto prohibido que Adán y Eva no pudieron evitar comer (GÉNESIS 3:6). Dios lo usó para probar su lealtad y confianza. Después, tenemos el árbol del Salmo 1, que nos recuerda la productividad de la vida piadosa. En Proverbios 3:18, se personifica a la sabiduría como un árbol de vida.

No obstante, el árbol más importante es uno que fue trasplantado: la tosca cruz del Calvario. Allí, nuestro Salvador estuvo suspendido entre el cielo y la Tierra, para cargar sobre sus hombros el pecado de todos. Este se eleva sobre todos los demás árboles como un símbolo de amor, sacrificio y salvación.

En aquella cruz, el unigénito Hijo de Dios padeció una muerte horrenda. Para nosotros, aquel fue el árbol de vida. *JDB*

Padre, en esta Pascua, te agradecemos por tu Hijo que se entregó en la cruz por nosotros.

La cruz de Cristo revela lo peor del pecado del hombre y lo mejor del amor de Dios.

Lugares para pescar

Hace poco, falleció un amigo mío al que le gustaba pescar. Por lo general, pasaba los fines de semana en su pequeño bote en un lago cercano, pescando. El otro día, recibí una carta de su hija, donde me decía que, como su padre se había ido al cielo, había hablado de ese tema con sus nietos. El de seis años, al que también le encanta pescar, explicó cómo era el cielo y lo que estaba haciendo su bisabuelo: «Es realmente hermoso, y Jesús le está mostrando al abuelo dónde están los mejores lugares para pescar».

LECTURA:
Apocalipsis 22:1-5

... fue arrebatado al paraíso, donde oyó palabras inefables...

(2 Corintios 12:4).

Cuando Pablo registró la visión que Dios le había dado del cielo, no le alcanzaban las palabras. Declaró que «fue arrebatado al paraíso, donde oyó palabras inefables que no le es dado al hombre expresar» (2 CORINTIOS 12:4). Las palabras no pueden transmitir las realidades del cielo; quizá porque los seres humanos no somos capaces de comprenderlas.

Aunque nos dé cierto consuelo saber algunos detalles del cielo, no es ese conocimiento lo que nos da seguridad, sino conocer a Dios. Como lo conozco y sé cuán bueno es, puedo dejar esta vida con plena confianza de que el cielo será hermoso y que Jesús me mostrará «dónde están los mejores lugares para pescar»... ¡Dios es así!

DHR

Señor, que nuestra alma te conozca más plenamente. Despierta nuestros sentidos en cuanto al cielo que nos espera.

Nada terrenal se compara con estar con Cristo en el cielo.

LA BIBLIA en UN AÑO:
1 Samuel 4–6; Lucas 9:1-17

Fe sobre roca sólida

Mi esposa y yo tenemos abuelas que han vivido más de 100 años. Al hablar con ellas y sus amigos ancianos, detecto una tendencia casi generalizada en sus reminiscencias: recuerdan con un toque de nostalgia los momentos difíciles. Hablan con agrado de situaciones complicadas, tales como el baño fuera de la casa, y los años de estudio cuando comían sopa enlatada y pan duro durante semanas.

LECTURA:
Salmo 18:1-3, 46

El Señor, roca mía y castillo mío, y mi libertador... (V. 2).

Paradójicamente, los momentos difíciles pueden ayudar a fortalecer la fe y los vínculos personales. Al ver este principio en la vida real, entiendo mejor uno de los misterios de la relación con Dios: la fe se reduce a una cuestión de confianza. Si estoy afirmado sobre una roca sólida de confianza en Él (SALMO 18:2), las circunstancias adversas no destruirán esa relación.

La fe cimentada en una roca sólida me permite creer que, a pesar del caos que pueda vivir, el Señor sigue reinando. Al margen de lo inepto que pueda sentirme, todo tiene que ver con que Dios me ama. Ningún dolor dura para siempre, y, al final, no hay mal que triunfe.

Esa clase de fe considera que aun el suceso más oscuro de la historia, la muerte del Hijo de Dios, fue un preludio necesario para la hora más brillante: su resurrección y victoria sobre la muerte.

PY

Señor, tú eres la Roca, el objeto de mi fe. Si no fuera así, me desmoronaría.

Cristo, la Roca, es nuestra esperanza firme.

Cimiento firme

Los terremotos son frecuentes en la región costera del Océano Pacifico, conocida como «Cinturón de fuego». El 90% de los terremotos del mundo y el 81% de los más intensos se producen allí. Me enteré de que muchos edificios de la ciudad de Hong Kong se han edificado sobre granito, lo cual podría ayudar a minimizar el daño, en caso de que ocurra un movimiento de tierra. El cimiento de un edificio es particularmente importante en zonas propensas a estos cataclismos.

LECTURA:
Mateo 7:21-27

... [el] que me oye estas palabras, y las hace, le compararé a un hombre prudente...
(v. 24).

Jesucristo les dijo a sus seguidores que un cimiento estable es esencial para construir una vida: «Cualquiera, pues, que me oye estas palabras, y las hace, le compararé a un hombre prudente, que edificó su casa sobre la roca. Descendió lluvia, y vinieron ríos, y soplaron vientos, y golpearon contra aquella casa; y no cayó, porque estaba fundada sobre la roca» (MATEO 7:24-25). El fundamento de Jesucristo es lo que nos dará la estabilidad que necesitan nuestro corazón y nuestra vida ahora y en el futuro.

Al permitir que la sabiduría del Señor nos guíe en nuestras relaciones interpersonales, decisiones y prioridades, descubrimos que Él proporciona el cimiento más confiable sobre el cual puede edificarse una vida.

WEC

Padre bondadoso, tú eres el Señor, el Rey del cielo, y decidí poner mi esperanza en ti porque eres el único digno de confianza.

Jesús es el mejor cimiento sobre el cual edificar una vida sólida.

Vida fragante

Estoy agradecido de que Dios me haya dado el sentido del olfato, para disfrutar de las fragancias de la vida. Pienso en cuánto me gusta algo tan sencillo como el aroma refrescante y atractivo de la loción para después de afeitar o el agradable olor del césped recién cortado en primavera. En especial, me encanta sentarme en el patio de mi casa, cuando el delicado perfume de mis rosas favoritas inunda el aire. Y, por supuesto, también está el sabroso aroma de una comida deliciosa.

LECTURA:
Filipenses 4:10-20

... lo que enviasteis; olor fragante, sacrificio acepto, agradable a Dios (v. 18).

Por eso, me llama la atención cuando el apóstol Pablo señala que nuestros actos generosos de amor son como un «olor fragante, sacrificio acepto, agradable a Dios» (FILIPENSES 4:18). Cuando pensamos en ayudar a los necesitados, solemos considerarlo una acción correcta; incluso, como algo que Cristo haría. Sin embargo, Pablo afirma que nuestros actos intencionales de suplir la necesidad de alguien inundan el trono de Dios con una fragancia que a Él le agrada.

Podemos deleitar al Señor con las fragancias de ser una bendición para los demás. ¡Qué incentivo adicional nos resulta esto para realizar obras de bondad en su nombre!

¿Quién podría necesitar hoy tus actos bondadosos? Pídele a Dios que te guíe hacia esa persona. Sé una bendición. ¡Es una obra fragante!

JMS

● *Esto es lo que espero hacer por otros hoy:* __________

Bendecir a otros es una bendición para Dios.

LA BIBLIA en **UN AÑO:**
1 Samuel 13–14; Lucas 10:1-24

Charco de barro

Un amigo mío me contó una historia sobre su hijito. El niño estaba parado en un charco de barro; entonces, él le dijo que saliera. Sin embargo, su hijo empezó a correr por el charco. «Tampoco corras por ahí», agregó. El niño comenzó a caminar por el agua. Cuando le dijo: «¡Deja de caminar!», el pequeño se puso de puntillas en el agua, mirando desafiante a su papá. El muchachito sabía lo que deseaba su padre, pero no quería hacerlo.

LECTURA:
Salmo 119:1-8

Bienaventurados los que [...] con todo el corazón le buscan (v. 2).

A veces, me parezco a ese niño testarudo. Sé que al Señor no le agrada lo que hago, pero sigo adelante. Dios dijo a los israelitas que debían «[obedecer] diligentemente al Señor» (DEUTERONOMIO 28:1 LBLA), pero no lo hicieron. En el Salmo 119, el salmista reconoció su lucha: «¡Ojalá fuesen ordenados mis caminos para guardar tus estatutos!» (v. 5).

Los celos, el odio y la rebelión ocurren con demasiada frecuencia. No obstante, Dios ofrece redención por medio del sacrificio de su Hijo Jesucristo. El Espíritu Santo nos ayuda cuando somos tentados (1 CORINTIOS 10:13). Además, cuando confesamos nuestros pecados, promete perdonarnos (1 JUAN 1:9).

Si eres como yo y sigues corriendo en el charco de barro de tu vida, cobra ánimo. Dios te ayudará a resistir la tentación, ¡y nunca dejará de amarte!

DCE

• *Señor, ayúdame a vencer la tentación. Que mis palabras y acciones honren tu nombre.*

Para dominar la tentación, deja que Cristo te domine a ti.

Compartir la comida

Un integrante de una organización benéfica contó sobre una mujer que viajó a un país distante a visitar al niño a quien sostenía financieramente. Decidió llevar a ese niñito, que vivía en la indigencia, a comer a un restaurante.

El pequeño pidió una hamburguesa, y la mujer, una ensalada. Cuando llegó la comida, el chico, que jamás había tenido un almuerzo así en toda su vida, observó la escena: miró su enorme hamburguesa y la pequeña ensalada de su nueva amiga; después, cortó la hamburguesa por la mitad, se la ofreció a la mujer, se frotó la panza y preguntó: «¿Hambre?».

LECTURA:
Santiago 2:14-17

Y de hacer bien y de la ayuda mutua no os olvidéis...
(Hebreos 13:16).

Un niño que casi no había tenido nunca nada estuvo dispuesto a compartir la mitad de lo que ahora tenía con alguien que pensó que podía necesitar más. Podemos recordar a este muchachito cuando nos encontremos con alguien con necesidades físicas, emocionales o espirituales. Como seguidores de Cristo, nuestra fe en Él debería reflejarse en nuestras acciones (SANTIAGO 2:17).

Todos los días, encontramos personas necesitadas. Algunas en diferentes partes del mundo; otras, a la vuelta de la esquina. Algunas con necesidad de una comida caliente; otras, de una palabra amable. ¡Qué gran diferencia pueden marcar los seguidores de Cristo, haciendo el bien y compartiendo! (HEBREOS 13:16).

JDB

Señor, ayúdame a ver las necesidades de los demás.

«La tarea más gloriosa del hombre es hacer el bien». —SÓFOCLES

LA BIBLIA en UN AÑO:
1 Samuel 17–18; Lucas 11:1-28

Cuando nos abandonan

El 4 de agosto de 1991, el crucero *MTS Océanos* enfrentó una tormenta terrible frente a la costa de Sudáfrica. Cuando empezó a hundirse, el capitán y sus oficiales decidieron abandonarlo, pero sin avisar del problema a los que quedaron a bordo. Moss Hills, un músico británico que viajaba en el barco, notó que algo andaba mal y envió una señal a los guardacostas. Entonces, poniéndose al mando de la situación, él, su esposa y otros artistas que iban con ellos ayudaron a organizar la evacuación de los pasajeros, mientras los helicópteros los rescataban.

LECTURA:
1 Samuel 17:33-50

... del Señor es la batalla, y él os entregará en nuestras manos...
(v. 47).

A veces, los que consideramos líderes pueden abandonarnos. Cuando el rey Saúl y sus oficiales enfrentaron los insultos del gigante Goliat, tuvieron miedo (1 SAMUEL 17:11). Sin embargo, un joven músico y pastor llamado David tuvo fe en Dios, lo cual transformó su perspectiva ante aquella amenaza. Le dijo a Goliat: «Tú vienes a mí con espada [...]; mas yo vengo a ti en el nombre del Señor de los ejércitos» (v. 45). David derrotó al enemigo y cambió el rumbo de la historia (v. 50). No buscó fortaleza en los líderes humanos, sino en el Dios vivo.

Cuando otros nos abandonen, el Señor tal vez nos llame a liderar con su fuerza y para su gloria.

HDF

Señor, soy débil, pero tú eres omnipotente. Dame valor para ayudar a otros con tu fortaleza infalible.

Solo siguiendo a Cristo, podemos guiar a otros en la dirección correcta.

LA BIBLIA en **UN AÑO:**
1 Samuel 19–21; Lucas 11:29-54

¡Es mío!

El río Nilo, que se extiende en dirección norte unos 6.650 kilómetros, atravesando varios países del noreste africano, es el más largo del mundo. Durante siglos, ha provisto alimento y sustento a millones de personas. En este momento, Etiopía está construyendo lo que se convertirá en el dique hidroeléctrico más grande de África sobre este río; un recurso grandioso para la región.

LECTURA:
Ezequiel 29:1-9

Yo el Señor; este es mi nombre...
(Isaías 42:8).

Faraón, el rey egipcio, declaró ser el creador y dueño del Nilo. Se jactaba con el pueblo: «El Nilo es mío, y yo lo hice» (EZEQUIEL 29:3, 9). No reconocían que Dios es el único que provee los recursos naturales. En consecuencia, el Señor prometió castigar a la nación (VV. 8-9).

Tenemos la obligación de cuidar la creación de Dios, y no debemos olvidar que todo lo que tenemos viene de Él. Romanos 11:36 afirma: «Porque de él, y por él, y para él, son todas las cosas. A él sea la gloria por los siglos». El Señor es el que también capacita a la humanidad para inventar y fabricar recursos. Cada vez que hablamos de algo bueno que recibimos o que hemos logrado, debemos recordar lo que Dios afirma en Isaías 42:8: «Yo el Señor; este es mi nombre; y a otro no daré mi gloria...». *LD*

Solo Dios hace cosas maravillosas. ¡Alabemos el glorioso nombre del Señor para siempre! Que toda la tierra sea llena de su gloria.

¡A Dios sea la gloria; grandes cosas ha hecho!

Primero, ora

Cuando mi esposo y yo supervisamos que nuestro hijo ensaye sus lecciones de piano, empezamos pidiéndole a Dios que nos ayude, ya que ninguno de nosotros sabe tocar ese instrumento. Así que, los tres estamos entendiendo algunos misterios musicales, tales como el significado de «staccato» y «ligadura», y el uso de las teclas negras.

LECTURA:
1 Samuel 23:1-5

Y David consultó al Señor... (v. 2).

La oración se convierte en una prioridad cuando necesitamos la ayuda de Dios. David también la necesitó en una situación peligrosa, cuando pensaba pelear contra los filisteos. Antes de emprender la batalla, «David consultó al Señor, diciendo: ¿Iré a atacar a estos filisteos?» (1 SAMUEL 23:2). El Señor le dio su aprobación. Sin embargo, a los soldados de David le intimidaban las fuerzas enemigas. Entonces, antes de levantarse contra los filisteos, el líder volvió a orar, y Dios prometió darle la victoria (v. 4).

¿Es la oración una guía en nuestra vida o el último recurso cuando surgen problemas? A veces, caemos en el hábito de hacer planes y, después, pedirle a Dios que los bendiga, o solamente oramos en momentos de desesperación. El Señor desea que acudamos a Él en nuestras necesidades, pero también que recordemos que lo precisamos en todo momento (PROVERBIOS 3:5-6). *JBS*

● *Señor, ayúdame a no confiar en mi sabiduría y buscarte en cada situación de la vida.*

«Dios quiere que oremos antes de hacer cualquier otra cosa».
—OSWALD CHAMBERS

Después, te ríes

Ruido. Vibración. Presión. Energía. El astronauta Chris Hadfield usó estas palabras para describir su lanzamiento al espacio. Mientras el cohete se desplazaba velozmente hacia la Estación Espacial Internacional, el peso de la gravedad aumentaba y se hacía difícil respirar. Cuando pensó que se desmayaría, la nave entró repentinamente en la ingravidez. En vez de caer en la inconsciencia, se puso a reír.

LECTURA:
2 Corintios 5:1-8

... por nosotros lo hizo pecado, para que nosotros fuésemos hechos justicia de Dios en él (v. 21).

Esto me hizo pensar en los días previos a la muerte de mi madre. El peso de la vida seguía aumentado, hasta que quedó sin fuerzas para respirar. Entonces, fue liberada de su dolor y entró tranquilamente en la «ingravidez» del cielo. Me gusta pensar en su sonrisa cuando respiró por primera vez en la presencia de Jesús.

Aquel viernes «santo», a Jesús le sucedió algo similar. Dios cargó sobre Él el peso del pecado de todo el mundo, hasta que no pudo respirar más. Jesús exclamó: «Padre, en tus manos encomiendo mi espíritu» (LUCAS 23:46). Al tercer día, Dios volvió a darle vida, y ahora vive donde el pecado y la muerte no tienen poder. Un día, los que confían en Cristo se unirán a Él, y me pregunto si miraremos atrás a esta vida y nos reiremos. *JAL*

Padre, gracias porque estar ausentes de este cuerpo con sus pesadas cargas significa estar contigo para siempre.

El sacrificio de Jesús nos señala hacia el gozo del cielo.

LA BIBLIA en UN AÑO:
1 Samuel 27–29; Lucas 13:1-22

Demasiado para mí

«**Dios nunca** nos da más de lo que podemos soportar», le dijo alguien a un padre cuyo hijo de cinco años acababa de perder su batalla contra el cáncer. Estas palabras, que tenían intención de alentarlo, lo deprimieron y le hicieron preguntarse por qué no podía «manejar» la pérdida de su pequeño. El dolor era tan grande que apenas podía respirar. La angustia era demasiado para él y necesitaba desesperadamente que Dios lo abrazara fuerte.

LECTURA:
Mateo 26:36-46

... Padre mío, si es posible, pase de mí esta copa... (v. 39).

El versículo que algunos usan para respaldar esa frase es 1 Corintios 10:13: «Dios [...] dará también juntamente con la tentación la salida, para que podáis soportar». Pero su contexto es la tentación o la prueba, no el sufrimiento. Podemos decidir salir de la prueba que el Señor envía, pero no podemos hacer lo mismo con el sufrimiento.

El propio Jesús deseaba encontrar una vía de escape a su futuro sufrimiento, cuando oró: «Mi alma está muy triste, hasta la muerte [...]. Padre mío, si es posible, pase de mí esta copa...» (MATEO 26:38-39). No obstante, de manera voluntaria, sufrió esa experiencia para darnos la salvación.

Cuando la vida parece imposible de soportar, es entonces que debemos entregarnos a la misericordia de Dios y dejar que Él nos sostenga.

AMC

● *Padre, me siento débil y vulnerable. Sé que eres mi refugio y fortaleza. Ayúdame y sostenme de tu mano.*

Con Dios detrás y sus brazos por debajo, puedes enfrentar lo que está por delante.

Ven a mí

En 1834, Charlotte Elliot escribió el himno «Tal como soy». Sufrió una discapacidad durante muchos años, y aunque quiso ayudar a reunir fondos para una escuela para niñas, estaba demasiado enferma. Se sentía inútil, y esta angustia interior hizo que comenzara a dudar de su fe en Cristo. Entonces, escribió el himno en respuesta a su vacilación. La clave de su desazón tal vez se expresa mejor en esta estrofa:

LECTURA:
Juan 20:24-31

... bienaventurados los que no vieron, y creyeron (v. 29).

Tal como soy, buscando paz,
en mi desgracia y mal tenaz,
conflicto grande siento en mí,
Cordero de Dios, heme aquí.

Tres días después de su muerte y sepultura, Jesús resucitó de la tumba e invitó al discípulo al que la historia denomina «el incrédulo Tomás» a palpar las marcas de su crucifixión (JUAN 20:27). Cuando Tomás tocó sus heridas, creyó. Entonces, Jesús afirmó: «Porque me has visto, Tomás, creíste; bienaventurados los que no vieron, y creyeron» (v. 29).

En la actualidad, los creyentes en Cristo son aquellos que, aunque no vieron, creen. Sin embargo, nuestras circunstancias terrenales generan ocasionalmente graves interrogantes en el alma. Aun en esos casos, clamamos: «Creo; ayuda mi incredulidad» (MARCOS 9:24). Jesús nos invita a acudir a Él tal como somos.

JBS

Querido Jesús, ayúdame a confiar en ti cuando la vida pierde sentido. Reemplaza mis dudas con una fe renovada en ti.

El Cristo resucitado abre la puerta para que tengas una vida plena.

Somos una comunidad

A la esposa de un pastor le diagnosticaron Parkinson. Eso generó en la familia una situación estresante. El pastor se preguntaba cómo iba a cuidarla en medio de todas sus responsabilidades en la iglesia. Pero no hacía falta preocuparse, porque los miembros de la congregación ofrecieron ayudarlo con las comidas y parte de la atención que ella necesitaba.

LECTURA:
1 Corintios 12:1-11

[El Señor] constituyó a unos [...] para la edificación del cuerpo de Cristo (Efesios 4:11-12).

El apóstol Pablo les escribió a los creyentes corintios sobre el propósito por el cual el Señor les había dado dones espirituales. Antes de enumerar los diversos dones en 1 Corintios 12:8-10, les recordó que «a cada uno se le da la manifestación del Espíritu para el bien común» (v. 7). Los dones espirituales no son para usarlos de manera egoísta, sino para servir a los demás. Al hacerlo, servimos a Dios.

Todos recibimos dones para usarlos en distintos momentos y de diversas maneras, pero deben utilizarse para «la edificación del cuerpo de Cristo» (EFESIOS 4:12). Dondequiera que el Señor nos haya colocado, podemos usar, conforme a la necesidad, aquello con lo que Él nos ha dotado, recordando que todos somos parte de la Iglesia: el cuerpo de Cristo (1 CORINTIOS 12:13-14).

CPH

Padre, gracias por los dones maravillosos que has dado a tu Iglesia. Ayúdame a usarlos para alentar a los demás creyentes y difundir al mundo el mensaje de tu amor.

Usa tus dones para cuidar a los demás.

Más veloz que el guepardo

El majestuoso guepardo africano es conocido por alcanzar una velocidad de 112 kph en distancias cortas, pero no es bueno para trechos largos. Una noticia reveló que cuatro miembros de una aldea del noroeste de Kenia superaron a dos guepardos en una carrera de unos 6,5 kilómetros.

LECTURA:
Isa. 40:6-11, 28-31

... los que esperan al Señor tendrán nuevas fuerzas... (v. 31).

Al parecer, dos guepardos estaban comiéndose las cabras de la aldea. Entonces, los cuatro hombres planearon detenerlos. Esperaron hasta la hora más calurosa del día y empezaron a perseguir a los felinos, hasta que los atraparon cuando los animales se cansaron de correr. Los exhaustos guepardos fueron atrapados sin problema y llevados al centro de vida salvaje, para reubicarlos.

¿Podemos vernos reflejados en el guepardo? Nuestra fuerza puede parecer impresionante, pero es de corta duración. Isaías nos recuerda que somos como las flores del campo, que se secan de inmediato bajo el calor del sol (40:6-8).

No obstante, Dios nos ofrece consuelo cuando ya no damos más. A los que esperan en Él les aguarda una sorpresa: a su tiempo y manera, el Señor renueva nuestra fuerza. Por su Espíritu, nos capacita para levantar «alas como las águilas», o para correr sin cansarnos y caminar sin fatigarnos (v. 31). MRD

Señor, ayúdanos a ver que todo lo bueno viene de ti; eres nuestra fuente inagotable de fortaleza, esperanza y gozo.

Cuando nos acercamos a Dios, refrescamos la mente y renovamos las fuerzas.

El mundo de Dios

Sabía que a mi hijo le encantaría que le regalara un mapamundi para su cumpleaños. Después de hacer algunas compras, encontré un colorido mapa de los continentes, con ilustraciones en cada región. Una mariposa alas de pájaro cubría Papúa, en Nueva Guinea; cascadas de montañas recorrían Chile; un diamante adornaba Sudáfrica. Me encantó, pero dudé sobre la etiqueta al pie del mapa: Nuestro mundo.

LECTURA:
Salmo 24

Del Señor es la tierra y su plenitud... (v. 1).

En un sentido, la Tierra es nuestro mundo porque vivimos en él. Bebemos su agua, extraemos su oro y pescamos en sus mares, pero solo porque Dios lo permite (GÉNESIS 1:28-30). En realidad, es el mundo de Dios: «Del Señor es la tierra y su plenitud; el mundo, y los que en él habitan» (SALMO 24:1). Me asombra que haya confiado su creación increíble a meros seres humanos. Sabía que algunos la maltratarían, negarían que Él la hizo y la reclamarían como propia. No obstante, nos permite llamarla nuestro hogar y la sustenta por medio de su Hijo (COLOSENSES 1:16-17).

Dedica hoy un tiempo para disfrutar del mundo de Dios. Saborea el gusto de alguna fruta, espía un ave y escucha su canto, deléitate en un amanecer. Deja que el mundo en el que habitas te inspire a adorar a su dueño.

JBS

Señor, ayúdame a detenerme ocasionalmente para ver, oír, saborear y pensar en lo que nos diste para disfrutar.

La belleza de la creación nos da razones para alabar a Dios.

Un padre que corre

Todos los días, un padre estiraba su cuello para mirar a lo lejos, esperando que su hijo volviera, pero todas las noches se iba a la cama decepcionado. Sin embargo, un día, apareció un puntito: una silueta solitaria se recortaba en el cielo rojizo. ¿Será mi hijo?, se preguntó. Luego, distinguió el andar conocido. ¡Sí, es él!

LECTURA:
Lucas 15:11-24

... el Hijo del Hombre vino [...] a salvar lo que se había perdido (v. 10).

Cuando el hijo «aún estaba lejos, lo vio su padre, y fue movido a misericordia, y corrió, y se echó sobre su cuello, y le besó» (LUCAS 15:20). Es sorprendente que el patriarca haya hecho algo considerado indigno en la cultura de Medio Oriente: corrió para recibir a su hijo. El padre rebosaba de gozo ante el regreso del muchacho.

El hijo no merecía tal recibimiento. Cuando le pidió a su padre que le diera su parte de la herencia y se fue de su casa, fue como si hubiese deseado que su padre muriera. No obstante, a pesar de todo lo que el joven le había hecho, seguía siendo su hijo (v. 24).

Esta parábola me recuerda que Dios me acepta por su gracia, no por mis méritos. Me asegura que nunca me hundiré tanto como para que la gracia del Señor no pueda alcanzarme. Nuestro Padre celestial está esperando correr con los brazos abiertos hacia nosotros.

PFC

Padre, estoy tan agradecido por todo lo que tu Hijo hizo por mí en la cruz. Te ofrezco un corazón que desea ser como Jesús.

«Merecemos castigo y recibimos perdón; merecemos la ira de Dios y recibimos su amor». —PHILIP YANCEY

Enfrentar lo imposible

En 2008, los precios de los inmuebles caían en el Reino Unido. No obstante, dos semanas después de que mi esposo y yo pusiéramos en venta la casa donde habíamos vivido 40 años, un comprador ofreció un buen precio y aceptamos. Entonces, los constructores empezaron a trabajar en la casa que yo había heredado, la cual sería nuestro nuevo hogar. Pero, unos días antes de concretar la venta, el comprador se echó atrás. Quedamos devastados. Ahora teníamos dos propiedades: una cuyo valor caía; la otra, casi en ruinas, y a la que no podíamos vender ni mudarnos. Hasta que encontráramos un nuevo comprador, no podíamos pagarle al constructor. Fue una situación imposible.

LECTURA:
Josué 5:13–6:5

... Mira, yo he entregado en tu mano a Jericó...

(v. 2).

Cuando Josué se encontró con la fortaleza de Jericó, tal vez sintió que enfrentaba una situación imposible (JOSUÉ 5:13-6:27). No obstante, en ese momento, se le presentó un Príncipe con una espada desenvainada. Algunos teólogos piensan que era Jesús. Josué le preguntó si ayudaría a los israelitas o al enemigo en la batalla, y aquel Varón respondió: «Ninguno de los dos [...]. Soy el comandante del ejército del Señor» (5:14 NTV). Josué adoró, antes de dar otro paso. No sabía cómo conquistaría Jericó, pero escuchó a Dios y lo adoró. Obedeció sus instrucciones y lo imposible sucedió.

MS

● *Señor, ayúdame a recordar que nada es imposible para ti.*

Nada es imposible para el Señor.

Final feliz

Un amigo me contó que, una vez, estaba viendo fútbol por televisión mientras su hijita jugaba cerca de él. Enojado porque su equipo jugaba mal, tomó lo que tenía más a mano y lo tiró al piso. El juguete favorito de su hija se hizo añicos, y el corazón de ella también. De inmediato, la abrazó y le pidió perdón. Le dio otro juguete y pensó que estaba todo bien. Sin embargo, no tenía idea de cuánto había asustado a la pequeña de cuatro años, y ella tampoco percibió cuánto le dolió. Con el tiempo, el perdón llegó.

LECTURA:
Efesios 4:20-32

... sed benignos unos con otros, misericordiosos... (v. 32).

Años después, él le mandó a su hija un juguete idéntico, cuando ella esperaba un bebé. La muchacha subió a Facebook una foto del juguete y escribió: «Este regalo tiene una larga historia allá en mi niñez. No fue alegre, ¡pero tiene un final feliz! La redención es algo hermoso. ¡Gracias, abuelo!».

La Biblia nos insta a evitar exabruptos y a vestirnos del nuevo yo, «creado según Dios en la justicia y santidad de la verdad» (EFESIOS 4:24). Y, si somos víctimas del enojo, el Señor nos pide que seamos «benignos unos con otros, misericordiosos, perdonándoos unos a otros, como Dios también os perdonó a vosotros en Cristo» (v. 32).

No es fácil restaurar relaciones rotas, pero la gracia de Dios lo hace posible.

DCM

Señor, ayúdame a pensar antes de actuar o hablar. Gracias por tu perdón.

El arrepentimiento y el perdón son el pegamento que puede reparar una relación rota.

¡Ahora, ve!

En **1986,** más de 10.000 evangelistas y líderes cristianos se reunieron en Amsterdam para escuchar al predicador Billy Graham. Yo estaba allí y escuché mientras él narraba algunas de sus experiencias. En un momento, para sorpresa mía, dijo: «Permítanme decirles que, cada vez que tengo que predicar, ¡estoy nervioso y me tiemblan las rodillas!».

LECTURA:
Éxodo 4:10-17

Ahora pues, ve […] y te enseñaré lo que hayas de hablar (v. 12).

¿Qué? —me pregunté—. ¿Cómo puede ser que un gran predicador, quien ha fascinado a millones con sus poderosos sermones, se ponga nervioso y le tiemblen las piernas? Luego, explicó que no era miedo escénico, sino un profundo sentimiento de ineptitud para la tarea a la que Dios lo había llamado.

Moisés se sintió incapaz cuando Dios lo mandó a liberar a los israelitas de 400 años de cautiverio en Egipto. Le rogó al Señor que enviara otra persona, con la excusa de que él nunca había podido hablar bien (VER ÉXODO 4:10, 13).

Tal vez tengamos temores similares cuando Dios nos llama a hacer algo para Él. No obstante, el ánimo que le dio a Moisés puede estimularnos también a nosotros: «Ahora pues, ve, y yo estaré con tu boca, y te enseñaré lo que hayas de hablar» (v. 12).

Como afirmó Billy Graham aquel día: «Cuando Dios te llama, no temas ponerte nervioso ni que te tiemblen las rodillas, ¡Él está contigo!».

LD

● *Señor, ayúdame a no depender de mis capacidades.*

Dondequiera que Dios nos envía, también nos acompaña.

LA BIBLIA en **UN AÑO:**
2 Samuel 19–20; Lucas 18:1-23

La esperanza vive

Cuando una tragedia destroza la vida de una persona, esta busca respuestas. Hace poco, una madre que perdió a un hijo adolescente me dijo: «No lo entiendo. No sé si puedo seguir creyendo. Lo intento, pero Dios ya no tiene sentido para mí. ¿Por qué pasó todo esto?». No hay respuestas fáciles para semejantes preguntas. Sin embargo, para los que confían en Cristo, hay esperanza.

LECTURA:
1 Pedro 1:3-9

... vuestra fe, [...] sea [...] alabanza, gloria y honra cuando sea manifestado Jesucristo (v. 7).

El apóstol Pedro lo explica. Con frases estimulantes, alaba a Dios porque «nos hizo renacer para una esperanza viva» (1 PEDRO 1:3) con la salvación. Esta esperanza es permanente y trae gozo aun en las tragedias (v. 4). Después, revela la desalentadora realidad de que quizá tengamos «que ser afligidos en diversas pruebas» (v. 6). Los que han experimentado alguna pérdida vuelcan sus corazones esperanzados a estas palabras: esto sucede para que «vuestra fe [...] sea hallada en alabanza, gloria y honra cuando sea manifestado Jesucristo» (v. 7).

Las pruebas (aparentemente, al azar e inexplicables) pueden verse de manera diferente a la luz de estas palabras. En medio de la tragedia, el poder y la belleza de la salvación pueden brillar gracias a nuestro gran Salvador. Quizá esto ofrezca luz suficiente para que una persona angustiada enfrente un día más. *JDB*

Señor, que el gozo de la salvación me ayude a enfrentar este día.

La luz de la salvación brilla más claramente en la noche más oscura.

Dar todo

Durante su único discurso inaugural como presidente de los Estados Unidos de América, John F. Kennedy desafió así a su pueblo: «No pregunten qué puede hacer su país por ustedes, sino qué pueden hacer ustedes por su país». Fue un llamado renovado a los ciudadanos a dedicar sus vidas para servir a los demás y sacrificarse por ellos. Sus palabras inspiraron de manera especial a los hijos de aquellos hombres y mujeres que habían servido a su país en las guerras.

LECTURA:
Romanos 12:1-8

... [presenten] vuestros cuerpos en sacrificio vivo, santo, agradable a Dios... (v. 1).

El significado era claro: lo que sus padres habían logrado, a menudo ofreciendo sus propias vidas, debía protegerse con medios pacíficos. Un ejército de voluntarios se levantó en respuesta a ese llamado, y, durante décadas, ha llevado a cabo innumerables obras humanitarias en todo el mundo.

Siglos antes, el apóstol Pablo hizo un llamado similar a los cristianos en los primeros versículos de Romanos 12. Allí los insta a entregar sus cuerpos en «sacrificio vivo» para servir a Aquel que pagó con su vida por nuestros pecados. Este sacrificio espiritual debe ser más que simples palabras: significa invertir nuestra vida en el bienestar físico, emocional y espiritual de los demás.

Lo mejor de todo es que podemos servir en el lugar donde estamos.

RKK

● *Padre, muéstrame hoy diferentes maneras de entregarte mi vida y dame fuerzas para empezar a actuar.*

No le preguntes a Jesús qué puede hacer Él por ti; pregúntale qué puedes hacer tú por Él.

El libro tras la historia

Millones de personas vieron la película Lo que el viento se llevó, que se estrenó en 1939. Ganó diez premios Oscar y sigue siendo uno de los filmes de más éxito comercial. Se basó en la novela de Margaret Mitchell, de la que se vendieron un millón de ejemplares en seis meses, recibió el premio Pulitzer y se tradujo a más de 40 idiomas. Una película épica suele tener como fuente un libro poderoso e inolvidable.

LECTURA:
Salmo 119:105-112

Por heredad he tomado tus testimonios para siempre... (v. 111).

El libro base de la fe cristiana es la Biblia. Desde Génesis hasta Apocalipsis, contiene el plan de Dios para su creación, incluidos nosotros. El Salmo 119 celebra el poder y la necesidad de la Palabra del Señor en nuestra vida: ilumina nuestro camino (v. 105), revive nuestra alma (v. 107) y guía nuestros pasos (v. 108). En las Escrituras, encontramos sabiduría, dirección, vida y paz. «Por heredad he tomado tus testimonios para siempre, porque son el gozo de mi corazón» (v. 111).

Jesús, nuestro Señor, nos llama a basar nuestra vida en su Palabra y compartir el gozo de conocerlo a otras personas que anhelan encontrar vida. «Mi corazón incliné a cumplir tus estatutos de continuo, hasta el fin» (v. 112).

¡Qué libro! ¡Qué Salvador!

DCM

Querido Señor, tu Palabra es una lámpara que me guía e ilumina mi camino; tus leyes, mi tesoro y deleite. Estoy decidido a obedecer tus decretos hasta el final.

Hoy puedes confiar en la Biblia, la verdad eterna de Dios.

Amor y luz

Cuando se acerca el verano, algunos empiezan a planificar qué cultivarán en sus huertas. Comienzan temprano, plantando semillas en invernaderos, donde pueden controlar las condiciones climáticas para que broten. Cuando pasan las heladas, trasplantan los almácigos al exterior. Entonces, se inicia el trabajo de quitar la maleza, abonar, regar, y proteger las plantas de los roedores e insectos. Producir comida implica mucho trabajo.

LECTURA:
Deut. 11:8-15

La tierra a la cual pasáis para tomarla [...] el Señor tu Dios cuida... (v. 12).

Antes de entrar en la tierra prometida, Moisés les recordó a los israelitas que, cuando vivían en Egipto, regaban las plantaciones a mano (DEUTERONOMIO 11:10), pero Dios prometía que, adonde estaba llevándolos, les facilitaría la tarea enviando lluvias en primavera y otoño: «yo daré la lluvia de vuestra tierra a su tiempo, la temprana y la tardía...» (v. 14). La única condición era: «Si obedeciereis cuidadosamente a mis mandamientos que yo os prescribo hoy, amando al Señor vuestro Dios, y sirviéndole con todo vuestro corazón, y con toda vuestra alma» (v. 13). El Señor estaba llevándolos a un sitio donde su bendición y la obediencia los convertirían en una luz para los demás.

Dios espera lo mismo de nosotros: que nuestro amor obediente ilumine a los demás. Él nos capacitará para que lo hagamos.

JAL

● *Señor, que seamos una luz para que otros te encuentren.*

Amar a Dios no te soluciona la vida, pero su fortaleza te facilita las cosas.

LA BIBLIA en UN AÑO:
1 Reyes 3–5; Lucas 20:1-26

En el mismo bote

Cuando el crucero atracó, los pasajeros desembarcaron lo más rápido posible. Cientos de ellos habían pasado los últimos días aquejados por un virus. Cuando entrevistaron a uno, declaró: «Bueno, no tengo intención de quejarme mucho. Lo único que quiero decir es que todos estábamos en el mismo barco». Su juego de palabras aparentemente involuntario hizo que el reportero sonriera.

LECTURA:
Mateo 8:23-27

Y entrando él en la barca, sus discípulos le siguieron (v. 23).

En Mateo 8, leemos sobre otro viaje por agua (vv. 23-27). Jesús subió a la barca y los discípulos lo siguieron (v. 23). Más tarde, se desencadenó una tormenta terrible, y estos hombres tenían miedo de ahogarse. Entonces, despertaron a Jesús, suponiendo que no estaba al tanto del problema.

Aunque el Señor estaba literalmente en el mismo barco, no le preocupaba el clima. Al ser el Creador todopoderoso, no le temía a la tormenta: «levantándose, reprendió a los vientos y al mar; y se hizo grande bonanza» (v. 26).

Sin embargo, nosotros no somos todopoderosos, sino tremendamente propensos al miedo. ¿Qué debemos hacer cuando las tormentas de la vida rujan a nuestro alrededor? Aunque pasen pronto o no, podemos confiar en esto: estamos en el mismo barco que Aquel a quien el viento y el mar le obedecen.

CHK

Padre celestial, esta vida está llena de incertidumbre, pero prometiste estar conmigo siempre. Que pueda verte hoy.

No hay peligro que pueda estar más cerca del creyente de lo que Dios está.

El acceso a Dios

La tecnología es una bendición en varios aspectos. ¿Necesitas información sobre un problema de salud? Solamente entra en Internet, y allí encontrarás de inmediato una lista para guiarte en tu búsqueda. ¿Tienes que comunicarte con un amigo? Envías un mensaje de texto, un correo electrónico o una nota en Facebook. No obstante, a veces puede ser frustrante. El otro día, tenía que acceder a información en mi cuenta bancaria, y tuve que responder una serie de preguntas. Como no las recordaba bien, bloquearon la cuenta. Piensa también cuando se interrumpe una conversación importante porque se termina la batería del teléfono, y no puedes volver a conectarte hasta encontrar una toma de corriente para recargarla.

LECTURA:
1 Juan 5:6-15

Acerquémonos, pues, confiadamente al trono de la gracia, para alcanzar misericordia y hallar gracia para el oportuno socorro (Hebreos 4:16).

Todo esto hace que me deleite en que, cuando preciso acceder a Dios en oración, no se necesitan preguntas de seguridad ni baterías. Me encanta la seguridad que transmite Juan, al afirmar: «Y esta es la confianza que tenemos en él, que si pedimos alguna cosa conforme a su voluntad, él nos oye» (1 JUAN 5:14).

Dios está siempre disponible, ¡porque Él nunca se adormece ni duerme! (SALMO 121:4). Además, gracias a su amor a nosotros, está a la espera y listo para escuchar.

JMS

Señor, gracias por desear comunicarte conmigo y por tu disposición a ayudarme. Enséñame a acudir a ti con confianza.

Dios siempre está disponible en nuestros momentos de necesidad.

LA BIBLIA en UN AÑO:
1 Reyes 8–9; Lucas 21:1-19

Consultores de imagen

En nuestra era saturada de medios de comunicación, los consultores de imagen se han vuelto imprescindibles. Artistas, deportistas, políticos y empresarios parecen desesperados por manejar cómo los ve el mundo. Estos costosos consultores modelan la imagen de sus clientes... aun cuando, a veces, la imagen pública está en agudo contraste con lo que la persona es por dentro.

LECTURA:
Colosenses 3:1-11

... revestido del nuevo, [...] conforme a la imagen del que lo creó... (v. 10).

En realidad, lo que necesitamos no es un maquillaje, sino una transformación interior. Nuestras peores debilidades no pueden corregirse con un cosmético, sino que están directamente relacionadas con lo que tenemos en el corazón y la mente. Revelan cuánto nos hemos alejado de la imagen de Dios a la cual fuimos creados. Tal transformación supera cualquier capacidad humana.

Cristo es el único que nos ofrece una transformación verdadera; no un estiramiento de piel ni una reparación externa. Pablo afirmó que los que han resucitado a la vida eterna en Cristo se han «revestido del nuevo [hombre], el cual conforme a la imagen del que lo creó se va renovando hasta el conocimiento pleno» (COLOSENSES 3:10).

¡Nuevo! ¡Qué palabra tan maravillosa y llena de esperanza! Cristo nos convierte en nuevas personas: con un corazón nuevo y no con un simple arreglo para que luzcamos bien exteriormente.

WEC

Señor, que refleje exteriormente la nueva vida en ti.

El Espíritu desarrolla en nosotros la clara imagen de Cristo.

Reprender con amabilidad

Después de una conferencia en Nairobi, Kenia, fuimos al lugar donde nos hospedábamos para prepararnos para volver a casa el día siguiente. Cuando llegamos, una mujer del grupo dijo que había olvidado el equipaje en el centro de conferencias. Mientras fue a buscarlo, el líder del grupo (siempre muy meticuloso) la criticó duramente a sus espaldas.

LECTURA:
Colosenses 3:12-17

Vestíos [...] de benignidad, de humildad... (v. 12).

A la mañana siguiente, cuando llegamos al aeropuerto, el propio líder quedó consternado al darse cuenta de que él también había olvidado el equipaje. En ese momento, era aun más costoso volver a buscarlo. Más tarde, se disculpó y nos dijo: «¡Nunca volveré a ser tan duro con mis críticas!».

Como todos tenemos errores y debilidades, debemos soportarnos y perdonarnos cuando las cosas salen mal (COLOSENSES 3:13). Nuestra crítica tiene que ser constructiva y debemos vestirnos «como escogidos de Dios, santos y amados, de entrañable misericordia, de benignidad, de humildad, de mansedumbre, de paciencia» (v. 12).

Si es necesario reprender a alguien, debemos hacerlo con benignidad y amor. De ese modo, estaremos convirtiéndonos en imitadores de nuestro Señor Jesucristo.

LD

Querido Dios, sé que, a veces, no tengo paciencia, humildad ni benignidad. Pareciera que el Espíritu Santo no llenara mi vida lo suficiente. Por favor, ayúdame hoy a amar a los demás.

Las claves para llevarnos bien son la amabilidad y la humildad.

En cada generación

Puede sorprender que los hijos no sigan el ejemplo de sus padres en cuanto a la fe en Dios. Igualmente inesperado es que una persona que proviene de una familia donde la fe no existe se entregue a Cristo. En todas las generaciones, cada ser humano debe elegir.

LECTURA:
Salmo 100

Porque el Señor es bueno; [...] su verdad por todas las generaciones (v. 5).

Samuel fue un gran hombre de Dios que designó como líderes de Israel a sus dos hijos, Joel y Abías (1 SAMUEL 8:1-2). Sin embargo, a diferencia de su padre, ambos eran corruptos y «se volvieron tras la avaricia, dejándose sobornar y pervirtiendo el derecho» (v. 3). No obstante, años después, vemos que Hemán, el hijo de Joel, fue designado músico en la casa del Señor (1 CRÓNICAS 6:31-33). Este nieto de Samuel (junto con Asaf, su mano derecha y autor de numerosos salmos) sirvió al Señor entonando cánticos de gozo (15:16-17).

Aunque una persona parezca indiferente a la fe tan preciosa de sus padres, Dios sigue obrando. Con el tiempo, las cosas pueden cambiar, y las semillas de la fe pueden brotar en la vida de las generaciones futuras.

Cualquiera que sea la situación familiar, sabemos que «el Señor es bueno; para siempre es su misericordia, y su verdad por todas las generaciones».

DCM

Señor, ayúdame a recordar que tú eres quien hace crecer la semilla de la fe. El final de la historia aún no se ha escrito. Obra en nuestros seres queridos.

La fidelidad de Dios se extiende a todas las generaciones.

El que sirve

«¡Y**o no soy sirvienta de nadie!»**, grité. Esa mañana, las exigencias de mi familia parecían superarme, mientras ayudaba a mi esposo a buscar su corbata azul, le daba de comer a mi bebé y sacaba de abajo de la cama el juguete perdido de nuestro hijito de dos años.

LECTURA:
Lucas 22:24-27

... yo estoy entre vosotros como el que sirve (v. 27).

Más tarde, ese mismo día, mientras leía la Biblia, encontré este versículo: «Porque, ¿cuál es mayor, el que se sienta a la mesa, o el que sirve? ¿No es el que se sienta a la mesa? Mas yo estoy entre vosotros como el que sirve» (LUCAS 22:27).

Jesús no tenía que lavarles los pies a sus discípulos, pero lo hizo (JUAN 13:5). Había sirvientes que podían hacerlo, pero el Señor prefirió servirlos Él mismo. La sociedad actual insiste en que debemos procurar «ser alguien»; queremos un trabajo bien redituable, el cargo más importante y ser líder en la iglesia. No obstante, dondequiera que estemos, podemos aprender de nuestro Señor cómo servir.

Tenemos diferentes roles como padres, hijos, amigos, trabajadores, líderes o estudiantes. La pregunta es: ¿realizamos estas tareas con una actitud de servicio? Aunque mi rutina puede ser cansadora, doy gracias que el Señor me ayudará, porque quiero seguir sus pasos y servir a los demás.

KO

Señor, sé que viniste a servir. A veces, me olvido de los demás, pero quiero ser como tú. Dame un corazón como el tuyo.

Para ser como Jesús, necesitamos tener la actitud de un siervo.

La mejor boda

En los últimos 800 años aproximadamente, se añadió una costumbre a las ceremonias de bodas judías: cuando termina, el esposo rompe un vaso para vino con el pie. Algunos dicen que la ruptura del vidrio simboliza la destrucción del templo en el 70 d.C. Se insta a las parejas jóvenes a recordar, mientras forman un nuevo hogar, que la casa de Dios fue destruida.

LECTURA:
Apocalipsis 21:1-8

... han llegado las bodas del Cordero, y su esposa se ha preparado (v. 7).

No obstante, el Señor no carece de una casa, sino que ha elegido un nuevo lugar para vivir: en nosotros, sus seguidores. En forma metafórica, las Escrituras hablan de los creyentes como la esposa de Cristo y el templo donde vive Dios. Simultáneamente, Él está preparando a su esposa y planeando construir un nuevo hogar, el cual se tornará en su morada permanente. Al mismo tiempo, está preparando a la esposa y organizando una boda que incluirá a toda la familia de Dios desde el principio de las edades.

Nuestra tarea es fácil, aunque, a veces, puede ser dolorosa. Cooperamos con Dios mientras Él obra en nosotros para hacernos más semejantes a su Hijo Jesús. Luego, un día, en la mejor boda que jamás haya existido, nos presentará para sí sin mancha ni arruga. Seremos santos y sin mancha (EFESIOS 5:27). Esa boda pondrá fin a toda tristeza y sufrimiento.

JAL

Señor, completa en mí tu nueva creación. Hazme puro y sin mancha mediante tu gran salvación.

No hay duda de que Jesús volverá.

LA BIBLIA en UN AÑO:
1 Reyes 19–20; Lucas 23:1-25

Corazón gozoso

Mientras esperaba para embarcar en el Aeropuerto Changi de Singapur, observé a una joven familia: mamá, papá e hijo. Había mucha gente frente a la puerta de embarque, y buscaban un lugar para sentarse. De pronto, el niño empezó a cantar en voz alta *¡Al mundo paz, nació Jesús!* Tenía unos seis años; por eso, me llamó la atención que supiera toda la letra.

LECTURA:
Juan 15:1-11

Estas cosas os he hablado, para que mi gozo esté en vosotros... (v. 11).

Lo que más me impresionó fue la expresión en la cara del niño: su amplia sonrisa coincidía con las palabras que entonaba, mientras les proclamaba a todos los que estaban allí el gozo del Cristo que había venido.

Este gozo no debe limitarse a un niño entusiasmado ni a la época de Navidad. Uno de los temas de la última enseñanza de Jesús a sus discípulos la noche antes de su crucifixión fue el gozo desbordante que produce saber que está presente en nuestra vida. Les habló de su amor sin igual: que los amaba como el Padre lo amaba a Él (JUAN 15:9). Después de decirles cómo es esa relación eterna, declaró: «Estas cosas os he hablado, para que mi gozo esté en vosotros, y vuestro gozo sea cumplido» (v. 11).

¡Qué promesa maravillosa! Por medio de Jesucristo, nuestro corazón puede llenarse de gozo… ¡el gozo verdadero! *WEC*

Señor, me escogiste y redimiste, y me coronaste de amor y compasión. No puedo evitar rebosar de gozo ante tu gran amor.

Podemos experimentar el gozo de Cristo en todas las etapas de la vida.

LA BIBLIA en UN AÑO:
1 Reyes 21–22; Lucas 23:26-56

La escuela del dolor

En su libro *El problema del dolor*, C. S. Lewis señala que «Dios nos susurra en nuestros placeres, nos habla en nuestra conciencia, pero nos grita en nuestros dolores: es su megáfono para despertar a un mundo sordo». El sufrimiento suele ayudarnos a reacomodar la perspectiva y escuchar lo que Dios quiere decirnos. Las experiencias comunes se convierten en lecciones espirituales.

LECTURA:
Salmo 119:65-80

Conozco, oh Señor, [...] que conforme a tu fidelidad me afligiste (v. 75).

En el Antiguo Testamento, leemos que el salmista tenía un corazón dispuesto a aprender aun en el dolor. Lo aceptaba como parte el plan de Dios: «conforme a tu fidelidad me afligiste» (SALMO 119:75). El profeta Isaías consideraba que el sufrimiento era un proceso purificador: «He aquí te he purificado, y no como a plata; te he escogido en horno de aflicción» (ISAÍAS 48:10). Job, a pesar de sus lamentos, aprendió a través de sus problemas sobre la soberanía y la grandeza de Dios (JOB 40–42).

No somos los únicos que experimentamos sufrimientos. El propio Dios tomó forma humana y sufrió enormemente: «Pues para esto fuisteis llamados; porque también Cristo padeció por nosotros, dejándonos ejemplo, para que sigáis sus pisadas» (1 PEDRO 2:21). Aquel cuyas manos tienen las cicatrices de los clavos está cerca, y Él nos enseñará mediante el sufrimiento y nos consolará.

HDF

● *Señor, ayúdame a ver tu propósito en las pruebas.*

La lección de la confianza se aprende en la escuela de la prueba.

¿Por qué pides?

Tal vez hayas oído el dicho: «Nuestras cosas pequeñas son grandes para el amor de Dios; nuestras cosas grandes son pequeñas para su poder». ¡Qué verdad! No hay nada en nuestra vida que sea tan pequeño que al Señor no le interese. Tampoco hay problema ni crisis tan grande que sobrepase su sabiduría y poder. Y, como nos ama, nos invita a hablarle de todo lo que nos preocupa (1 PEDRO 5:7).

LECTURA:
Mateo 26:36-46

... si pedimos alguna cosa conforme a su voluntad, él nos oye (1 Juan 5:14).

¿Significa esto que podemos pedir a Dios cualquier cosa y esperar recibirla? Por ejemplo, ¿tiene derecho un creyente que forma parte de un equipo deportivo a pedirle al Señor la victoria en un juego y esperar que Él intervenga para ayudar a su equipo a ganar? ¿Y si los jugadores del otro equipo también están orando por la victoria?

La fe en nuestro Salvador y el orar en su nombre son cosas dignas de alabanza, pero asegurémonos de pedir conforme a lo que sabemos que Él quiere. Es posible traspasar el límite que separa la dependencia confiada del egoísmo supersticioso.

La fe bíblica está controlada por la sumisión a la voluntad de Dios (1 JUAN 5:14). Por eso, toda petición debe hacerse de tal manera que refleje la actitud de Jesús, quien dijo a su Padre: «No sea como yo quiero, sino como tú» (MATEO 26:39). *VCG*

● *Señor, lo que más me interesa es hacer tu voluntad revelada en tu Palabra.*

La clave de toda oración debe ser: «Hágase tu voluntad».

Todos a bordo

Un día, cuando dejé a mi esposo en la estación de ferrocarril local, observé al conductor que miraba para ver si había algún rezagado. Una mujer con el cabello mojado salió corriendo del estacionamiento y se subió al tren. Después, un hombre con traje oscuro corrió hacia la plataforma y entró en un vagón. El conductor esperaba pacientemente mientras varias personas más llegaban a último momento y subían.

LECTURA:
2 Pedro 3:1-13

El Señor [...] es paciente para con nosotros, no queriendo que ninguno perezca... (v. 9).

Tal como el conductor fue paciente con los que abordaban el tren, así espera Dios que las personas lo conozcan a Él. No obstante, Jesús volverá un día y «los cielos pasarán con grande estruendo, y los elementos ardiendo serán deshechos» (2 PEDRO 3:10). Cuando esto suceda, o cuando nuestro cuerpo físico muera, será demasiado tarde para tener una relación con Dios.

Pedro señala que «el Señor [...] es paciente para con nosotros, no queriendo que ninguno perezca, sino que todos procedan al arrepentimiento» (v. 9). Si has retrasado tu decisión de seguir a Cristo, hay una buena noticia: todavía puedes aceptarlo como tu Salvador. «Si confesares con tu boca que Jesús es el Señor, y creyeres en tu corazón que Dios le levantó de los muertos, serás salvo» (ROMANOS 10:9). Él está llamándote. ¿Irás a su encuentro?

JBS

Señor, no quiero posponer más mi decisión. Sálvame ahora.

El momento de elegir al Señor es ahora.

Recordar a la gente

En una semana típica, muchos recibimos varios correos electrónicos que nos recuerdan citas, actividades futuras o pedidos de oración. Todos estos recordatorios son necesarios.

Cuando Pablo le escribió a Tito su «correo en papiro», terminó diciendo: «Recuérdales a los creyentes...» (3:1 NTV). Esta palabra que escogió el apóstol nos hace suponer que ya había escrito sobre esas cosas, pero que, como eran tan importantes para los miembros de la iglesia, las repitió para que no se olvidaran.

LECTURA:
Tito 3:1-8

Recuérdales que [... muestren] toda mansedumbre para con todos los hombres (vv. 1-2).

Observa lo que quería que hicieran esas personas que vivían oprimidas por el poder romano: «[sujetarse] a los gobernantes y autoridades» (v. 1). Era importante que se destacaran por ser obedientes, por hacer lo bueno, por no difamar, por ser pacíficos y considerados, y humildes en vez de quejosos. Su conducta debía exhibir el cambio que había producido en sus vidas seguir a Cristo (vv. 3-5).

¿Cómo podían ellos (y nosotros) hacerlo? «El Espíritu Santo, el cual derramó en nosotros abundantemente por Jesucristo» nos capacita para que nos ocupemos «en buenas obras» (vv. 5-6, 8). El gran regalo de la salvación en Cristo nos equipa para ser una buena influencia en este mundo. Todos necesitamos este recordatorio.

JDB

Señor, que recordemos la importancia de obedecerte y ser una luz en este mundo.

La vida del creyente es una ventana por donde los demás pueden ver a Cristo.

No hay necesidad trivial

Varias madres de hijos pequeños compartían respuestas alentadoras a sus oraciones, pero una de ellas dijo que se sentía egoísta al molestar a Dios con sus necesidades personales: «Comparadas con las enormes necesidades que el Señor enfrenta en el mundo, mis circunstancias deben de parecerle triviales».

LECTURA:
Isaías 49:13-18

Como el padre se compadece de los hijos, se compadece el Señor de los que le temen (Salmo 103:13).

Poco después, su hijito se apretó el dedo en una puerta y corrió llorando a los gritos hacia su madre. Pero ella no dijo: «¡Qué egoísta eres al venir a molestarme con tus dedos doloridos mientras estoy ocupada!», sino que le mostró gran compasión y ternura.

El Salmo 103:13 nos recuerda que, tanto el amor humano como el divino, responden así. En Isaías 49:15-16, el Señor asegura que, aunque una madre olvide ser compasiva con su hijo, Él no lo hará nunca; y agrega: «en las palmas de las manos te tengo [esculpido]».

Con la misma libertad que ese niño corrió hacia su madre, nosotros también podemos acudir a Dios con nuestros problemas cotidianos.

Nuestro Señor compasivo no descuida a los demás por respondernos a nosotros, ya que tiene tiempo y amor ilimitados para cada uno de sus hijos. Para Él, ninguna necesidad es insignificante.

JEY

Señor, ¡cuánto te deleitas en mí y me tranquilizas con tu amor! Gracias por el tierno amor que me demuestras; como el de una madre que arrulla a su hijo.

Dios sostiene a sus hijos en la palma de sus manos.

Cuenta tu historia

A **Michael Dinsmore,** ex preso y relativamente nuevo creyente en Cristo, le pidieron que diera su testimonio en una cárcel. Después de hablar, algunos presos se le acercaron y dijeron: «¡Fue la reunión más emocionante que hemos tenido!». Michael se asombró de que Dios pudiera usar su sencilla historia.

LECTURA:
1 Timoteo 1:12-20

Del poder de tus hechos estupendos hablarán los hombres...

(Salmo 145:6).

En 1 Timoteo, después de que Pablo exhortó a Timoteo a continuar predicando el evangelio (1:1-11), compartió su testimonio personal para alentar al joven (vv. 12-16). Habló de la misericordia de Dios en su vida, ya que se había burlado del Señor, pero Él lo había cambiado. Incluso, no solo lo había considerado fiel y le había encomendado hacer una obra, sino que también lo había capacitado para realizarla (v. 12). El apóstol se consideraba el mayor pecador, pero Dios lo había salvado (v. 15).

¡El Señor puede hacerlo! Esto es lo que Pablo quería que entendiera Timoteo; y nosotros también tenemos que entenderlo. En el testimonio del apóstol, observamos la misericordia de Dios. Si Él pudo utilizar y salvar a alguien como Pablo, puede hacer lo mismo con nosotros. Nadie está fuera de su alcance.

La historia de la obra del Señor en nuestra vida puede animar a otros. ¡Haz que quienes te rodean sepan que el Dios de la Biblia sigue activo hoy!

PFC

● *Padre, ayúdame a compartir la historia de cómo me salvaste.*

Nadie está más allá del alcance del amor de Dios.

LA BIBLIA en UN AÑO:
2 Reyes 15–16; Juan 3:1-18

¿Dónde nos apoyamos?

«¡Q**ué testimonios hermosos!»**, comentó Cintia mientras salíamos. Nuestra amiga Elena había muerto, y varios de sus amigos compartieron sobre lo bromista que había sido siempre. Sin embargo, su vida no fue solo chistes y risas. Su sobrino habló de la fe en Jesús de su tía y de cómo se preocupaba por los demás. Cuando él era adolescente y problemático, ella lo había recibido en su casa. Ahora, con más de 20 años, destacó: «Fue como una madre para mí. Nunca me abandonó en mis luchas. Si no hubiese sido por ella, habría perdido mi fe». ¡Qué influencia maravillosa! Elena se apoyaba en Jesús y quería que su sobrino también lo hiciera.

LECTURA:
2 Samuel 9

... yo a la verdad haré contigo misericordia por amor de Jonatán tu padre... (v. 7).

En el Antiguo Testamento, leemos que el rey David recibió en su casa a un joven llamado Mefiboset, para mostrarle bondad por amor a su padre Jonatán, su amigo muerto (2 SAMUEL 9:1). Años antes, Mefiboset se había lastimado cuando cayó de los brazos de su nodriza mientras huían tras la noticia de la muerte de su padre (4:4). Se sorprendió del interés del rey; incluso se autodenominó «perro muerto» (9:8); pero el rey lo trató como un hijo (9:11).

Me gustaría ser esa clase de persona. ¿Y a ti? Alguien que se interesa en los demás y los ayuda a seguir aferrándose a la fe, aun cuando la vida parezca sin esperanza.

AMC

- *Señor, que otros te vean en nuestra bondad.*

La potencia de nuestras acciones debe compararse al ímpetu de nuestras palabras.

La riqueza de la obediencia

Las loterías oficiales existen en más de 100 países. La atracción de enormes premios de dinero ha creado en muchos la idea de que todos los problemas de la vida se solucionarían «si uno se gana la lotería».

La riqueza en sí no tiene nada de malo, pero puede llegar a engañar al hacernos pensar que el dinero es la respuesta a todas nuestras necesidades. El salmista lo expresó desde otro punto de vista: «Me he gozado en el camino de tus testimonios más que de toda riqueza. Me regocijaré en tus estatutos; no me olvidaré de tus palabras» (SALMO 119:14, 16). Este concepto de riqueza espiritual se centra en obedecer a Dios y andar en «la senda de [sus] mandamientos» (v. 35).

LECTURA:
Sal. 119:14, 33-40

Me he gozado en el camino de tus testimonios más que de toda riqueza (v. 14).

¿Qué tal si nos entusiasmara más obedecer la Palabra de Dios que ganar un premio de millones? Podríamos orar con el salmista: «Inclina mi corazón a tus testimonios, y no a la avaricia. Aparta mis ojos, que no vean la vanidad; avívame en tu camino» (vv. 36-37).

La riqueza de la obediencia (la verdadera riqueza) les pertenece a todos los que caminan con el Señor.

DCM

Querido Señor, me comprometo a permanecer diariamente en la verdad inmutable de tu Palabra y a crecer en mi comunión contigo; la única medida del éxito en esta vida y en la eternidad.

El éxito está en conocer y amar a Dios.

LA BIBLIA en UN AÑO:
2 Reyes 19–21; Juan 4:1-30

Escuchar con amor

Una noche, un misionero joven habló en nuestra pequeña iglesia. El país donde él y su esposa servían atravesaba una gran agitación religiosa, y se lo consideraba demasiado peligroso para los niños. En uno de sus relatos, contó sobre un episodio desgarrador cuando su hija le pidió que no la dejara en un internado.

LECTURA:
Lucas 18:9-14

... cualquiera que se enaltece, será humillado... (v. 14).

En ese entonces, yo acababa de recibir la bendición de ser padre de una niña, y la historia me turbó. ¿Cómo pueden padres amorosos dejar así sola a su hija?, me pregunté. Cuando la charla terminó, estaba tan nervioso que pasé por alto la invitación a ir a ver al misionero. Salí apurado de la iglesia, exclamando mientras me iba: «Cuánto me alegro de no ser como...».

En ese instante, el Espíritu Santo hizo que me detuviera. Ni siquiera pude terminar la frase. Allí estaba yo, repitiendo casi literalmente lo que el fariseo le dijo a Dios: «Gracias porque no soy como los otros hombres» (LUCAS 18:11). ¡Qué disgustado estaba conmigo mismo! ¡Cuán decepcionado habrá estado el Señor! Desde aquella noche, le he pedido a Dios que me ayude a escuchar a los demás con humildad y control, mientras ellos derraman su corazón mediante una confesión, un sentimiento o un dolor.

RKK

Señor, cuán fácilmente nos atrapa el orgullo. Que, en humildad, reflejemos tu corazón de amor.

Juzgar a los demás no nos acerca más a Dios.

Pensamientos de un sobreviviente

Después que una mujer de 71 años fue rescatada durante el trágico hundimiento de un barco, luchaba contra el sentimiento de culpa del sobreviviente. Desde su cama del hospital, decía que no podía entender por qué estaba bien que ella siguiera viviendo tras un accidente que se había llevado la vida de muchas personas más jóvenes. También lamentaba no saber el nombre del muchacho que la había sacado del agua cuando ella ya no tenía más esperanzas. Luego, agregó: «Quiero comprarle, al menos, una comida, tomarlo de la mano o abrazarlo».

LECTURA:
Romanos 9:1-5

... deseara [...] ser [...], separado de Cristo, por amor a mis hermanos...
(v. 3).

El sentir de esta mujer para con los demás me recuerda al apóstol Pablo. Le importaban tanto sus conciudadanos y sus prójimos que deseaba poder desprenderse de su relación con Cristo a cambio de que ellos fueran rescatados: «tengo gran tristeza y continuo dolor en mi corazón. Porque deseara yo mismo ser anatema, separado de Cristo, por amor a mis hermanos» (ROMANOS 9:2-3).

Pablo también expresó un profundo sentimiento de gratitud. Sabía que no entendía los caminos y los juicios de Dios (VER vv. 14-24); por lo tanto, mientras hacía todo lo posible para proclamar el evangelio a todos, hallaba paz y gozo en confiar en un Dios que ama a todo el mundo mucho más de lo que él podía hacerlo.

MRD

Señor, ayúdanos a confiar en tu corazón de amor en aquello que no entendemos.

La gratitud a Dios hace crecer en santidad.

LA BIBLIA en UN AÑO:
2 Reyes 24–25; Juan 5:1-24

Motivado por el amor

En la década de 1920, a pesar de ser amateur, Bobby Jones dominaba el mundo del golf. En una película sobre su vida, hay una escena donde un jugador profesional le pregunta cuándo va a dejar de ser aficionado y empezar a ganar dinero como todos los demás. Jones le explicó que la palabra amateur viene del latín amo, del verbo amar. Su respuesta era clara: jugaba al golf porque amaba ese deporte.

LECTURA:
2 Corintios 5:11-17

Porque el amor de Cristo nos constriñe... (v. 14).

Nuestras motivaciones (por qué hacemos lo que hacemos) marcan la diferencia. Sin duda, esto se aplica a los seguidores de Jesucristo. En su carta a la iglesia de Corinto, Pablo nos da un ejemplo de este concepto, ya que, en ella, defendía su conducta, carácter y llamado como apóstol del Señor. Su respuesta a aquellos que cuestionaban su motivación para el ministerio fue: «Porque el amor de Cristo nos constriñe, pensando esto: que si uno murió por todos, luego todos murieron; y por todos murió, para que los que viven, ya no vivan para sí, sino para aquel que murió y resucitó por ellos» (2 CORINTIOS 5:14-15).

El amor a Cristo es la mayor de las motivaciones; hace que los que le sirven vivan para Él y no para sí mismos.

WEC

¿Cómo ha afectado tus motivaciones y acciones conocer mejor a Cristo? ¿De qué maneras te gustaría ver que Dios obra en tu vida?

Somos modelados por lo que más amamos.

El poder de la alabanza

Guillermito fue secuestrado de la acera de su casa cuando tenía nueve años. Durante horas, mientras el secuestrador lo llevaba en un auto, no sabía qué iba a sucederle. Entonces, decidió cantar una canción llamada *Toda la alabanza*. Mientras repetía la letra una y otra vez, el hombre insultaba y le decía que se callara. Finalmente, detuvo el auto y dejó que Guillermito se bajara... sano y salvo.

LECTURA:
2 Crónicas 20:15-22

... Glorificad al Señor, porque su misericordia es para siempre (v. 21).

Como lo demuestra este niño, la alabanza verdadera exige que nos concentremos en el carácter de Dios, mientras olvidamos nuestros temores, los problemas que nos acosan y la autosuficiencia que nos llena el corazón.

Los israelitas llegaron a este punto cuando enfrentaron a sus enemigos. Mientras se preparaban para la batalla, el rey Josafat organizó un coro para que marchara hacia el ejército enemigo y cantara: «Glorificad al Señor, porque su misericordia es para siempre» (2 CRÓNICAS 20:21). Cuando empezó la música, los enemigos se desconcertaron y se mataron entre sí. Como había predicho el profeta Jahaziel, Israel no tuvo que pelear (v. 17).

Ya sea que enfrentemos una lucha o nos sintamos atrapados, podemos glorificar a Dios en nuestro corazón. Sin duda, «grande es el Señor, y digno de suprema alabanza» (SALMO 96:4).

JBS

● *Señor, te adoro a pesar de los problemas que enfrente hoy.*

La adoración es un corazón que rebosa de alabanza a Dios.

LA BIBLIA en UN AÑO:
1 Crónicas 4–6; Juan 6:1-21

Un paso más cerca

Hace unos años, un amigo y yo partimos para escalar el monte Whitney, de 4.421 metros de altura, el más alto de Estados Unidos continental. Una noche, llegamos al pie del cerro, extendimos nuestras bolsas de dormir en el campamento y tratamos de descansar antes de empezar el ascenso al amanecer. Para escalarlo, no se requiere ninguna técnica, sino que solo hay que hacer una caminata larga y agotadora en subida constante de unos 18 kilómetros.

LECTURA:
Romanos 13:10-14

... ahora está más cerca de nosotros nuestra salvación que cuando creímos (v. 11).

Aunque el ascenso era complicado, fue también emocionante; con vistas asombrosas, lagos azules hermosos y laderas fértiles. No obstante, el sendero se tornó largo y cansador; una prueba para las piernas y los pulmones. A medida que el día declinaba y el sendero parecía estrecho e interminable, pensé en volverme.

Sin embargo, veía ocasionalmente la cima y me daba cuenta de que cada paso me acercaba más allí. Con solo seguir caminando, llegaría. Ese pensamiento me mantuvo andando.

Pablo nos asegura: «ahora está más cerca de nosotros nuestra salvación que cuando creímos» (ROMANOS 13:11). Cada día, nos acercamos más a aquel momento en que «llegaremos a la cima» y veremos el rostro de nuestro Salvador. Este es el pensamiento que nos mantiene avanzando.

DHR

Señor, que el gozo futuro me dé paciencia para enfrentar el difícil sendero de la vida.

Ahora vemos a Jesús en la Biblia; un día, lo veremos cara a cara.

El gran Sanador

LECTURA:
Génesis 2:7-15

... yo soy el Señor tu sanador (Éxodo 15:26).

Los médicos que conozco son inteligentes, diligentes y compasivos. En muchas ocasiones, han aliviado mi sufrimiento, y doy gracias por su capacidad para diagnosticar enfermedades, prescribir medicamentos, acomodar huesos fracturados y suturar heridas. Sin embargo, esto no significa que tenga fe en los médicos en lugar de confiar en Dios.

Por razones que solo el Señor sabe, ha designado a los seres humanos como sus colaboradores en la obra de cuidar la creación (GÉNESIS 2:15), y los médicos están entre ellos. Estudian cómo diseñó Dios el cuerpo y utilizan ese conocimiento para ayudar a recuperar la salud. No obstante, la única razón por la que pueden hacerlo es que el Señor nos creó con capacidad para sanarnos. Los cirujanos no lograrían nada si las incisiones no cicatrizaran solas.

Por eso, los científicos no son quienes sanan, sino Dios (ÉXODO 15:26). Los médicos simplemente cooperan con el propósito y diseño originales del Creador.

Doy gracias por los científicos y los médicos, pero alabo y agradezco al Señor, que creó el orden en el universo y nos dio mentes para poder descubrir cómo funciona. Por lo tanto, estoy convencida de que toda sanidad es divina, ya que nada ocurre sin su intervención.

JAL

- *Padre Dios, tú eres el gran Médico. Sana mi mente, cuerpo y espíritu.*

Cuando pienses en todo lo bueno, da gracias a Dios.

Mantenerse enfocado

Es mi discípula, oí decir a una mujer sobre alguien a quien ella ayudaba. Como seguidores de Cristo, todos debemos hacer discípulos; es decir: hablarles de la buena noticia de salvación a las personas y ayudarlas a crecer espiritualmente. Sin embargo, es fácil dirigir el enfoque hacia nosotros y no hacia Jesús.

LECTURA:
1 Corintios 3:1-9

Puestos los ojos en Jesús, el autor y consumador de la fe... (Hebreos 12:2).

El apóstol Pablo estaba preocupado porque la iglesia de Corinto estaba dejando de centrarse en Cristo. Apolos y él eran los dos predicadores más conocidos de aquella época, y la iglesia se había dividido. «Yo sigo a Pablo». «¡Pues yo sigo a Apolos!». Habían empezado a centrarse en la persona equivocada, siguiendo al maestro en lugar de al Salvador. Entonces, Pablo los exhortó: «somos colaboradores de Dios». No importa quién planta ni quien riega, porque solo el Señor da el crecimiento. Los creyentes en Cristo son «labranza de Dios, edificio de Dios» (1 CORINTIOS 3:6-9). Aquellos creyentes no pertenecían ni a Pablo ni a Apolos.

Jesús nos dice que vayamos y hagamos discípulos, y les enseñemos sobre Él (MATEO 28:20). Además, el autor de Hebreos nos insta a enfocarnos en el Autor y Consumador de nuestra fe (12:2). Cristo será honrado cuando nos centremos en Él. Es superior a cualquier ser humano y suplirá nuestras necesidades.

CPH

Señor, ayúdame a pasar inadvertido y guiar a otros hacia ti.

Pon a Jesús en primer lugar.

Reparar un corazón roto

El Museo de las Relaciones Rotas, en Zagreb, Croacia,, está lleno de donaciones anónimas de recordatorios de amores que no funcionaron. Animales de peluche, cartas de amor enmarcadas en vidrios rotos y vestidos de novia hablan claramente de corazones partidos. Algunos visitantes se van llorando al pensar en lo que perdieron, mientras que otras parejas salen abrazadas y prometiéndose cumplir con lo que esperan uno del otro.

LECTURA:
Isaías 61:1-3

... me ha enviado [...] a vendar a los quebrantados de corazón... (v. 1).

Isaías, el profeta del Antiguo Testamento, escribió: «El Espíritu de Dios el Señor está sobre mí, porque me ungió el Señor; me ha enviado a predicar buenas nuevas a los abatidos, a vendar a los quebrantados de corazón» (ISAÍAS 61:1). Cuando Jesús leyó este pasaje en la sinagoga de Nazaret, señaló: «Hoy se ha cumplido esta Escritura delante de vosotros» (LUCAS 4:21). Mucho más allá de sanar una herida emocional, las palabras del profeta hablan de un corazón transformado y un espíritu renovado que nacen al recibir el regalo de Dios de «gloria en lugar de ceniza, óleo de gozo en lugar de luto, manto de alegría en lugar del espíritu angustiado» (ISAÍAS 61:3).

Todos hemos experimentado remordimientos y promesas incumplidas. Sin importar lo que haya sucedido, el Señor nos invita a hallar sanidad, esperanza y nueva vida en Él. *DCM*

● *Señor, gracias porque siempre cumples tus promesas.*

Dios puede transformar las tragedias en triunfos.

LA BIBLIA en UN AÑO:
1 Crónicas 16–18; Juan 7:28-53

Buscadores de sabiduría

Cada fin de año, los colegios y las universidades tienen ceremonias de graduación para celebrar el éxito de los alumnos que han terminado sus estudios y obtenido un diploma. Después de atravesar el escenario, esos graduados entrarán en un mundo que los cambiará. El simple conocimiento académico no será suficiente, y la clave para el éxito será aplicar sabiamente lo que han aprendido.

LECTURA:
Proverbios 3:1-18

Bienaventurado el hombre que halla la sabiduría... (v. 13).

Las Escrituras afirman que la sabiduría es un tesoro digno de buscar. Es mejor que las riquezas (PROVERBIOS 3:13-18). Su fuente está en Dios, el único perfectamente sabio (ROMANOS 16:27). Además, se encuentra en las acciones y actitudes de Jesús, en quien están «todos los tesoros de la sabiduría» (COLOSENSES 2:3). La sabiduría viene de leer y aplicar la Palabra de Dios. Jesús nos da el ejemplo al aplicar su conocimiento de las Escrituras cuando fue tentado (LUCAS 4:1-13). En otras palabras, la persona verdaderamente sabia trata de ver la vida desde el punto de vista divino y decide vivir conforme a la sabiduría del Señor.

¿Qué beneficios trae esta clase de vida? Proverbios afirma que esa sabiduría es dulce como la miel al paladar (PROVERBIOS 24:13-14). «Bienaventurado el hombre que halla la sabiduría» (3:13). Así que, busca sabiduría ¡porque es más beneficiosa que el oro o la plata!

JMS

- *Señor, ayúdame a aplicar tu sabiduría.*

Buscar sabiduría y ponerla en práctica es una bendición.

Atascado en el lodo

¡Estábamos totalmente atascados! Mientras ponía unas flores en la tumba de mis padres, mi esposo apartó el auto para dejar pasar a otro. Había llovido durante semanas y el área para estacionar estaba inundada. Cuando quisimos irnos, descubrimos que el coche estaba atascado. Las ruedas giraban en el fango y se hundían cada vez más.

LECTURA:
Salmo 40:1-5

Me hizo sacar [...] del lodo cenagoso; puso mis pies sobre peña... (v. 2).

La única salida era empujarlo, pero mi esposo tenía mal el hombro y yo acababa de salir del hospital. ¡Necesitábamos ayuda! A lo lejos, vimos a dos jóvenes, los cuales respondieron alegremente a mis gritos y señas frenéticas. Felizmente, la fuerza de ambos reubicó el automóvil en el camino.

El Salmo 40 revela la fidelidad de Dios cuando David clamó pidiendo ayuda: «Pacientemente esperé al Señor, [...] y oyó mi clamor. Y me hizo sacar del pozo de la desesperación, del lodo cenagoso» (vv. 1-2). Ya sea que este salmo se refiera a un pozo literal o a circunstancias desafiantes, David sabía que siempre podía acudir al Señor para que lo librara.

Dios también nos ayudará cuando lo invoquemos. A veces, interviene en forma directa, pero lo más habitual es que lo haga a través de otras personas. Cuando reconocemos nuestra necesidad ante Él (y quizá ante otros), podemos contar con su fidelidad.

MS

● *Padre, te alabo por rescatarme del pozo profundo en que estaba.*

La esperanza llega con la ayuda de Dios y de los demás.

Charla de ardilla

Había puesto una malla para ajardinar mi patio, sobre la cual iba a colocar unas piedras decorativas. Mientras me preparaba para terminar la tarea, noté que una ardilla se había enganchado en la red.

LECTURA:
Isaías 41:10-13

... No temas, yo te ayudo (v. 13).

Me puse los guantes y, cuidadosamente, empecé a cortar los hilos. El pequeño animalito no estaba contento conmigo, me lanzó una patada y trató de morderme. Con calma, le dije: «Amiga, no te voy a lastimar. Solo relájate». Pero no me entendió, así que se resistió atemorizada. Finalmente, corté la última unión y dejé que saliera disparada hacia su casa.

A veces, los seres humanos se sienten atrapados y reaccionan por miedo a Dios. Durante siglos, Él ha ofrecido salvación y esperanza a la gente; sin embargo, lo resistimos, sin entender que desea ayudarnos. En Isaías 41, el profeta cita al Señor: «Porque yo el Señor soy tu Dios, quien te sostiene de tu mano derecha, y te dice: No temas, yo te ayudo» (v. 13).

Cuando piensas en tu situación, ¿cómo ves el papel de Dios? ¿Tienes miedo de dejarlo actuar, temiendo que pueda dañarte? El Señor es bueno y está cerca, y desea liberarte de los enredos de la vida. Puedes confiar en Él para todo. *JDB*

● *¿En qué aspectos de tu vida necesitas ser liberado? Pídele al Señor que te dé confianza en Él para que te libre.*

La fe es el mejor antídoto para el temor.

Nuestra fortaleza y canción

Llamado a menudo «el rey de las marchas», el compositor y director de bandas John Philip Sousa compuso obras que se han interpretado en todo el mundo durante más de cien años. Tal como declaró el historiador de música Loras John Schissel: «Sousa es para las marchas lo que Beethoven es para las sinfonías». Sousa comprendía el poder de la música para motivar, animar e inspirar a la gente.

LECTURA:
Éxodo 15:1-2, 13-18

El Señor reinará eternamente y para siempre (v. 18).

En la época del Antiguo Testamento, el pueblo de Israel solía ser incentivado a componer y cantar himnos para celebrar la ayuda de Dios en tiempos de necesidad. Cuando el Señor salvó a su pueblo de uno de los ataques del ejército de Faraón, «cantó Moisés y los hijos de Israel este cántico al Señor [...]: Cantaré yo al Señor, porque se ha magnificado grandemente; ha echado en el mar al caballo y al jinete. El Señor es mi fortaleza y mi cántico, y ha sido mi salvación» (ÉXODO 15:1-2).

La música tiene el poder de elevar nuestro espíritu, al recordarnos la fidelidad de Dios en el pasado. Cuando estemos desanimados, podemos cantar coros e himnos que nos hagan quitar la vista de las circunstancias problemáticas, para contemplar el poder y la presencia del Señor. Se nos recuerda que Él es nuestra fortaleza, cántico y salvación.

DCM

- *Señor, ayúdanos a confiar en tu fidelidad inmutable.*

Los cantos de alabanza elevan nuestros ojos para ver la fidelidad de Dios.

Calmar la tormenta

Mientras el huracán Katrina se acercaba a la costa del Golfo de México, un pastor jubilado y su esposa dejaron su casa. Su hija les rogó que fueran con ella, lejos de allí, pero la pareja no tenía dinero para viajar porque los bancos estaban cerrados. Después de la tormenta, volvieron a buscar algunas pertenencias, y solo pudieron salvar unas fotos de la familia que flotaban en el agua. Cuando el hombre sacó la foto del marco para que se secara, cayeron varios billetes de dinero… el importe exacto para comprar dos pasajes hasta la casa de su hija. Allí aprendieron que podían confiar en que Jesús supliría sus necesidades.

LECTURA:
Marcos 4:35-41

[Jesús] dijo al mar: Calla, enmudece. […] y se hizo grande bonanza (v. 39).

Para los discípulos, confiar en Jesús en medio de la tormenta fue la lección del dramático relato de Marcos 4:35-41. El Señor les indicó que cruzaran el mar de Galilea, y se fue a dormir. Cuando se desencadenó aquella repentina y violenta tormenta, los discípulos tuvieron mucho miedo. Entonces, despertaron a Jesús: «Maestro, ¿no tienes cuidado que perecemos?» (v. 38). El Señor se levantó y, con dos palabras, aplacó la tormenta.

Todos atravesamos tormentas (persecuciones, problemas financieros, enfermedades, soledad), y Jesús a veces las permite, pero prometió no abandonarnos nunca (HEBREOS 13:5). Él nos mantendrá calmos en la tormenta.

MLW

- *Señor, calma las tormentas de mi vida.*

En las tormentas de la vida, podemos ver el carácter de nuestro Dios.

Identificados por su nombre

En julio de 1860, en el hospital St. Thomas, de Londres, se abrió la primera escuela de enfermería. En la actualidad, forma parte de King's College, donde a las alumnas se las llama Nightingales. Esa escuela, al igual que la enfermería moderna, fue fundada por Florence Nightingale, quien revolucionó esa profesión durante la Guerra de Crimea. Cuando las alumnas terminan su capacitación, hacen el «Juramento de Nightingale», el cual refleja el permanente impacto de Florence en la enfermería.

LECTURA:
Hechos 11:19-26

... a los discípulos se les llamó cristianos por primera vez en Antioquía (v. 26).

Muchas personas, al igual que ella, han producido un enorme impacto en nuestro mundo, pero nadie lo ha hecho como Jesús, cuyo nacimiento, muerte y resurrección han transformado vidas durante más de 2.000 años.

El nombre de Cristo marca a sus seguidores, como lo hizo en los primeros tiempos de la iglesia: «Después fue Bernabé a Tarso para buscar a Saulo; y hallándole, le trajo a Antioquía. Y se congregaron allí todo un año con la iglesia, y enseñaron a mucha gente; y a los discípulos se les llamó cristianos por primera vez en Antioquía» (HECHOS 11:25-26).

Los que llevamos el nombre de Cristo nos identificamos con Él porque su amor y gracia nos han transformado. Marcó una diferencia eterna en nuestra vida y anhelamos que a otros les suceda lo mismo.

WEC

● *Padre, que tu marca en mi vida haga que otros te conozcan.*

Los seguidores de Cristo, los cristianos, somos identificados por su nombre.

Estoy perplejo

El acertijo me dejó perplejo: ¿Qué es más grande que Dios y más malo que el diablo? Los pobres lo tienen. Los ricos lo necesitan. Y, si lo comes, mueres.

No supe la respuesta porque dejé que mi mente se distrajera de lo obvio: nada.

LECTURA:
Proverbios 30:1-4

Temo que [...] sean [...] extraviados de la sincera fidelidad a Cristo
(2 Corintios 11:3).

Este acertijo me recuerda otra prueba de ingenio que, seguramente, fue mucho más difícil de resolver cuando se formuló por primera vez. Un anciano sabio llamado Agur, preguntó: «¿Quién subió al cielo, y descendió? ¿Quién encerró los vientos en sus puños? ¿Quién ató las aguas en un paño? ¿Quién afirmó todos los términos de la tierra? ¿Cuál es su nombre, y el nombre de su hijo, si sabes?» (PROVERBIOS 30:4).

Hoy sabemos la respuesta a estas preguntas, pero, a veces, cuando estamos en medio de cuestionamientos, preocupaciones y necesidades, tal vez perdemos de vista lo obvio. Los detalles de la vida pueden distraernos fácilmente de Aquel que responde el acertijo más importante: ¿Quién es uno con Dios; más poderoso que el diablo; los pobres pueden tenerlo; los ricos lo necesitan; y, si tú comes y bebes de su mesa, nunca morirás? Jesucristo, el Señor.

MRD

● *Padre, en los detalles y distracciones de nuestra peregrinación espiritual, es fácil perderte de vista a ti y a tu Hijo. Que hoy te veamos de una manera renovada y vivificante.*

Enfocarse en Cristo ayuda a quitar la mirada de las circunstancias.

Caminos misteriosos

Cuando mi hijo empezó a asistir a las clases de chino, me maravillaron las notas que llevó a casa después de la primera sesión. Como mi lengua nativa es el inglés, me resultaba difícil entender que esos caracteres se relacionaran con palabras habladas. Parecía increíblemente complejo… casi incomprensible.

LECTURA:
Job 40:1-14

… mis caminos [son] más altos que vuestros caminos… (Isaías 55:9).

A veces, tengo la misma sensación de desconcierto cuando pienso en cómo actúa Dios. Sé que Él declaró: «Porque mis pensamientos no son vuestros pensamientos, ni vuestros caminos mis caminos» (ISAÍAS 55:8). Aun así, algo dentro de mí siente que debería ser capaz de entender por qué permite ciertas cosas. Después de todo, leo su Palabra con regularidad y su Espíritu Santo vive en mí.

Cuando me siento con derecho a entender sus caminos, trato de recuperar la humildad. Intento recordar que Job no recibió una explicación de su sufrimiento (JOB 1:5, 8). Luchaba por entender, pero Dios le preguntó: «¿Es sabiduría contender con el Omnipotente?» (JOB 40:2). Entonces, respondió: «He aquí que yo soy vil; ¿qué te responderé? Mi mano pongo sobre mi boca» (V. 4). El patriarca quedó sin palabras ante la grandeza de Dios.

Aunque los caminos del Señor parezcan a veces misteriosos e incomprensibles, podemos descansar confiados en que son más elevados que los nuestros.

JBS

Padre, aunque no entienda, ayúdame a confiar en ti.

Si sabes que la mano de Dios está en todo, puedes dejar todo en sus manos.

El don de las lágrimas

Cuando su madre murió, llamé a una amiga mía de años. Nuestras madres habían sido íntimas amigas, y ahora, las dos habían fallecido. Nuestra conversación se convirtió en una sucesión de emociones: lágrimas de tristeza por la muerte de su madre, y de risa, al recordar lo divertida que había sido.

LECTURA:
Juan 11:32-44

Jesús lloró
(v. 35).

Muchos hemos experimentado ese extraño paso de llorar en un momento y reírnos después. Los sentimientos de tristeza y gozo son un don asombroso que libera las tensiones de nuestro físico.

Como somos hechos a imagen de Dios (GÉNESIS 1:26), y el humor es una parte integral de casi todas las culturas, me imagino que Jesús debe de haber tenido un maravilloso sentido del humor. Pero sabemos que también conoció la tristeza. Cuando su amigo Lázaro murió, vio que María lloraba y «se estremeció en espíritu y se conmovió». Poco después, Él también empezó a llorar (JUAN 11:33-35).

Nuestra capacidad para expresar con lágrimas las emociones es un don, y Dios guarda un registro de todas ellas. El Salmo 56:8 afirma: «Mis huidas tú has contado; pon mis lágrimas en tu redoma; ¿no están ellas en tu libro?». Pero, un día, se nos promete que el Señor «enjugará toda lágrima» (APOCALIPSIS 7:17).

CHK

Señor, he reído, llorado... extrañado a los que ya se han ido. Que tu promesa de la resurrección me sostenga.

Nuestro amoroso Padre celestial, quien lavó nuestros pecados, también secará nuestras lágrimas.

El juego de la culpa

Me han culpado de muchas cosas, y tuvieron razón. Mi pecado, fracaso e incompetencia han causado tristeza, ansiedad e inconvenientes a amigos y familiares (y, probablemente, a desconocidos también). Asimismo, me han atribuido cosas que no eran culpa mía; cuestiones que yo no podía cambiar.

LECTURA:
Levítico 16:5-22

... He aquí el Cordero de Dios, que quita el pecado del mundo
(Juan 1:29).

Pero también he estado del otro lado de la cerca, culpando a otros. Me digo: *Si ellos hubieran actuado distinto, yo no estaría en este lío.* La culpa hiere. Por eso, seamos culpables o no, desperdiciamos mucho tiempo y energía mental tratando de encontrar a alguien que la asuma en nuestro lugar.

Jesús ofrece una manera mejor de tratar con la culpa. Aunque Él era impecable, cargó sobre sí el pecado del mundo (JUAN 1:29). Solemos referirnos al Señor como el cordero del sacrificio, pero Él fue también el chivo expiatorio final de todo lo malo del mundo (LEVÍTICO 16:10).

Cuando reconocemos nuestro pecado y aceptamos el ofrecimiento de Jesús de quitarlo, ya no tenemos que cargar con el peso de la culpa. Podemos dejar de buscar a alguien a quien culpar de nuestras malas acciones y de ser culpados por otros.Gracias a Jesús, podemos dejar de jugar al juego de echar la culpa. *JAL*

● *Señor, ayúdame a confesarte mi pecado en lugar de culpar a otros. Gracias por cargar con mi culpa.*

Admitir nuestro pecado produce el perdón.

LA BIBLIA en **UN AÑO:**
2 Crónicas 15–16; Juan 12:27-50

Luz en la oscuridad

Durante un viaje a Perú, visité una de las numerosas cuevas que se encuentran en ese montañoso país. Nuestro guía nos dijo que esa cueva en particular había sido explorada hasta una profundidad de casi 15 kilómetros, y que era más profunda. Vimos murciélagos increíbles, aves nocturnas e interesantes formaciones rocosas. Sin embargo, poco después, la oscuridad se tornó inquietante, casi sofocante. Sentí un gran alivio cuando volví a la superficie y a la luz del día.

LECTURA:
Juan 12:42-50

Yo, la luz, he venido al mundo, para que todo aquel que cree en mí no permanezca en tinieblas (v. 46).

Esa experiencia fue un recordatorio impactante de lo opresiva que puede ser la oscuridad y de cuánto necesitamos la luz. Vivimos en un mundo oscurecido por el pecado y que se ha vuelto en contra de su Creador. Por eso, necesitamos la verdadera Luz. Jesús, quien vino a restaurar toda la creación (incluida la humanidad) a su propósito original, se refirió a sí mismo como esa «luz» (JUAN 8:12); y agregó: «he venido al mundo, para que todo aquel que cree en mí no permanezca en tinieblas» (12:46).

En Él, no solo tenemos la luz de la salvación, sino al único que puede indicarnos el camino, su camino, en medio de la oscuridad espiritual de este mundo.

WEC

● *¿Cómo has visto desplegada la luz de Dios en nuestro mundo arruinado? ¿De qué maneras has testificado de su luz?*

Si caminamos en la luz, no tropezaremos en la oscuridad.

¿Te sientes insignificante?

Estamos entre las más de 7.000 millones de personas que coexisten en un diminuto planeta ubicado en una pequeña sección de un sistema solar relativamente insignificante. En realidad, nuestra Tierra es un minúsculo punto azul entre los millones de cuerpos celestes creados por Dios. En el gigante lienzo de nuestro universo, la majestuosa y extraordinaria Tierra parece una pequeñísima partícula de polvo.

LECTURA:
Salmo 139:7-16

Te alabaré; porque formidables, maravillosas son tus obras... (v. 14).

Esto podría hacernos sentir extremadamente insignificantes e intrascendentes. Sin embargo, la Biblia afirma exactamente lo opuesto. Nuestro gran Dios, quien «midió las aguas con el hueco de su mano» (ISAÍAS 40:12), ha distinguido a cada persona que habita este planeta como alguien de suma importancia, porque está hecha a su imagen.

Por ejemplo, creó todo para que lo disfrutemos (1 TIMOTEO 6:17). También tiene un propósito para todos los que han confiado en Cristo como Salvador (EFESIOS 2:10). Además, aunque este mundo es tremendamente vasto, Dios se ocupa de cada uno de nosotros en forma especial. El Salmo 139 afirma que el Señor sabe lo que vamos a decir y lo que pensamos. No podemos huir de su presencia; incluso, planeó nuestra existencia terrenal antes de que naciéramos.

¡No hay por qué sentirse insignificante cuando el Dios del universo se interesa en nosotros!

JDB

Señor, gracias por valorarme.

El Dios que creó el universo es el mismo Dios que te ama.

Algo nuevo

Eran solo trozos de madera, pero Charles Hooper vio mucho más que eso. Tras rescatar unos viejos tablones de un granero abandonado, esbozó unos planos sencillos. Después, taló robles y álamos de su propiedad y, con cuidado, los recortó. Pieza por pieza, empezó a encastrar la madera vieja con la nueva.

LECTURA:
Efesios 2:10-22

Porque somos hechura suya... (v. 10).

Actualmente, esa perfecta cabaña de madera, entre los árboles de las montañas de Tennessee, en Estados Unidos, se levanta como un tributo constante a la visión, talento y paciencia de aquel hombre.

Dirigiéndose a una audiencia gentil, Pablo relata cómo obró Jesús para crear algo nuevo al unir a los creyentes judíos y gentiles, y formar una nueva entidad: «Pero ahora en Cristo Jesús, vosotros que en otro tiempo estabais lejos, habéis sido hechos cercanos por la sangre de Cristo» (EFESIOS 2:13). Esta nueva estructura fue edificada «sobre el fundamento de los apóstoles y profetas, siendo la principal piedra del ángulo Jesucristo mismo, en quien todo el edificio, bien coordinado, va creciendo para ser un templo santo en el Señor» (vv. 20-21).

Aún hoy, Dios toma los trozos de nuestra vida, los encaja artísticamente con otras personas golpeadas y rescatadas, y suaviza con paciencia nuestras asperezas. ¿Sabes algo?... le encanta su obra.

TG

• *Señor, gracias por unirnos en Cristo.*

Nuestras asperezas deben limarse para obtener la imagen de Cristo.

Mi Padre está conmigo

Una amiga que luchaba contra la soledad, escribió en su muro de Facebook: «No es que me sienta sola por no tener amigos. Tengo muchos. Sé que cuento con personas que pueden sostenerme, animarme, hablar conmigo, interesarse en mis cosas y pensar en mí, pero no pueden estar conmigo todo el tiempo y para todo».

LECTURA:
Marcos 14:32-50

... me dejaréis solo; mas no estoy solo, porque el Padre está conmigo
(Juan 16:32).

Jesús entiende esa clase de soledad. Me imagino que, durante su ministerio terrenal, vio soledad en la mirada de los leprosos y la escuchó en la voz de los ciegos. Pero, sobre todo, es probable que la haya experimentado cuando sus amigos cercanos lo abandonaron (MARCOS 14:50).

No obstante, al predecir la deserción de sus discípulos, también confesó su inconmovible confianza en la presencia de su Padre con Él: «me dejaréis solo; mas no estoy solo, porque el Padre está conmigo» (JUAN 16:32). Poco después de que Jesús pronunciara estas palabras, tomó la cruz por nosotros e hizo posible que tú y yo restauráramos nuestra relación con Dios y fuéramos miembros de su familia.

En nuestra condición de seres humanos, todos experimentaremos momentos de soledad, pero Cristo nos ayuda a entender que nuestro Padre celestial está con nosotros siempre. Él es omnipresente y eterno; el único que puede acompañarnos todo el tiempo y para todo.

PFC

● *Padre, gracias porque prometiste estar conmigo siempre.*

Si conoces a Jesús, nunca andarás solo.

Lo que hacemos

Cuando murió Roger Ebert, ganador del premio Pulitzer como crítico de cine, un periodista escribió: «Con toda su fama, honores y celebridad, todas sus entrevistas exclusivas y encuentros con grandes actores, Ebert nunca olvidó la esencia de lo que hacemos: críticas de películas. Él las reseñaba con un celo contagioso y un intelecto inquisitivo» (*Dennis King, The Oklahoman*).

LECTURA:
Filipenses 3:7-17

... prosigo a la meta, al premio del supremo llamamiento de Dios... (v. 14).

El apóstol Pablo nunca olvidó la esencia de lo que Dios quería que fuera e hiciera. La convicción y el entusiasmo eran el núcleo de su relación con Cristo. Ya fuera que razonara con filósofos en Atenas, naufragara en el Mediterráneo o estuviera preso y encadenado a un soldado romano, se centraba en su llamado a «conocerle [a Cristo], y el poder de su resurrección, y la participación de sus padecimientos», y enseñar sobre Él (FILIPENSES 3:10).

A la iglesia en Filipos, le escribió: «yo mismo no pretendo haberlo ya alcanzado; pero una cosa hago: olvidando ciertamente lo que queda atrás, y extendiéndome a lo que está delante, prosigo a la meta, al premio del supremo llamamiento de Dios en Cristo Jesús» (3:13-14). En cualquier circunstancia, Pablo continuaba fiel a su llamado.

Que siempre recordemos la esencia de lo que fuimos llamados a ser y hacer como seguidores de Jesús.

DCM

Padre, dame un corazón dispuesto y manos abiertas.

El fervor de Pablo se centraba únicamente en su relación con Jesucristo.

¡Empieza aquí!

El 6 de junio de 1944, tres oficiales norteamericanos reunidos en una playa de Normandía, en Francia, se dieron cuenta de que la marea los había arrastrado al lugar equivocado y tomaron una decisión improvisada: «Empezaremos la batalla desde aquí». Tuvieron que avanzar desde un punto de partida complicado.

LECTURA:
Hechos 9:1-9

Señor, ¿qué quieres que yo haga? (v. 6).

Saulo se encontró en un lugar difícil y tuvo que tomar una decisión tras encontrarse con Jesús camino a Damasco (HECHOS 9:1-20). De pronto, se le reveló que su vida estaba en el lugar equivocado e iba en la dirección incorrecta. Tal vez sintió que todo había sido un desperdicio. Avanzar sería difícil y requeriría un gran esfuerzo; incluso, tendría que enfrentarse con familias cristianas a las que había destruido. Aun así, respondió: «Señor, ¿qué quieres que yo haga?» (v. 6).

A menudo, nos encontramos en lugares inesperados, que nunca planeamos y donde preferiríamos no estar: ahogados por las deudas, limitados por barreras físicas o sufriendo las consecuencias del pecado. Cualquiera que sea el lugar donde Cristo nos encuentre hoy, las Escrituras nos dicen que escuchemos el consejo de Pablo de olvidar lo que queda atrás y seguir avanzando hacia Cristo (FILIPENSES 3:13-14). El pasado no es un obstáculo para avanzar hacia Él.

RKK

- *Si el pasado te paraliza, hoy puedes empezar de nuevo con Cristo.*

Nunca es demasiado tarde para empezar de nuevo.

LA BIBLIA en **UN AÑO:**
2 Crónicas 28–29; Juan 17

Lo mejor

Durante una reunión en la iglesia, divisé a un bebé varios asientos más adelante. Mientras espiaba por encima del hombro de su padre, miraba maravillado y con los ojos bien abiertos a los miembros de la congregación. Les sonreía a algunos, babeaba y se chupaba los deditos regordetes, pero nunca encontraba su pulgar. Las palabras del pastor se alejaban cada vez más de mí mientras mis ojos seguían desviándose hacia aquel dulce bebé.

LECTURA:
Lucas 10:38-42

... María [...], sentándose a los pies de Jesús, oía su palabra (v. 39).

Las distracciones vienen en todas formas y tamaños. Para Marta, se presentaba como cocinar y limpiar; tratando de servir a Cristo en vez de escucharlo y hablar con Él. María rehusó distraerse: «sentándose a los pies de Jesús, oía su palabra» (LUCAS 10:39). Cuando Marta se quejó porque María no la ayudaba, Jesús afirmó: «María ha escogido la buena parte, la cual no le será quitada» (v. 42).

Las palabras de Jesús nos recuerdan que nuestra relación con Él es más importante que cualquier cosa buena que pueda captar temporariamente nuestra atención. Se ha dicho que las cosas *buenas* son enemigas de las *mejores*. Para los seguidores de Cristo, lo mejor en esta vida es conocer al Señor y caminar con Él.

JBS

¿Qué distrajo a Marta? ¿Quería que la consideraran una buena anfitriona? ¿Estaba celosa de su hermana? ¿Qué te impide priorizar a Cristo en tu vida?

A medida que conocemos al Señor, aprendemos a amarlo por encima de todo lo demás.

En el monte Calvario

A **menudo,** me encuentro pensando en los años cuando mis hijos eran pequeños. Algo que recuerdo con mucho cariño es nuestra rutina matinal para despertarlos. Todas las mañanas, entraba en sus cuartos y, con ternura, los llamaba por su nombre y les decía que era hora de levantarse y prepararse para las actividades del día.

LECTURA:
Génesis 22:1-12

Toma ahora tu hijo, tu único, Isaac, a quien amas... (v. 2).

Cuando leo que Abraham se levantó de madrugada para obedecer el mandato de Dios, pienso en aquellos momentos cuando despertaba a mis hijos y me pregunto si parte de la rutina de aquel patriarca era ir a la cama de Isaac para despertarlo... y qué diferente debe de haber sido aquella mañana en particular. ¡Cuán desgarrador habrá sido despertar a su hijo aquella madrugada!

Abraham ató a su hijo y lo colocó sobre el altar, pero, después, Dios proveyó un sacrificio sustituto. Cientos de años más tarde, el Padre celestial también proveería otro sacrificio, el definitivo: su propio Hijo. ¡Piensa en lo agonizante que debe de haber sido para Dios sacrificar a su único Hijo, al cual amaba tanto! Sin embargo, soportó todo eso porque también te ama a ti. Si dudas de que Dios te ame, no dudes más.

JMS

● *Señor, me asombra que me amaras tanto como para sacrificar a tu Hijo por mí. Enséñame a vivir agradecido a ti por haberme rodeado de tu amor inalterable.*

Dios ya ha demostrado que te ama.

Corrientes engañosas

En su libro *The Hidden Brain* [El cerebro escondido], el escritor Shankar Vedantam describe un día cuando fue a nadar. El agua estaba calma, y se sentía fuerte y orgulloso de haber recorrido tan fácilmente una gran distancia. Pero, cuando trató de volver, no podía. La corriente lo había engañado: su fácil desplazamiento no se debió a su fuerza, sino al movimiento del agua.

LECTURA:
Deut. 8:11-20

... se ensoberbeció su corazón; por esta causa se olvidaron de mí
(Oseas 13:6).

En nuestra relación con Dios puede suceder algo similar. «Seguir la corriente» puede hacer que nos creamos más fuertes de lo que somos. Cuando la vida es fácil, nuestra mente nos dice que se debe a nuestra fuerza, y nos volvemos orgullosos y autosuficientes. Sin embargo, cuando surge algún problema, nos damos cuenta de lo débiles e inútiles que somos.

Esto les sucedió a los israelitas. Dios los bendijo dándoles éxitos militares, paz y prosperidad, pero, como pensaron que lo habían logrado por mérito propio, se volvieron soberbios y autosuficientes (DEUTERONOMIO 8:11-12). Entonces, seguían desobedeciendo, hasta que un enemigo los atacaba y se daban cuenta de lo débiles que eran.

Cuando nos va bien, no debemos engañarnos. El orgullo nos llevará donde no queremos ir. Solo la humildad nos mantendrá con la actitud correcta: agradecidos a Dios y dependiendo de su poder.

JAL

Señor, que dependamos de tu poder para ayudar a los demás.

La humildad verdadera atribuye a Dios todos los logros.

Lo menos pensado

Fanny Kemble fue una actriz británica que se mudó a los Estados Unidos a principios del siglo XIX y se casó con el dueño de una plantación en el sur del país, llamado Pierce Butler. Disfrutó la vida que le brindaba la riqueza de la plantación, hasta que vio el costo de esos lujos; un costo que pagaban los esclavos que trabajaban en la propiedad de su esposo.

LECTURA:
1 Corintios 1:25-31

... lo débil del mundo escogió Dios, para avergonzar a lo fuerte (v. 27).

Con el tiempo, se divorció de él y escribió el libro *Diario de una residencia en una plantación de Georgia en 1838-1839*, donde describía el trato cruel que experimentaban los esclavos. Por su oposición a la esclavitud, la ex esposa de un dueño de esclavos llegó a ser conocida como «la abolicionista menos pensada».

En el cuerpo de Cristo, Dios suele sorprendernos de manera maravillosa. Habitualmente, usa lo menos pensado (personas y circunstancias) para concretar sus propósitos. Pablo escribió: «lo necio del mundo escogió Dios, para avergonzar a los sabios; y lo débil del mundo escogió Dios, para avergonzar a lo fuerte; y lo vil del mundo y lo menospreciado escogió Dios» (1 CORINTIOS 1:27-28).

Esto nos recuerda que el Señor, en su gracia, puede usar a cualquiera. Si permitimos que obre en nuestra vida, ¡podría sorprendernos lo que puede hacer a través de nosotros! *WEC*

- *¿Cómo dejarás que Dios te utilice hoy?*

Dios desea encontrar corazones dispuestos y listos para ser utilizados.

LA BIBLIA en UN AÑO:
Esdras 1–2; Juan 19:23-42

Fortaleza en la tranquilidad

Poco después de aceptar a Cristo como mi Salvador, el compromiso que demandaba esta decisión me hacía dudar de si podría pasar un año sin volver a mis antiguos hábitos de pecado. Sin embargo, este versículo de las Escrituras me ayudó: «El Señor peleará por vosotros, y vosotros estaréis tranquilos» (ÉXODO 14:14). Moisés pronunció estas palabras ante los desanimados y temerosos israelitas cuando acababan de huir de la esclavitud en Egipto y Faraón los perseguía.

LECTURA:
Éxodo 14:10-14

... en confianza será vuestra fortaleza...
(Isaías 30:15).

De joven, con mi mundo rodeado de tentaciones, este llamado a «estar tranquilo» me animó. Ahora, 37 años después, permanecer tranquilo y calmado mientras confío en el Señor en medio de situaciones estresantes ha sido el deseo constante para mi vida cristiana.

«Estad quietos, y conoced que yo soy Dios», declaró el salmista (SALMO 46:10). Cuando nos tranquilizamos, conocemos más al Señor, el cual «es nuestro amparo y fortaleza, nuestro pronto auxilio en las tribulaciones» (v. 1). Reconocemos que, sin Dios, somos débiles y que debemos someternos a Él. «Cuando soy débil, entonces soy fuerte», afirmó el apóstol Pablo (2 CORINTIOS 12:10).

Cada día, enfrentamos situaciones tensas y frustrantes, pero podemos confiar en que el Señor cumplirá su promesa de cuidarnos. Aprendamos a estar tranquilos.

LD

Padre, tú eres mi Dios. Tranquilízame con tu amor.

El Señor puede calmar tus tormentas; pero, más a menudo, te calma a ti.

No te desanimes

Cocinar puede convertirse en una tarea tediosa cuando lo hago tres veces por día y semana tras semana. Me canso de pelar, cortar, trozar, mezclar y esperar que la comida se hornee, se ase o hierva. No obstante, ¡comer nunca es tedioso! En realidad, es algo que disfrutamos, aunque lo hagamos día tras día.

LECTURA:
Gálatas 6:1-10

... a su tiempo segaremos, si no desmayamos...
(v. 9).

Pablo usó la ilustración de sembrar y cosechar porque sabía que esa actividad podía ser agotadora (GÁLATAS 6:7-10). Escribió: «No nos cansemos, pues, de hacer bien; porque a su tiempo segaremos, si no desmayamos» (v. 9). Es difícil amar a nuestros enemigos, disciplinar a nuestros hijos u orar sin cesar. Sin embargo, ¡cosechar lo bueno que hemos sembrado no es tedioso! Qué gozo nos da cuando vemos que el amor triunfa sobre el conflicto, que los hijos siguen los caminos del Señor o que las oraciones son respondidas.

Aunque el proceso de cocinar puede llevar horas, mi familia suele terminar de comer en 20 minutos o menos. No obstante, la cosecha de la que habla Pablo será eterna. En tanto tengamos oportunidad, hagamos lo bueno y esperemos las bendiciones de Dios a su tiempo. No te desanimes mientras obedeces al Señor. Recuerda que el gozo está garantizado para aun después de que dejes este mundo.

KO

● *Señor, ayúdame a no cansarme de hacer siempre el bien. Gracias por el gozo eterno.*

Continúa la carrera con la eternidad en vista.

LA BIBLIA en UN AÑO:
Esdras 6–8; Juan 21

¿Qué te importa?

Los medios de comunicación social son útiles para muchas cosas, pero la satisfacción no es una de ellas. Al menos, no para mí. Aun cuando mis objetivos son buenos, puedo desanimarme si me entero de que otros están lográndolos primero o con mejores resultados. Soy propensa a esta clase de desánimo; por eso, pienso con frecuencia que Dios no me ha defraudado, sino que me ha dado todo lo que necesito para concretar lo que Él desea que haga.

LECTURA:
Juan 21:15-22

Jesús le dijo: [...] ¿qué a ti? Sígueme tú (v. 22).

Esto significa que no necesito un presupuesto mayor ni un éxito asegurado. Tampoco preciso mejorar las condiciones laborales ni cambiar de trabajo. No me hace falta la aprobación ni el permiso de nadie. Ni siquiera es imprescindible tener buena salud o más tiempo. Tal vez Dios quiera darme algunas de esas cosas, pero lo que necesito ya lo tengo, porque, cuando Él asigna una tarea, también provee los recursos. Lo único que debo hacer es bendecir a otros y glorificar al Señor.

Jesús, después de preparar el desayuno, conversó con Pedro sobre este tema y le dijo cómo terminaría su vida. Señalando a otro discípulo, Pedro preguntó: «¿Y él?». El Señor respondió: «¿Qué te importa?».

Lo mismo debo preguntarme cuando me comparo con otros. Mi responsabilidad es seguir fielmente al Señor.

JAL

● *¿Cómo aprendo a no compararme con los demás? ¿Cómo me ha bendecido Dios?*

El resentimiento surge de mirar a los demás; el contentamiento nace de mirar a Dios.

Nunca dejes de aprender

Silvia es una lectora voraz. Mientras otros miran televisión o juegan a los videojuegos, ella está absorta en las páginas de un libro.

Mucho de ese celo se remonta a sus primeros años de vida. Su familia solía visitar a unos tíos que tenían una librería. Allí, Silvia se sentaba en la falda de su tío Eduardo mientras Él le leía y la iniciaba en las maravillas y los deleites de la lectura.

LECTURA:
2 Timoteo 3:10-17

Pero persiste tú en lo que has aprendido [...] desde la niñez... (vv. 14-15).

Hace cientos de siglos, un joven llamado Timoteo daba sus primeros pasos mientras lo guiaban en el sendero del aprendizaje. En la última carta de Pablo, el apóstol reconoce que la abuela y la madre de Timoteo fueron las que originariamente le enseñaron de la Biblia (2 TIMOTEO 1:5). Después, exhorta al joven a seguir en el camino cristiano porque «desde la niñez [había] sabido las Sagradas Escrituras» (3:14-15).

Para el creyente en Cristo, aprender sobre la vida espiritual nunca debe dejar de deleitarlo ni de ayudarlo a que crezca. Leer y estudiar puede ser una gran parte de esto, pero también necesitamos que otros nos animen y enseñen.

¿Quién te ha ayudado a crecer en la fe? ¿A quién puedes ayudar? De este modo, apreciarás más al Señor y fortalecerás tu relación con Él.

HDF

Señor, danos el deseo de aprender, para que podamos acercarnos más a ti cada día. Gracias por aquellos que nos instaron a aprender de ti.

El propósito de leer la Biblia no es informar, sino transformar.

¡Levanta la vista!

LECTURA:
Salmo 121:1-8

Mi socorro viene del Señor, que hizo los cielos y la tierra (v. 2).

Un parque cerca de casa tiene un sendero por donde me gusta caminar. Hay un lugar desde donde puede avistarse el Jardín de los Dioses, con formaciones rocosas de color rojizo por delante del monte Pikes Peak, de unos 4.300 metros de altura. Sin embargo, de vez en cuando, paso de largo, sumido en algún problema y mirando hacia abajo. Si no hay nadie cerca, a veces me detengo y digo en voz alta: «¡David, levanta la vista!».

El pueblo de Israel solía entonar los «cánticos graduales» (SALMOS 120–134) mientras subía el camino que llevaba a Jerusalén, para asistir a las tres fiestas anuales de los peregrinos. El Salmo 121 comienza diciendo: «Alzaré mis ojos a los montes; ¿de dónde vendrá mi socorro?» (v. 1), a lo cual le sigue la respuesta: «Mi socorro viene del Señor, que hizo los cielos y la tierra» (v. 2). El Creador no es un ser lejano, sino un compañero permanente y siempre atento a nuestras circunstancias (vv. 3-7), quien nos guía y protege en nuestro viaje por la vida «desde ahora y para siempre» (v. 8).

¡Cuánto necesitamos mantener la mirada fija en Dios, nuestra fuente de ayuda, en el sendero de la vida! Y, al estar abrumados y desanimados, decir: «¡Levanta la vista!». *DCM*

Levanto mis ojos a ti, Padre, para que me ayudes. Gracias por caminar conmigo.

Mantén la mirada en Dios... tu fuente de ayuda.

Nuestra ancla

Cuando Estella Pyfrom se retiró de la docencia, compró un autobús, lo equipó con computadoras y escritorios, y ahora conduce el «Autobús brillante» por el condado de Palm Beach, en Florida, Estados Unidos, brindándoles un lugar para hacer sus tareas y aprender tecnología a niños en situación de riesgo. De este modo, está ofreciendo seguridad y esperanza a quienes podrían verse tentados a dejar de lado su sueño de un mañana mejor.

LECTURA:
Hebreos 6:13-20

... la esperanza [...] como segura y firme ancla del alma (vv. 18-19).

En el siglo I, una avalancha de sufrimiento y desánimo amenazaba a la comunidad cristiana. El autor de Hebreos les escribió a estos seguidores de Cristo para que no abandonaran la confianza en su esperanza futura (2:1). Esa esperanza (la fe en Dios para la salvación y la entrada en el cielo) se encontraba en la persona y el sacrificio de Cristo. Cuando Él entró en el cielo, después de resucitar, confirmó esa esperanza (6:19-20). Como un ancla que se arroja al mar para evitar que el barco ande a la deriva, la muerte, resurrección y retorno de Cristo al cielo brindaban seguridad y estabilidad a los creyentes. Esta esperanza para el futuro no puede perderse ni se perderá nunca.

Jesús ancla nuestra alma para que no vaya a la deriva ni se aleje de la esperanza en Dios.

MLW

Señor, que en medio de los problemas e incertidumbres, siga confiando en tu amor inalterable.

Nuestra esperanza está anclada en Jesús.

Palabras sabias

¿**Cuál es el músculo** más fuerte del cuerpo humano? Algunos dicen que es la lengua, pero es difícil determinar cuál tiene más fuerza, ya que no trabajan separados.

De todos modos, sabemos que la lengua es poderosa. Aunque es un músculo pequeño, puede hacer mucho daño. Este activo órgano que nos ayuda a comer, tragar, saborear, y que inicia la digestión, tiende también a ayudarnos a decir lo que no deberíamos. La lengua es culpable de lisonjear, maldecir, mentir, jactarse y lastimar a otros. Y la lista podría continuar.

LECTURA:
Pr. 10:18-21; 12:17-19

... la lengua de los sabios es medicina (v. 18).

Pareciera ser un músculo bastante peligroso, ¿no? Pero aquí está lo bueno: no tiene por qué ser así. Cuando el Espíritu Santo nos controla, nuestra lengua puede convertirse en algo muy bueno. Podemos hablar de la justicia de Dios (SALMO 35:28; 37:30), decir la verdad (15:2), mostrar amor (1 JUAN 3:18) y confesar el pecado (1 JUAN 1:9).

El escritor de Proverbios 12:18 revela uno de los mejores usos de la lengua: «... la lengua de los sabios es medicina». Imagina cuánto podríamos glorificar a Aquel que hizo nuestra lengua si la usáramos para sanar (no para dañar) a todos aquellos con quienes hablamos.

JDB

Señor, por favor, cuida cada palabra que decimos, para que reflejemos tu amor. Controla nuestra lengua para que nuestras palabras sanen en lugar de lastimar.

... animaos unos a otros, y edificaos unos a otros...

—1 TESALONICENSES 5:11

Un Padre amoroso

Era evidente que los padres estaban cansados de llevar a sus dos hiperactivos hijitos a través de aeropuertos y aviones. Y, ahora, el último vuelo estaba demorado… Mientras observaba a los muchachitos que corrían por el área de embarque llena de gente, me preguntaba cómo iban a hacer papá y mamá para mantenerlos quietos durante el vuelo de media hora hasta nuestro destino. Cuando embarcamos, noté que el padre y uno de los hijos estaban sentados detrás de mí. Después, escuché que el padre, agotado, le decía al niño: «¿No quieres que te lea uno de los libros de cuentos?». Entonces, durante todo el viaje, este papá amoroso le leyó con dulzura y paciencia a su hijo, y, así, lo mantuvo tranquilo y concentrado.

LECTURA:
Salmo 103:7-13

Como el padre se compadece de los hijos, se compadece el Señor… (v. 13).

En uno de sus salmos, David declara: «Como el padre se compadece de los hijos, *se compadece* el Señor de los que le temen» (SALMO 103:13). El verbo se compadece habla de mostrar amor y compasión. Esta expresión nos brinda un cuadro de la profundidad con que nuestro Padre celestial ama a sus hijos y nos recuerda el maravilloso regalo que significa poder mirar a Dios y exclamar: «Abba, Padre» (ROMANOS 8:15).

Cuando estés inquieto en medio de las circunstancias de la vida, el Señor anhela volver a alentarte con la historia de su amor por ti.

WEC

Señor, me regocijo hoy en tu presencia y amor inalterable.

El gran amor de Dios hacia sus hijos es uno de sus mayores regalos.

Miren las franjas

El escritor Chaim Potok comenzó su novela *Los elegidos* describiendo un juego de béisbol entre dos equipos judíos en Nueva York. Reuven Malter, el protagonista, nota que el uniforme de los jugadores del otro equipo tiene un accesorio singular: cuatro franjas largas que sobresalen por debajo de la camiseta. Reuven reconoce que son una señal de obediencia estricta a las leyes de Dios en el Antiguo Testamento.

LECTURA:
Números 15:37-41

... cuando lo veáis os acordéis de todos los mandamientos del Señor... (v. 39).

La historia de esas franjas, conocidas como *tzitzit*, empezó con un mensaje de parte de Dios. A través de Moisés, el Señor le dijo a su pueblo que hiciera unas franjas con hebras de hilo azul y que las cosieran a los extremos de la parte superior de la vestimenta (NÚMEROS 15:38), y explicó: «para que cuando lo veáis os acordéis de todos los mandamientos del Señor, para ponerlos por obra» (v. 39).

El «ayuda memoria» de Dios para los antiguos israelitas tiene hoy un paralelo: podemos mirar a Cristo, quien de manera permanente cumplió la ley en nuestro lugar y obedeció a su Padre (JUAN 8:29). Después de haber aceptado su obra a nuestro favor, nos vestimos «del Señor Jesucristo, y no [proveemos] para los deseos de la carne» (ROMANOS 13:14). Mantener los ojos puestos en el Hijo de Dios nos ayuda a honrar a nuestro Padre celestial.

JBS

● *Señor Jesús, gracias por ser mi modelo espiritual.*

Si Cristo es el centro de tu vida, siempre te enfocarás en Él.

La oveja que falta

Laura cargó una cabra y una oveja prestadas en un camión para llevarlas a la iglesia al ensayo de una obra en vivo de Navidad. Los animales se pelearon y se acosaron por un rato, y, después, se calmaron. Laura partió para la iglesia, pero tuvo que detenerse a cargar combustible.

LECTURA:
Lucas 15:1-10

... Pueblo suyo somos, y ovejas de su prado (Salmo 100:3).

Mientras estaba allí, ¡vio que la cabra estaba parada en el área de estacionamiento... y que la oveja había desaparecido! En medio del lío para subirlas, había olvidado trabar una de las cerraduras. Llamó a la policía y a algunos amigos, los cuales buscaron desesperadamente por todas partes hasta que oscureció. Muchos oraban para que encontrara los animales prestados.

Al día siguiente, salieron a poner carteles que decían: «Se perdió una oveja». Fueron a la gasolinera y, allí, un cliente que escuchó lo que hablaban dijo: «¡Me parece que sé dónde está!». Un vecino suyo la había visto en su granja y la metió en el corral, para que pasara la noche.

Al Señor le interesan las ovejas perdidas, incluidos tú y yo. Jesús vino del cielo a la Tierra para mostrarnos su amor y salvarnos (JUAN 3:16), y no escatima esfuerzos para encontrarnos (LUCAS 19:10).

Cuando Laura encontró la oveja, la llamó Milagros. Para nosotros, la salvación en Dios es un milagro de su gracia. *AMC*

Padre, gracias por tu interés en nosotros y por el milagro de tu gracia.

... el buen pastor su vida da por las ovejas. —JUAN 10:11

Fracasar no es la muerte

El Primer Ministro Winston Churchill sabía cómo levantar el ánimo del pueblo británico durante la Segunda Guerra Mundial. El 18 de junio de 1940, le dijo a una multitud atemorizada: «Hitler sabe que tendrá que destruirnos [...] o perder la guerra [...]. Por lo tanto, apuntalémonos [...] y sostengámonos de tal manera que, si el Imperio Británico [perdura] por mil años, los hombres sigan diciendo: "¡Esa fue su hora de gloria!"».

LECTURA:
Juan 18:15-27

... tú eres el Cristo, el Hijo del Dios viviente (Juan 6:69).

A todos nos gustaría que nos recordaran por nuestra hora de gloria. Tal vez, la de Pedro fue cuando proclamó: «tú eres el Cristo, el Hijo del Dios viviente» (JUAN 6:69). Sin embargo, en ocasiones, permitimos que nuestros fracasos sean lo que nos define. Después de que Pedro dijo varias veces que no conocía a Jesús, salió y lloró amargamente (MATEO 26:75; JUAN 18).

Como Pedro, todos fallamos: en nuestras relaciones interpersonales, en nuestra lucha contra el pecado y en nuestra fidelidad a Dios. Pero «fracasar no es la muerte», como señaló también Churchill. Felizmente, esto se aplica a nuestra vida espiritual. Jesús le perdonó su fracaso al arrepentido Pedro (JUAN 21) y lo utilizó para predicar y guiar a muchos al Salvador.

Fracasar no es la muerte. Con amor, Dios restaura a los que vuelven a Él.

CHK

Padre, gracias por tu perdón por medio de la sangre derramada de Cristo.

Cuando Dios perdona, quita el pecado y restaura el alma.

El desafío de la transición

Tras la lesión que terminó con su carrera, el deportista profesional Chris Sanders le dijo a un grupo de militares retirados que él entendía las presiones que generaban las transiciones.

La pérdida del trabajo, una ruptura matrimonial, una enfermedad grave o un revés financiero; todo cambio importante implica un desafío. Aquel atleta también explicó que la clave para triunfar en esas transiciones es buscar ayuda.

LECTURA:
Josué 1:6-11

... esfuérzate y sé muy valiente... (v. 7).

Es recomendable leer el libro de Josué cuando atravesamos transiciones. Después de 40 años de peregrinación y complicaciones, el pueblo de Dios estaba listo para entrar en la tierra prometida. Moisés había muerto, y su colaborador Josué estaba entonces a cargo.

Dios le dijo: «esfuérzate y sé muy valiente, para cuidar de hacer conforme a toda la ley que mi siervo Moisés te mandó; no te apartes de ella ni a diestra ni a siniestra, para que seas prosperado en todas las cosas que emprendas» (JOSUÉ 1:7). Estas instrucciones debían ser el fundamento para las decisiones de Josué en cada situación.

La indicación y la promesa del Señor para Josué también se aplican a nosotros: «te mando que te esfuerces y seas valiente; no temas ni desmayes, porque el Señor tu Dios estará contigo» (v. 9).

Él está con nosotros en todas las transiciones.

DCM

● *Padre, ayúdame a confiar en el plan que tienes para mí.*

Dios permanece fiel ante todo cambio.

LA BIBLIA en UN AÑO:
Ester 9–10; Hechos 7:1-21

De compras con Liam

A **mi hijo Liam le encanta** recoger florcitas amarillas silvestres para regalarle a su mamá, y ella no se cansa de recibirlas. Lo que para un hombre es una maleza, para un niño es una flor. Un día, fui de compras con él. Mientras pasábamos rápidamente por delante de un lugar con flores, señaló con entusiasmo hacia un adorno con tulipanes amarillos, y exclamó: «Papá, ¡deberías comprarle esas florcitas amarillas a mamá!». Su consejo me hizo reír. También se convirtió en una hermosa foto en la página de Facebook de su madre. (A propósito... compré los tulipanes).

LECTURA:
Génesis 3:14-19

... ésta te herirá en la cabeza, y tú le herirás en el calcañar (v. 15).

Algunos consideran que la maleza simboliza el pecado de Adán. Al comer el fruto prohibido, Adán y Eva quedaron bajo la maldición de un mundo caído (GÉNESIS 3:16-19).

Pero la mirada infantil de Liam me trajo a la mente otra cosa: aun en la maleza hay algo bello. La angustia del alumbramiento también implica esperanza. La muerte será finalmente derrotada. La «simiente» de la que Dios habló en Génesis 3:15 batallaría contra la de la serpiente. Esa simiente es Jesús, quien nos rescató de la maldición de la muerte (GÁLATAS 3:16).

Quizá el mundo esté arruinado, pero hay maravillas a la vuelta de cada esquina. Aun las malezas nos recuerdan la promesa de la redención y a un Creador que nos ama.

TG

Padre, ayúdanos a verte en cada circunstancia.

La creación nos recuerda la promesa de la redención.

Caminar sobre el agua

Cuando estaba aprendiendo a navegar, tenía que caminar por una plataforma flotante bastante inestable para llegar hasta los botes en los que nos enseñaban. Detestaba hacerlo. Mi equilibrio no es muy bueno, y tenía terror de caer al agua mientras intentaba subir al bote. Estuve a punto de abandonar, pero el instructor me dijo: «Mírame fijo. Yo estoy acá. Si resbalas, yo te sostendré». Hice lo que me dijo y, ahora, ¡soy la orgullosa poseedora de un certificado de navegación básica!

LECTURA:
Mateo 14:22-33

¡Tened ánimo; yo soy, no temáis!

(v. 27).

¿Evitas a toda costa los riesgos? Muchos rehusamos dejar nuestras costumbres por temor a fracasar, lastimarnos o hacer el ridículo. Pero, si permitimos que el miedo nos enceguezca, terminaremos paralizados.

La historia de la caminata de Pedro sobre el agua y la razón de su aparente fracaso es una de las preferidas de los predicadores (MATEO 14:22-33), pero me parece que nunca escuché a ninguno que hablara de la actitud del resto de los discípulos. Para mí, Pedro tuvo éxito: sintió miedo, pero, aun así, respondió al llamado de Jesús. Tal vez los que fracasaron fueron aquellos que nunca lo intentaron.

Jesucristo arriesgó todo por nosotros. ¿Qué estamos dispuestos a arriesgar por Él?

MS

● *Señor, gracias por extender tu mano y decir: «Ven». Ayúdame a salir del bote, porque no hay peligro en caminar sobre el agua contigo.*

«La vida es un aventura arriesgada o no es nada».

—HELEN KELLER

Vale la pena

A **finales del siglo IV,** los seguidores de Cristo ya no entretenían a los ciudadanos romanos siendo comida para los leones. Sin embargo, los juegos de la muerte continuaron hasta que un hombre saltó de entre la multitud para intentar detener a dos gladiadores que estaban matándose.

LECTURA:
1 Corintios 15:30-38

... lo que tú siembras no se vivifica, si no muere antes (v. 36).

Telémaco, un monje del desierto, había ido de vacaciones a Roma, y le resultó intolerable ver lo sangriento de ese entretenimiento popular. Según el historiador Teodoret, Telémaco clamó para que terminaran con esa violencia, pero la multitud lo apedreó. El emperador Honorio se enteró de ese acto valiente y ordenó que se pusiera fin a los juegos.

Algunos tal vez cuestionen a Telémaco: ¿no había otro modo de protestar contra ese deporte tan sangriento? Pablo se preguntó algo similar: «¿Y por qué nosotros peligramos a toda hora?» (1 CORINTIOS 15:30). En 2 Corintios 11:22-33, enumeró algunas dificultades que enfrentó por amar a Cristo, muchas de las cuales podrían haber terminado con su vida. ¿Valía la pena todo eso?

Para Pablo, el asunto era claro: cambiar lo que pronto terminará por un honor que durará para siempre es una buena inversión. En la resurrección, lo vivido para Cristo y los demás es la semilla para una eternidad que nunca lamentaremos. *MRD*

● *Padre, que la conveniencia y la comodidad no anulen los valores eternos.*

Ahora es el momento de invertir en la eternidad.

Misterios ocultos

LECTURA:
2 Reyes 6:15-23

... No tengas miedo, porque más son los que están con nosotros... (v. 16).

Nunca vemos la mayoría de las cosas que ocurren en el universo, ya que son demasiado pequeñas, se mueven demasiado rápido o, incluso, lo hacen demasiado lento. No obstante, con el uso de la tecnología moderna, el cineasta Louis Schwartzberg puede mostrarnos imágenes asombrosas de algunas de esas cosas: la boca de una oruga, el ojo de una mosca, el crecimiento de un hongo.

Nuestra limitación para ver los detalles asombrosos e intrincados del mundo físico nos recuerda que nuestra capacidad para ver y entender lo que sucede en la esfera espiritual también es limitada. Dios obra a nuestro alrededor haciendo cosas más maravillosas de lo que podemos imaginar, y que somos incapaces de ver. Sin embargo, el profeta Eliseo sí llegó a ver la obra sobrenatural del Señor. Incluso, abrió también los ojos de su temeroso colega, para que pudiera ver al ejército celestial peleando a favor de ellos (2 REYES 6:17).

El temor nos hace sentir débiles e indefensos y pensar que estamos solos en el mundo, pero Dios nos aseguró que su Espíritu que mora en nosotros es mayor que cualquier poder terrenal (1 JUAN 4:4).

Cuando el mal que podemos ver nos desanime, debemos pensar en la buena obra que el Señor está haciendo y que no percibimos.

JAL

● *Señor, ayúdame a descansar en tu control soberano y amor inalterable.*

Los ojos de la fe ven a Dios obrando en todo.

La historia completa

Hace poco, mi nieto de cinco años preguntó: «¿Por qué Jesús murió en la cruz?». Entonces, tuvimos una pequeña charla y le expliqué sobre el pecado y la disposición de Jesús de morir por nosotros. Después, se fue a jugar.

Al rato, oí que le explicaba a su prima, también de cinco años, por qué había muerto Jesús. Ella le dijo: «Pero Jesús no está muerto». Mi nieto respondió: «Sí, está muerto. Mi abuelo me dijo que murió en la cruz».

LECTURA:
Hechos 8:26-37

Felipe, abriendo su boca, [...] le anunció el evangelio de Jesús (v. 35).

Me di cuenta de que yo no había completado la historia; entonces, tuvimos otra charla y le aclaré que Jesús había resucitado de los muertos. Volvimos a repasar la historia, hasta que entendió que, aunque murió por nosotros, Jesús hoy está vivo.

¡Qué gran recordatorio de que la gente necesita oír todo el evangelio! Cuando un etíope le preguntó a Felipe sobre un pasaje de las Escrituras que no entendía, este «abriendo su boca, y comenzando desde esta escritura, le anunció el evangelio de Jesús» (HECHOS 8:35).

Cuéntales a otros la buena noticia completa de Jesucristo: que todos somos pecadores y necesitamos ser salvos; que el perfecto Hijo de Dios murió para salvarnos; y que resucitó de la tumba, demostrando su poder sobre la muerte. Jesús, nuestro Salvador, está vivo y desea vivir ahora a través de nosotros. *JDB*

• *Señor, ayúdanos a contar tu historia completa.*

Le dijo Jesús: Yo soy la resurrección y la vida; el que cree en mí, aunque esté muerto, vivirá. —JUAN 11:25

Una voz en la noche

El Salmo 134 tiene solo tres versículos, pero es una prueba de que lo bueno puede venir en envase pequeño. Los dos primeros versículos son una advertencia a los sacerdotes que servían en la casa de Dios noche tras noche. El edificio estaba oscuro y vacío; no sucedía nada trascendente… o así parecía. De todos modos, se instaba a aquellos siervos, diciéndoles: «Alzad vuestras manos al santuario, y bendecid al Señor» (v. 2). El tercer versículo es la voz de la congregación que clama en la oscuridad y soledad nocturnas: «¡Que te bendiga desde Sión el Señor, creador del cielo y de la tierra!» (RVC).

LECTURA:
Salmo 134

Alzad vuestras manos al santuario, y bendecid al Señor
(v. 2).

Pienso en otros siervos del Señor hoy: pastores y sus familias que sirven en iglesias reducidas en lugares pequeños. A menudo, se desaniman, se sienten tentados a abandonar, dan lo mejor de sí y trabajan sin reconocimiento ni recompensas. Se preguntan si a alguien le importa lo que hacen; si piensan en ellos, oran o los consideran parte de sus vidas.

Yo les diría a ellos y a todos los que se sienten solos e insignificantes: «aunque tu lugar sea pequeño, es santo». El Dios que hizo y mueve el cielo y la Tierra está obrando en y a través de ti. Alza tus manos y alábalo.

DHR

● *Señor, enséñame a alentar a aquellos que sienten que están en un lugar «pequeño». Que vean el impacto eterno de su labor.*

Todo el que hace la obra de Dios como Él desea es importante ante sus ojos.

Rescatar al renuente

Hace muchos años, durante una clase para salvavidas, el instructor nos enseñaba cómo salvar a alguien que se resiste al rescate: «Acérquense a la persona por detrás, colóquenle un brazo por encima del pecho para sujetarle los brazos y naden hacia un lugar seguro. Si van por delante, es probable que la persona los agarre y se hundan los dos». El pánico y el miedo pueden paralizar e impedir que uno piense y actúe con cordura.

LECTURA:
Génesis 19:12-25

... según la misericordia del Señor para con él; y lo sacaron [...] de la ciudad (v. 16).

Los dos ángeles que Dios envió para rescatar a Lot y su familia de la destrucción inminente de Sodoma y Gomorra (GÉNESIS 19:12-13) encontraron resistencia. Los yernos de Lot pensaron que la advertencia era una broma (v. 14). Cuando los ángeles le insistieron para que se fuera, Lot vaciló (v. 15). Entonces, «lo tomaron de la mano y, junto con su mujer y sus dos hijas», los pusieron a salvo porque el Señor tuvo misericordia de ellos (v. 16).

Al reflexionar acerca de nuestra peregrinación de fe en Cristo, podemos ver que la fidelidad de Dios triunfa sobre nuestra renuencia y negativa. Cuando encontremos personas hundidas en el temor y la desesperación espiritual, apliquemos sabiduría para mostrarles el amor del Señor hacia ellas... y hacia todos los que se resisten a ser rescatados.

DCM

Padre, gracias por tu misericordia ante mi resistencia. Ayúdame a hablarles de ti a otros.

La misericordia de Dios puede vencer nuestra resistencia.

El Cristo Redentor

La famosa estatua de *El Cristo Redentor* se ve desde toda la ciudad de Río de Janeiro, y representa a Jesús con los brazos extendidos, de modo que su propio cuerpo parece una cruz. El arquitecto brasileño Heitor da Silva Costa la diseñó, pensando que los habitantes de la ciudad la verían con las primeras luces del amanecer. Por la tarde, esperaba que vieran la puesta del sol como un halo detrás de la cabeza de la estatua.

LECTURA:
Job 19:23-29

Yo sé que mi Redentor vive...
(v. 25).

Es valioso mantener los ojos puestos en nuestro Redentor todos los días; tanto en los momentos buenos como en los difíciles. Durante su sufrimiento, Job declaró: «Yo sé que mi Redentor vive, y que al final se levantará del polvo» (JOB 19:25).

El clamor de su corazón nos señala a Jesús, nuestro Salvador viviente que, un día, volverá a visitar la Tierra (1 TESALONICENSES 4:16-18). Mantener los ojos puestos en Jesús significa recordar que fuimos rescatados de nuestro pecado, porque Él «se dio a sí mismo por nosotros para redimirnos de toda iniquidad y purificar para sí un pueblo propio» (TITO 2:14).

Todos los que aceptaron a Jesús como Salvador tienen una razón para alegrarse. Al margen de lo que debamos soportar en este mundo, tenemos esperanza para hoy y aguardamos disfrutar la eternidad con Él.

JBS

Querido Jesús, gracias por redimirme para siempre de las consecuencias de mi pecado.

Mediante su cruz y su resurrección, Jesucristo rescata y redime.

Levanta la mano

El coro Saint Olaf es famoso por hacer buena música. Una razón de su excelencia es el proceso de selección, ya que los postulantes no solo son elegidos por lo bien que cantan, sino también por cómo suenan en conjunto con los demás. Otra razón es que todos hacen del coro su prioridad, y se comprometen a ensayar con rigurosidad y a cumplir con las presentaciones.

LECTURA:
Jn. 4:7-15, 28-30

... envió Dios a su Hijo [...] para que el mundo sea salvo por él (Juan 3:17).

Algo que me intriga de este coro es lo que sucede en los ensayos: cuando alguien comete un error, levanta la mano. En vez de tratar de esconder la equivocación, ¡avisa! Esto permite que el director ayude a cada integrante a aprender la parte difícil, lo cual permite que la interpretación sea perfecta.

Pienso que esta es la clase de comunidad que Jesús estaba estableciendo cuando le dijo a Nicodemo que Dios enviaba a su Hijo al mundo para salvarlo, no para condenarlo (JUAN 3:17). Poco después, se encontró junto a un pozo con una samaritana, y esta mujer no dudó en admitir su pecado cuando el Señor le prometió que disfrutaría de una vida mejor porque Él la perdonaba (JUAN 4).

Como miembros del cuerpo de Cristo, no deberíamos tener miedo de admitir nuestros errores, sino tomarlo como una oportunidad de experimentar y disfrutar juntos el perdón divino.

JAL

Señor, que no escondamos nuestras faltas, porque tú nos amas y nos perdonas.

Para dejar atrás nuestro pecado, tenemos que estar dispuestos a enfrentarlo.

LA BIBLIA en UN AÑO:
Job 22–24; Hechos 11

Conversación ardiente

LECTURA:
Santiago 3:2-10

Sea vuestra palabra siempre con gracia, sazonada con sal... (Colosenses 4:6).

En el norte de Ghana, de donde soy oriundo, es habitual que los arbustos ardan durante la estación seca. He visto grandes superficies de tierra labrada que se prenden fuego cuando los vientos arrastran cenizas de chimeneas o restos de cigarrillos que arrojan en los caminos. Como la vegetación está tan seca, una mínima chispa basta para iniciar un incendio devastador.

Así es como Santiago describe la lengua: «un mundo de maldad. La lengua está puesta entre nuestros miembros, y contamina todo el cuerpo, e inflama la rueda de la creación, y ella misma es inflamada por el infierno» (SANTIAGO 3:6). Una declaración falsa hecha por aquí, una murmuración por allá, un comentario maligno en otra parte, y las relaciones se destruyen. Proverbios 12:18 afirma: «Hay hombres cuyas palabras son como golpes de espada; mas la lengua de los sabios es medicina». Tal como el fuego tiene un lado destructivo y otro beneficioso, «la muerte y la vida están en poder de la lengua» (18:21).

Para que una conversación refleje la presencia de Dios en nuestra vida y le agrade a Él, que sea «siempre con gracia» (COLOSENSES 4:6). Cuando expresemos nuestras opiniones durante un desacuerdo, pidámosle al Señor que nos ayude a escoger palabras constructivas que honren su nombre.

LD

Señor, guía hoy mis conversaciones.

El enojo puede hacernos hablar con descuido, pero debemos cuidar nuestras palabras.

LA BIBLIA en **UN AÑO:**
Job 25–27; Hechos 12

Carta desde la batalla

Durante más de dos décadas, Andrew Carroll ha incentivado a la gente a no tirar las cartas escritas durante la guerra por familiares o amigos. Como director del Centro de Cartas de Guerra de los EE.UU. de la Universidad de Chapman, en California, las considera un lazo irreemplazable para unir familias y fomentar el entendimiento. Declaró: «Las generaciones más jóvenes están leyendo estas cartas, formulando preguntas y diciendo: "Ahora entiendo lo que soportaste y sacrificaste"».

LECTURA:
2 Timoteo 4:1-8

He peleado la buena batalla, he acabado la carrera, he guardado la fe (v. 7).

Cuando Pablo se encontraba preso en Roma y supo que iba a morir, le escribió una carta a un joven a quien consideraba su «hijo en la fe»: Timoteo. Como un soldado en la batalla, le abrió su corazón, al decir: «el tiempo de mi partida está cercano. He peleado la buena batalla, he acabado la carrera, he guardado la fe. Por lo demás, me está guardada la corona de justicia, la cual me dará el Señor, juez justo, en aquel día; y no sólo a mí, sino también a todos los que aman su venida» (2 TIMOTEO 4:6-8).

Cuando leemos en la Biblia las cartas que nos dejaron los héroes de la fe cristiana y entendemos cuánto sufrieron por amor a Cristo, eso nos anima a seguir su ejemplo y a fortalecernos para beneficio de las generaciones futuras.

DCM

Señor, danos fuerza para enfrentar hoy las batallas espirituales. La victoria es tuya.

Corre la carrera con la eternidad en vista.

El Cilindro de Ciro

En 1879, unos arqueólogos descubrieron en lo que hoy se conoce como Iraq (la Babilonia de la Biblia) un pequeño objeto notable. El Cilindro de Ciro registra lo que hizo el rey Ciro de Persia hace 2.500 años: permitir que un grupo de personas regresara a su tierra natal y reconstruyera sus «ciudades santas».

LECTURA:
Esdras 1:1-4

... despertó el Señor el espíritu de Ciro rey de Persia...
(v. 1).

El capítulo 1 de Esdras relata esta misma historia: «despertó el Señor el espíritu de Ciro rey de Persia» (v. 1) para que pregonara la libertad a los cautivos en Babilonia para que volvieran a su tierra y reedificaran el templo (vv. 2-5).

Pero la historia no termina allí. Daniel confesó sus pecados y los del pueblo, y le rogó a Dios que pusiera fin al cautiverio babilónico (DANIEL 9). En respuesta, el Señor envió un ángel para que hablara con él (v. 21); y más tarde, indujo a Ciro a que liberara a los hebreos. (VER TAMBIÉN JEREMÍAS 25:11-12; 39:10).

Esta historia tiene hoy muchas implicaciones. En un mundo aparentemente fuera de control, podemos confiar en que Dios puede mover los corazones de los líderes. Proverbios 21:1 afirma: «Así está el corazón del rey en la mano del Señor»; y Romanos 13:1 declara: «no hay autoridad sino de parte de Dios».

Podemos confiar en el control del Señor y pedirle que obre.

JDB

Padre, sabemos que eres soberano. Obra en los líderes de nuestra nación.

En lugar de quejarte, ora.

LA BIBLIA en UN AÑO:
Job 30–31; Hechos 13:26-52

Vengan a mí

Cuando Jesús vivió en este mundo, invitaba a la gente a ir a Él, y hoy sigue haciendo lo mismo (JUAN 6:35). Pero ¿qué tienen Él y su Padre celestial que nosotros necesitemos?

Salvación. Jesús es el único camino para obtener el perdón de pecado y la promesa del cielo: «para que todo aquel que en él cree, no se pierda, mas tenga vida eterna» (JUAN 3:15).

Propósito. Debemos seguir a Jesús con todo el corazón, alma, mente y fuerzas: «Si alguno quiere venir en pos de mí, niéguese a sí mismo, y tome su cruz, y sígame» (MARCOS 8:34).

Consuelo. En la prueba o la tristeza, el «Dios de toda consolación, [...] nos consuela en todas nuestras tribulaciones» (2 CORINTIOS 1:3-4).

Sabiduría. Necesitamos una sabiduría superior a la nuestra para tomar decisiones: «si alguno de vosotros tiene falta de sabiduría, pídala a Dios, [...] y le será dada (SANTIAGO 1:5).

Fuerza. Cuando estemos cansados, «El SEÑOR dará fuerza a su pueblo» (SALMO 29:11 LBLA).

Vida abundante. La vida plena se encuentra en una relación personal con Jesús: «yo he venido para que tengan vida, y para que la tengan en abundancia» (JUAN 10:10).

Jesús afirmó: «al que a mí viene, no le echo fuera» (JUAN 6:37). ¡Vengan!

AMC

LECTURA:
Juan 6:30-40

... Yo soy el pan de vida; el que a mí viene, nunca tendrá hambre...
(v. 35).

● *¿Cómo puedo acercarme más a Dios hoy?*

Jesús nos invita a ir a Él para tener vida.

LA BIBLIA en UN AÑO:
Job 32–33; Hechos 14

La oscuridad y la luz

Cuando yo era jovencito, repartía periódicos en unas 140 casas en dos calles que estaban conectadas por un cementerio. Como se trataba de la edición matutina, tenía que salir a las tres de la mañana y atravesar ese cementerio en medio de la oscuridad. A veces, ¡tenía tanto miedo que lo atravesaba corriendo! El miedo no se me iba hasta que me encontraba parado a salvo debajo de una luz de la calle del otro lado. Esa luz hacía desaparecer la temida oscuridad.

LECTURA:
Salmo 91:1-8

No temerás el terror nocturno, [...] ni pestilencia que ande en oscuridad... (vv. 5-6).

El salmista comprendía la relación entre el temor y la oscuridad, pero también sabía que Dios es mayor que esos miedos. Por eso, escribió: «No temerás el terror nocturno, ni saeta que vuele de día, ni pestilencia que ande en oscuridad...» (SALMO 91:5-6). Ni los terrores de la noche ni el mal en la oscuridad deben generarnos miedo. Tenemos un Dios que envió a su Hijo, la luz del mundo (JUAN 8:12).

A la luz del amor, la gracia y la verdad del Señor, podemos encontrar valor, ayuda y fuerza para vivir para Él. *WEC*

Señor, vengo a ti, la luz del mundo. Por favor, disipa con tu luz la oscuridad de mis miedos.

No tienes que temerle a la oscuridad si caminas con la Luz del mundo.

Caminar lento

Caleb estaba gravemente enfermo. Por una afección del sistema nervioso, el niño padecía una parálisis temporal. Sus padres, ansiosos, oraban y esperaban. Lentamente, su hijo empezó a recuperarse. Al tiempo, cuando los médicos le permitieron asistir a la escuela, Caleb solamente podía caminar con paso lento y vacilante.

LECTURA:
Job 16:1-5

Y yo rogaré al Padre, y os dará otro Consolador...
(Juan 14:16).

Un día, el padre fue a la escuela y lo vio bajar titubeando por la escalera para ir al recreo. Después, vio que un amigo se le acercaba. Mientras los otros chicos corrían y jugaban, aquel muchachito caminaba lentamente por el patio al lado de su frágil compañero.

Probablemente, Job hubiese querido tener un amigo así, pero, en cambio, tuvo tres que aseguraban que él era culpable de lo que le había pasado. Elifaz declaró: «¿qué inocente se ha perdido?» (JOB 4:7). Ante esto, Job exclamó amargamente: «Consoladores molestos sois todos vosotros» (16:2).

¡Qué distinto a Jesús! La víspera de su crucifixión, se ocupó de consolar a sus discípulos. Les prometió que el Espíritu Santo vendría y estaría siempre con ellos (JUAN 14:16), y les aseguró: «No os dejaré huérfanos; vendré a vosotros» (v. 18); «yo estoy con vosotros todos los días, hasta el fin del mundo» (MATEO 28:20).

Aquel que murió por nosotros también camina a nuestro lado en el dolor.

TG

Señor, ayúdanos a acompañar sabiamente a los que sufren.

A veces, la mejor manera de ser como Cristo es sentarse en silencio junto a un amigo que sufre.

LA BIBLIA en UN AÑO:
Job 36–37; Hechos 15:22-41

Personas comunes y corrientes

Gedeón era una persona común y corriente. Su historia, registrada en Jueces 6, me resulta inspiradora. Era agricultor, y, además, tímido. Cuando Dios lo llamó para que libertara a Israel de los madianitas, su primera reacción fue: «¿con qué salvaré yo a Israel? He aquí que mi familia es pobre en Manasés, y yo el menor en la casa de mi padre» (JUECES 6:15). El Señor le prometió estar con él y capacitarlo para llevar a cabo lo que se le había pedido que hiciera (v. 16). La obediencia de Gedeón le devolvió la victoria a su pueblo, y lo colocó en la lista de los héroes de la fe (HEBREOS 11:32).

LECTURA:
Jueces 6:11-16

Pero tenemos este tesoro en vasos de barro...
(2 Corintios 4:7).

Muchos otros tuvieron un papel importante en este plan de salvar a los israelitas de una poderosa fuerza enemiga. Dios le dio a Gedeón 300 hombres, todos héroes valerosos, para ganar la batalla. No se nos dan sus nombres, pero su bravura y obediencia quedaron registradas en las Escrituras (JUECES 7:5-23).

Actualmente, Dios sigue llamando a personas comunes y corrientes como nosotros para hacer su obra, y promete acompañarnos mientras la hacemos. Al ser personas así, pero utilizadas por Dios, es evidente que el poder procede de Él y no de nosotros.

PFC

Señor, sé que soy una persona común, pero tú eres el Dios todopoderoso. Quiero servirte. Enséñame cómo hacerlo y fortaléceme.

Dios usa personas comunes y corrientes para llevar a cabo su plan fuera de lo común.

LA BIBLIA en UN AÑO:
Job 38–40; Hechos 16:1-21

Oveja abatida

En su conocido libro *El Señor es mi Pastor* (Reflexiones de un pastor), W. Phillip Keller ofrece una ilustración asombrosa del cuidado y la bondad de un pastor. En el Salmo 23:3, cuando David afirma: «confortará mi alma», utiliza un lenguaje que todo pastor entendería.

LECTURA:
Salmo 23

Confortará mi alma (v. 3).

Las ovejas están hechas de tal manera que, si caen de costado o sobre sus lomos, les es muy difícil volver a levantarse. Agitan las patas en el aire, balan y berrean. Después de unas horas en esa posición, se les llena de gas el estómago, se endurecen, el paso de aire se interrumpe y, finalmente, mueren asfixiadas.

A esto se hace referencia como la posición de «abatida». Cuando un pastor restaura una oveja abatida, la tranquiliza, le masajea las patas para restablecer la circulación, y, gentilmente, la da vuelta, la levanta y la sostiene para que pueda recuperar el equilibrio.

¡Qué ilustración de lo que Dios quiere hacer por nosotros! Cuando estamos boca arriba, agitados por la culpa, el dolor o las rencillas, nuestro amoroso Pastor nos tranquiliza con su gracia, nos levanta y nos sostiene hasta que recuperamos nuestro equilibrio espiritual.

Si estás abatido por alguna razón, Dios es el único que puede ayudarte a ponerte de pie otra vez. Él restaurará tu confianza, tu gozo y tu fuerza.

MLW

• *Señor, ¡ayúdame!*

Los débiles y desamparados están bajo el cuidado especial del buen Pastor.

Compartir la carga

Es asombroso lo que se puede arrastrar con una bicicleta. Un adulto promedio, con un remolque especial (y un poco de determinación), puede usar una bicicleta para transportar unos 135 kilogramos a 16 k/h. Pero hay un solo problema: si la carga es más pesada, el movimiento es más lento. Una persona que arrastra 270 kilogramos de equipamiento o de artículos personales solamente puede circular a unos 13 k/h.

LECTURA:
Números 11:4-17

... llevarán contigo la carga del pueblo, y no la llevarás tú solo (v. 17).

Moisés llevaba otra clase de peso en el desierto; una carga emocional que no lo dejaba moverse. El intenso deseo de los israelitas de comer carne en vez de maná los había hecho llorar. En medio de ese lamento permanente, Moisés, exasperado, le dijo a Dios: «No puedo yo solo soportar a todo este pueblo, que me es pesado en demasía» (NÚMEROS 11:14).

Por sí solo, Moisés carecía de los recursos necesarios para solucionar el problema. El Señor le respondió indicándole que escogiera a 70 hombres para que lo acompañaran y lo ayudaran con la carga: «llevarán contigo la carga del pueblo, y no la llevarás tú solo» (v. 17).

Como seguidores de Cristo, no tenemos que llevar solos las cargas. Lo tenemos a Él, que siempre está dispuesto a ayudarnos y puede hacerlo. También nos ha dado una familia espiritual con quien compartir el peso.

JBS

● *¿Quién está a tu lado? ¿Le has dado gracias?*

La ayuda de Dios está a solo una oración de distancia.

LA BIBLIA en UN AÑO:
Salmos 1–3; Hechos 17:1-15

Lugares desiertos

Seco. Polvoriento. Peligroso. Un desierto… un lugar donde hay poca agua y la vida es hostil. Por eso, no sorprende que la palabra *desértico* describa un sitio inhabitado. Pocas personas eligen estar allí, pero, a veces, no pueden evitarlo.

LECTURA:
Isaías 48:16-22

No tuvieron sed cuando los llevó por los desiertos... (v. 21).

Las Escrituras revelan que el pueblo de Dios estaba familiarizado con la vida en el desierto. Gran parte de Medio Oriente, incluido Israel, es desértica, pero con algunas excepciones fértiles, como el Valle del Jordán y las regiones aledañas al Mar de Galilea. Dios decidió «levantar su familia» en un lugar rodeado por el desierto, donde pudiera mostrarle su bondad al protegerla y suplirle sus necesidades a diario (ISAÍAS 48:17-19).

En la actualidad, casi nadie vive en desiertos literales, pero solemos atravesar situaciones con características extremas similares. A veces, la obediencia nos lleva a experimentarlas; pero otras no se deben a nuestras decisiones o acciones. Cuando alguien nos abandona o una enfermedad nos invade, nos sentimos como en un desierto, donde los recursos son escasos y la vida resulta difícil.

Pero el propósito de atravesar un desierto, ya sea literal o figurativo, es hacernos recordar que dependemos de la provisión de Dios; lección que no debemos olvidar cuando vivimos en la abundancia.

JAL

- *¿Cómo te está sustentando Dios?*

En todo desierto, Dios tiene un oasis de gracia.

Más allá de la pérdida

El escritor William Zinsser describió su última visita a la casa donde se crió; un lugar que amaba enormemente de niño. Cuando él y su esposa llegaron a una colina desde donde podría ver la casa junto a la bahía, descubrieron que había sido demolida y que lo único que quedaba era un agujero inmenso. Descorazonados, caminaron hasta el rompeolas cercano, absorbiendo el panorama y los sonidos a la orilla del mar. Más tarde, escribió: «Me sentí tranquilo y apenas triste. La vista estaba intacta: esa combinación inigualable de tierra y mar que recordaba tan bien y que todavía veo en mis sueños».

LECTURA:
Salmo 77:1-15

Me acordaré de las obras del Señor...
(v. 11).

El salmista escribió sobre un momento difícil, cuando su alma rehusaba consuelo y su espíritu estaba abrumado (SALMO 77:2-3). Pero, en medio de su angustia, cambió su mirada, dejando de ver su tristeza y enfocándose en su Salvador: «Traeré, pues, a la memoria los años de la diestra del Altísimo. Me acordaré de las obras del Señor; [...] tus maravillas antiguas» (vv. 10-11).

Ante las decepciones, podemos enfocarnos en nuestra pérdida o en Dios. El Señor nos invita a mirarlo a Él y su bondad, su presencia con nosotros y su eterno amor.

DCM

Padre, esta vida puede ser maravillosa o decepcionante. No todo es como debe ser. Que nuestras desilusiones nos acerquen a ti, la única esperanza para el mundo.

La fe en la bondad de Dios mantiene viva la esperanza.

LA BIBLIA en UN AÑO:
Salmos 7–9; Hechos 18

No digamos adiós

Francis Allen me guió a Cristo, y ahora estaba llegando el momento en que él vería al Señor cara a cara. Yo estaba en su casa y se acercaba la hora del adiós. Mi idea era decir algo memorable y significativo.

Estuve casi una hora junto a su cama. Se rio a carcajadas de las historias que le conté sobre mi vida. Después, se cansó, se puso serio y ocupó su energía en limar algunas asperezas que aún veía en mí. Yo escuchaba, aunque también pensaba en cómo despedirme.

LECTURA:
Filipenses 4:1-9

Lo que aprendisteis y recibisteis y oísteis y visteis en mí, esto haced...

(v. 9).

Antes de que tuviera oportunidad de hacerlo, dijo: «Randy, recuerda lo que siempre te he dicho. No hay nada que temer de la historia de la vida porque sabemos cómo termina. No tengo miedo. Ahora, vete y haz lo que te enseñé». Aquellas palabras desafiantes me recordaron las de Pablo a los creyentes filipenses: «Lo que aprendisteis y recibisteis y oísteis y visteis en mí, esto haced» (FILIPENSES 4:9).

Ese último día, el brillo en la mirada de Francis era igual al que vi en sus ojos el día que lo conocí. No había temor en su corazón.

Por eso, muchas de las palabras que escribo, las historias que narro y las personas a quienes sirvo son tocadas por Francis. Mientras estemos en este mundo, recordemos siempre a aquellos que nos animaron espiritualmente.

RKK

¿Quién ha sido tu mentor? ¿Estás orientando a otras personas?

Vive de modo que, cuando te conozcan, quieran conocer a Cristo.

LA BIBLIA en UN AÑO:
Salmos 10–12; Hechos 19:1-20

Personas como nosotros

A **finales del siglo XIX,** William Carey sintió el llamado a viajar a la India como misionero, para compartir la buena noticia de Jesús. Algunos pastores se mofaron, diciendo: «Joven, si Dios quiere salvar [a alguien] en India, ¡lo hará sin tu ayuda ni la nuestra!». No entendían el concepto de la coparticipación. Dios hace muy poco en la Tierra sin personas como nosotros.

LECTURA:
Mateo 9:35-38

Rogad, pues, al Señor de la mies, que envíe obreros a su mies (v. 38).

Como participantes en la obra del Señor en este mundo, insistimos en que se haga su voluntad, pero, al mismo tiempo, nos comprometemos a hacer lo que Él requiera de nuestra parte. «Venga tu reino. Hágase tu voluntad», es lo que Jesús nos enseñó a orar (MATEO 6:10). Estas palabras no son una calmada petición, sino una santa demanda. ¡Danos justicia! ¡Endereza el mundo!

El papel de Dios y el nuestro son diferentes. Nuestra función es seguir los pasos del Señor, llevando a cabo su obra mediante nuestras acciones y plegarias.

Tomando prestada la metáfora de Pablo en Colosenses 1:24, somos el cuerpo de Cristo en la Tierra. Cuando somos misericordiosos con los que sufren, estamos alcanzándolos con las manos del propio Señor.

PY

Señor, tú nos has llamado amigos. Aunque sea con una pequeña acción, ayúdanos a mostrar tu amor a este mundo dolido, para que muchos te conozcan.

«Espera grandes cosas de Dios; intenta grandes cosas para Dios».
—WILLIAM CAREY

LA BIBLIA en UN AÑO:
Salmos 13–15; Hechos 19:21-41

Corazones transformados

LECTURA:
Ezequiel 36:22-31

Sobre toda cosa guardada, guarda tu corazón... (Proverbios 4:23).

A comienzos de la década de 1970, en Ghana, apareció en las paredes y las carteleras públicas un póster titulado «El corazón del hombre». En una de las imágenes, varias clases de reptiles (símbolos de lo malo y despreciable) llenaban la pintura con forma de corazón, coronada con la cabeza de un hombre sumamente infeliz. En la otra, el corazón estaba limpio y sereno, con la cabeza de un hombre contento. La leyenda decía: «¿Cómo está tu corazón?».

En Mateo 15:18-19, Jesús explicó qué contamina a una persona: «lo que sale de la boca, del corazón sale; y esto contamina al hombre. Porque del corazón salen los malos pensamientos, los homicidios, los adulterios, las fornicaciones, los hurtos, los falsos testimonios, las blasfemias». Así está el corazón separado de Dios; condición en la que se encontraron los israelitas cuando fueron exiliados a causa de sus pecados (EZEQUIEL 36:23).

La promesa de Dios en Ezequiel 36:26 es hermosa: «Os daré corazón nuevo, y pondré espíritu nuevo dentro de vosotros; y quitaré de vuestra carne el corazón de piedra, y os daré un corazón de carne» (VER TAMBIÉN 11:19). Esta misma promesa se aplica a nosotros hoy. Alabemos al Señor por tan maravilloso don.

LD

Padre, que mi vida refleje tu bondad y que los demás vean la diferencia que un corazón nuevo ha hecho en mí.

Para empezar de nuevo, pídele a Dios un nuevo corazón.

Nombre propio

La mayoría de las familias tiene sus historias. En la mía, se trata de cómo decidieron qué nombre ponerme. Al parecer, en los primeros tiempos de casados, mis padres no se ponían de acuerdo sobre cómo llamar a su primer hijo. Mamá quería un varón con el nombre de papá, pero a él no le gustaba la idea. Después de mucho debate, acordaron que, solo si el bebé nacía el día del cumpleaños del papá, se llamaría como él. Aunque no lo crean, nací el día del cumpleaños de mi padre. Por eso, le agregaron al final «Junior» [Hijo].

LECTURA:
Mateo 1:18-25

... llamarás su nombre JESÚS, porque él salvará a su pueblo de sus pecados (v. 21).

Ponerles nombre a los hijos es algo que ha existido desde que se creó el mundo. Mientras José luchaba con la noticia de que María, su novia, estaba embarazada, un ángel le aclaró lo que el Padre decía sobre el nombre del Bebé: «Y dará a luz un hijo, y llamarás su nombre JESÚS, porque él salvará a su pueblo de sus pecados» (MATEO 1:21). Su nombre no solo sería Jesús, sino que también explicaría la razón de su venida al mundo: cargar sobre sí el castigo que nosotros merecíamos por nuestro pecado. Su propósito redentor está perfectamente expresado en el Nombre que le pusieron, y que es sobre todo otro nombre.

¡Que el deseo de nuestro corazón sea vivir de un modo que honre su maravilloso nombre!

WEC JR.

Padre, gracias por enviar a tu Hijo a rescatarnos del pecado y unirnos a ti.

Jesús: su nombre y su misión son una misma cosa.

Lágrimas de una joven

Mientras estaba sentado en un comedor para indigentes en Alaska con cuatro adolescentes y un hombre de unos veintitantos años, el cual vivía en la calle, me conmovió la compasión de aquellos jóvenes. Escucharon lo que él decía sobre sus creencias y, luego, le presentaron amablemente el evangelio, ofreciéndole esperanza en Jesús. Lamentablemente, el hombre se negó a considerar con seriedad el mensaje.

LECTURA:
Romanos 9:1-5

... tengo gran tristeza y continuo dolor en mi corazón (v. 2).

Cuando nos íbamos, una de las chicas expresó entre lágrimas cuánto deseaba que ese hombre no muriera sin conocer a Cristo. De corazón, lamentaba que aquel joven rechazara en ese momento el amor del Salvador.

Las lágrimas de esta joven me recuerdan al apóstol Pablo, quien servía al Señor con humildad y, profundamente angustiado por sus conciudadanos, deseaba que estos confiaran en Cristo (ROMANOS 9:1-5). Es probable que su compasión y preocupación lo hayan hecho llorar en muchas ocasiones.

Si estamos realmente interesados en aquellos que aún no han aceptado el perdón de Dios por medio de Jesucristo, encontraremos maneras de testificarles. Confiados en nuestra fe y con lágrimas de compasión, llevemos la buena noticia a los que necesitan conocer al Salvador.

JDB

- *¿Hay alguien a quien necesitas hablarle hoy de Jesús?*

Compartir el evangelio significa que una persona le da a otra una buena noticia.

Como yo quiero

Dos niños jugaban a un complicado juego de palos y cuerdas. Al rato, el más grande miró al amigo y dijo enojado: «Lo estás haciendo mal. Es mi juego y lo vamos a jugar como yo quiero. ¡No puedes jugar más!». El deseo de hacer las cosas a nuestro modo comienza desde pequeños.

LECTURA:
2 Reyes 5:1-15

... ahora conozco que no hay Dios en toda la tierra, sino en Israel... (v. 15).

Naamán estaba acostumbrado a que todo se hiciera como él quería, ya que era el capitán del ejército del rey de Siria. Pero también tenía una enfermedad incurable. Un día, la sierva de su esposa, a quien habían capturado en Israel, le sugirió que acudiera a Eliseo, el profeta de Dios, para que lo sanara. Desesperado, Naamán quiso que el profeta fuera a verlo y que lo tratara con gran protocolo y respeto. Por eso, cuando Eliseo simplemente le mandó a decir que se sumergiera siete veces en el río Jordán, ¡Naamán se enfureció!... y se negó (2 REYES 5:10-12). No se curó hasta que, finalmente, se humilló e hizo las cosas como Dios quería (vv. 13-14).

Es probable que todos le hayamos dicho alguna vez a Dios: «Lo haré como yo quiero», pero su manera es siempre la mejor. Que tengamos un corazón humilde y dispuesto a escoger los métodos del Señor y no los nuestros.

MS

● *Padre, perdóname por mi orgullo y por pensar que sé más que tú. Dame un corazón humilde y dispuesto a hacer todo a tu manera.*

«Humildad es tener una autoestima correcta».

—CHARLES SPURGEON

LA BIBLIA en UN AÑO:
Salmos 23–25; Hechos 21:18-40

Elogio al Dios vivo

En 2005, cuando murió Rosa Parks, heroína de los derechos civiles en Estados Unidos, Oprah Winfrey consideró un privilegio elogiar con estas palabras a la mujer que, en 1955, rehusó cederle su asiento en un autobús a un hombre blanco: «Muchas veces pensé en lo que habrá implicado quedarse sentada, dado el clima que imperaba en aquella época y lo que podría haberle sucedido. Actuó sin pensar en sí misma y nos facilitó la vida a todos».

LECTURA:
Efesios 1:3-14

Bendito sea el Dios y Padre de nuestro Señor Jesucristo...
(v. 3).

A menudo, usamos la palabra «elogio» para referirnos a situaciones en las que ponderamos a una persona. Al comienzo de Efesios, Pablo elogió al Dios vivo: «bendito sea el Dios y Padre». La palabra «bendito» significa «elogiado». Luego, invitó a los efesios a unirse a él en alabanza al Señor por todas las bendiciones espirituales: escogidos y adoptados por el Padre; redimidos, perdonados y revelados sobre el misterio del evangelio por el Hijo; y garantizados y sellados por el Espíritu. Esta gran salvación fue solo obra de la gracia de Dios.

Mantengamos nuestra mente enfocada en las bendiciones de Dios en Cristo, para que nuestro corazón desborde en un elogio que declare: «Para alabanza de su gloria».

MLW

Señor, gracias por perdonarme, redimirme, adoptarme y darme a conocer el misterio del evangelio.

La alabanza es la canción de un alma liberada.

LA BIBLIA en UN AÑO:
Salmos 26–28; Hechos 22.

Servicio fiel

Por haber participado en la Primera Guerra Mundial, C. S. Lewis conocía bien las presiones del servicio militar. En un discurso público, durante la Segunda Guerra Mundial, describió con elocuencia las dificultades que enfrenta un soldado: «Todo lo que atravesamos en cada situación adversa [...] se resume en la vida del soldado en servicio activo. Como una enfermedad, amenaza con dolor y muerte. Como la pobreza, intimida con frío, calor, sed, hambre y falta de un techo. Como la esclavitud, amedrenta con trabajo duro, humillación, injusticia y reglas arbitrarias. Como el exilio, amenaza con separarte de todos los que amas».

LECTURA:
2 Timoteo 2:1-10

Tú, pues, sufre penalidades como buen soldado de Jesucristo (v. 3).

El apóstol Pablo usó la analogía del soldado sufriente, para describir las pruebas que puede experimentar un creyente al servir a Cristo. En sus últimos días, y tras haber soportado fielmente el sufrimiento por defender el evangelio, exhorta a Timoteo a hacer lo mismo: «Tú, pues, sufre penalidades como buen soldado de Jesucristo» (2 TIMOTEO 2:3).

Servir al Señor exige perseverancia. Tal vez nos enfrentemos con problemas de salud, conflictos relacionales o circunstancias difíciles, pero, como un buen soldado, seguimos adelante, fortalecidos en Él, ¡porque servimos al Rey de reyes y Señor de señores que murió por nosotros!

HDF

Padre, ayúdame a ser fiel en el servicio a ti.

El amor de Dios no evita las pruebas, pero nos ayuda a atravesarlas.

Estar cerca

Una amiga mía estaba enfrentando algunos desafíos, tanto en su vida personal como en la de su familia. Yo no sabía qué decir ni qué hacer, y se lo comenté. Ella me miró y dijo: «Solo quédate cerca». Y eso fue lo que hice. Más tarde, empezamos a hablar del amor de Dios.

LECTURA:
Salmo 34:4-18

Cercano está el Señor a los quebrantados de corazón... (v. 18).

Muchas veces, no sabemos cómo reaccionar ante el sufrimiento de los demás, y es probable que las palabras hagan más mal que bien. Servir a los demás exige que los comprendamos y que averigüemos qué les hace falta. A menudo, podemos ayudarlos ocupándonos de sus necesidades materiales, pero una de las mejores formas de animar a los que sufren es estar cerca; sentarse a su lado y escuchar.

Dios está cerca cuando lo invocamos. «Claman los justos, y el Señor oye, y los libra de todas sus angustias. Cercano está el Señor a los quebrantados de corazón; y salva a los contritos de espíritu», declaró el salmista (SALMO 34:17-18).

Si nos ponemos en el lugar de los que sufren y somos compasivos de corazón, podemos ayudarlos; sentarnos a su lado y estar cerca, como lo hace el Señor con nosotros. En el momento oportuno, y si es necesario, el Espíritu Santo nos dará las palabras que debamos decir.

KO

- *¿Quién necesita mi ayuda o que me siente a su lado durante esta semana?*

Tal vez, la mejor manera de animar a los demás sea estar cerca.

LA BIBLIA en UN AÑO:
Salmos 31–32; Hechos 23:16-35

Una sustitución

Julia estaba sentada en el patio de su casa reflexionando sobre una pregunta que la preocupaba: ¿debía escribir un libro? Le había encantado escribir en un blog y hablar en público, pero sentía que Dios le pedía algo más. «Le pregunté al Señor si quería que lo hiciera», comentó.

LECTURA:
Salmo 32:1-11

... Dije: Confesaré mis transgresiones al Señor... (v. 5).

Empezó a preguntarse si Dios quería que escribiera sobre la adicción a la pornografía que padecía su esposo y de cómo estaba obrando el Señor en su vida y en su matrimonio, pero, después, pensó que podría ofenderlo públicamente. Entonces, oró: «¿Y si lo escribimos juntos?». Le preguntó a su marido y él estuvo de acuerdo.

Aunque no reveló cuál era su pecado, el rey David manifestó públicamente sus luchas. Incluso las expresó en una canción: «Mientras callé, se envejecieron mis huesos», y agregó: «Confesaré mis transgresiones al Señor» (SALMO 32:3, 5). No todos tienen que hacer públicas sus batallas privadas, pero, cuando David confesó su pecado, encontró paz y sanidad que lo inspiraron a adorar a Dios.

Julia y su esposo dicen que el proceso de escribir su historia tan personal los ha acercado más que nunca. ¡Qué parecido a Dios, quien nos ama al punto de sustituir nuestra culpa, vergüenza y alejamiento por su perdón, ánimo y comunión!

TG

¿Necesitas intercambiar tu culpa por el perdón de Dios? Él está escuchando.

Dios perdona a quienes se confiesan culpables.

Material milagroso

La CNN denomina «material milagroso» a un derivado del grafito que podría revolucionar nuestro futuro. Formado por un solo átomo, el grafeno se considera un material verdaderamente bidimensional en un mundo tridimensional. Cien veces más fuerte que el acero, es más duro que el diamante, conduce la electricidad mil veces mejor que el cobre y es más flexible que el caucho.

LECTURA:
Isaías 46:1-10

¿A qué, pues, me haréis semejante o me compararéis?...
(Isaías 40:25).

Tales avances tecnológicos no son en sí ni morales ni malos, pero es prudente que recordemos las limitaciones de las cosas que elaboramos.

Isaías les habló a personas que estaban llevándose al cautiverio los dioses que habían hecho con sus propias manos. El profeta quería que entendieran lo irónico que era buscar ánimo, ayuda, consuelo y protección en los ídolos de oro y plata que los propios israelitas habían tallado.

Lo que era cierto para el pueblo de Israel también lo es para nosotros. Nada que hayamos hecho o comprado con nuestros propios medios puede suplir las necesidades de nuestro corazón. Solo Dios, quien nos ha traído «desde el vientre» (ISAÍAS 46:3-4), puede guiarnos hacia el futuro.

MRD

Padre, gracias por el milagro de poder tener una relación personal contigo. Ayúdanos a no depender de nuestros propios esfuerzos, fortaleza o posesiones, sino que experimentemos tu amor y cuidado hacia nosotros.

Un ídolo es todo aquello que ocupa el lugar que le corresponde a Dios.

LA BIBLIA en UN AÑO:
Salmo 35–36; Hechos 25

No te calles

Cuando escucho historias de jóvenes que han sido acosados socialmente, noto que hay, al menos, dos niveles de daño. El primero y más evidente surge de la naturaleza malintencionada de quienes los acosan. Esto es esencialmente terrible. Pero hay otra herida más profunda que puede terminar siendo más dañina que la primera: el silencio de los demás.

LECTURA:
Lucas 22:54-65

... Y Pedro le seguía de lejos
(v. 54).

Daña al intimidado porque lo abruma que nadie quiera ayudarlo. A menudo, esto intensifica el descaro y la maldad de los amedrentadores. Y, peor aun, aumenta la vergüenza, el sentimiento de culpa y la soledad de la víctima. Por eso, es imperativo defender al que sufre y condenar el comportamiento de los agresores (VER PROVERBIOS 31:8a).

Jesús sabe perfectamente lo que se siente al ser acosado y abandonado en el sufrimiento. Sin causa, lo arrestaron, lo golpearon y se burlaron de Él (LUCAS 22:63-65). Mateo 26:56 declara que «todos los discípulos, dejándole, huyeron». Incluso Pedro, uno de sus amigos más cercanos, negó tres veces conocerlo (LUCAS 22:61). Aunque otros no puedan entender por completo, Jesús sí lo hace.

Cuando veamos que hieren a otros, podemos pedirle al Señor que nos dé valor para hablar sin temor.

RKK

Señor, haznos valientes para defender a los que lo necesitan. Ayúdanos a mostrarles que tú entiendes su dolor y soledad.

La voz de un creyente valiente es el eco de la voz de Dios.

LA BIBLIA en UN AÑO:
Salmos 37–39; Hechos 26

Caminar con el Señor

Un amigo mío me mandó un pequeño panfleto titulado *Un intento de compartir la historia de 86 años de relación con el Señor*. En él, Al Ackenheil destacaba a personas y eventos clave en su peregrinación de fe durante casi nueve décadas. Lo que, en su momento, parecían ser decisiones comunes (memorizar versículos bíblicos, reunirse a orar con otras personas, hablarles de Jesús a sus vecinos) se convirtieron en momentos cruciales que cambiaron la dirección de su vida. Fue fascinante leer cómo la mano de Dios lo guió y animó.

LECTURA:
Salmo 37:23-31

Por el Señor son ordenados los pasos del hombre... (v. 23).

El salmista escribió: «Por el Señor son ordenados los pasos del hombre, y él aprueba su camino» (SALMO 37:23). El pasaje continúa con una hermosa descripción del fiel cuidado de Dios para todos lo que desean caminar con Él: «La ley de su Dios está en su corazón; por tanto, sus pies no resbalarán» (v. 31).

Todos podríamos reflexionar y elaborar un registro de la guía y la fidelidad del Señor, demostradas a través de personas, lugares y experiencias que son hitos en nuestro sendero de la fe. Cada recuerdo de la bondad de Dios nos anima a seguir andando con Él y a agradecerles a todos los que fueron una buena influencia en nuestra vida.

El Señor guía y guarda a todos los que caminan con Él.

DCM

Padre, gracias por todos aquellos que nos alentaron y orientaron. Bendícelos hoy.

Vas en la dirección correcta cuando caminas con Dios.

Un corazón consagrado

Un exitoso empresario cristiano nos compartió su historia en la iglesia. Fue sincero sobre sus luchas con la fe y su gran riqueza, y declaró: «¡La riqueza me asusta!».

Citó la afirmación de Jesús: «es más fácil pasar un camello por el ojo de una aguja, que entrar un rico en el reino de Dios» (LUCAS 18:25), y mencionó la historia del rico y Lázaro, en Lucas 16:19-32, en la que el rico termina en el infierno. La parábola del «joven rico» (LUCAS 12:16-21) también lo perturbaba.

LECTURA:
2 Cr. 17:1-11; 20:32

... haciendo lo recto ante los ojos del Señor (20:32).

Pero, después, este empresario declaró: «He aprendido una lección de la conclusión de Salomón sobre la abundancia de riquezas: todo es "vanidad"» (ECLESIASTÉS 2:11). Salomón decidió no permitir que la riqueza se interpusiera en su devoción al Señor. Su deseo era servirlo con sus bienes y ayudar a los necesitados.

A través de los siglos, Dios ha bendecido materialmente a algunas personas. En 2 Crónicas 17:5, leemos sobre Josafat: «El Señor [...] confirmó el reino en su mano [...] y tuvo riquezas y gloria en abundancia». Pero el rey no se enorgulleció, porque estaba consagrado de corazón al Señor (v. 6; VER TAMBIÉN 20:32).

El Señor no está en contra de la riqueza, pero sí se opone a adquirirla de manera incorrecta y usarla mal. Él es digno de la devoción de todos sus seguidores.

LD

- *La gratitud genera satisfacción. ¿Por qué estás agradecido?*

Con o sin riquezas, un corazón consagrado agrada a Dios.

LA BIBLIA en UN AÑO:
Salmos 43–45; Hechos 27:27-44

El chequeo

En esta época del año, voy siempre al médico para hacerme un chequeo físico. Aunque me siento bien y tengo buena salud, sé que estos chequeos de rutina son importantes porque pueden revelar problemas que, si no se descubren, pueden convertirse en enfermedades graves. Sé que permitir que mi médico encuentre y solucione esos problemas puede prolongar mi bienestar.

LECTURA:
Salmo 139:17-24

Examíname, oh Dios, [...] y ve si hay en mí camino de perversidad...
(vv. 23-24).

Sin duda, el salmista sentía lo mismo en la esfera espiritual; por eso, oró al Señor: «Examíname, oh Dios, y conoce mi corazón; [...] y ve si hay en mí camino de perversidad, y guíame en el camino eterno» (SALMO 139:23-24). Hizo una pausa para darle al Señor la oportunidad de examinarlo a pleno y sin condiciones, y, luego, se sometió a sus rectos caminos, los cuales lo mantendrían espiritualmente saludable.

Por esta razón, aunque te sientas bien contigo mismo, ¡es hora de que te hagas un chequeo! Solo Dios conoce la verdadera condición del corazón, y únicamente Él puede perdonarnos, sanarnos y guiarnos para que tengamos una vida limpia y un futuro productivo.

JMS

Señor, tú me conoces mejor que yo mismo. Investiga en lo profundo de mi corazón para ver si hay algo que te desagrada. Límpiame de mis caminos erráticos y guíame en tu sendero bueno y recto.

La obra de Dios en nosotros no termina cuando somos salvos... solo comienza.

LA BIBLIA en UN AÑO:
Salmos 46–48; Hechos 28

La batalla del lápiz

Cuando aprendía a escribir, mi maestra de primer grado insistía en cambiar la forma en que yo tomaba el lápiz. Mientras ella me miraba, lo sostenía como ella quería, pero, en cuanto se daba vuelta, obstinadamente lo volvía a poner como a mí me resultaba más cómodo.

LECTURA:
Jueces 2:11-22

... no se apartaban de sus obras, ni de su obstinado camino (v. 19).

Pensé que había sido la ganadora secreta en aquella batalla de voluntades, ya que, aún hoy, tomo el lápiz con mi modo tan particular. Sin embargo, décadas más tarde, me di cuenta de que mi sabia maestra tenía claro que esa mala costumbre haría que me cansara más rápido al escribir.

Pocas veces, los hijos entienden lo que es bueno para ellos. Por lo general, operan en función de lo que desean en el momento. Es probable que el nombre «hijos de Israel» sea apropiado, ya que los israelitas insistían en adorar a los dioses paganos en lugar de al único Dios verdadero. Esto hizo que el Señor se enojara con ellos y les quitara las bendiciones (JUECES 2:20-22).

Rick Warren afirma: «Obediencia y obstinación son dos caras de la misma moneda. La obediencia produce gozo y la obstinación entristece».

Si tu espíritu rebelde te impide obedecer a Dios, es hora de cambiar. Acude al Señor, que es bondadoso y misericordioso.

CHK

Padre, que te busquemos de todo corazón y que no nos aferremos a nuestra obstinada tendencia a que todo se haga como nosotros queremos.

Primero, nosotros formamos nuestros hábitos; después, nuestros hábitos nos forman a nosotros.

¿Quién tiene la culpa?

Mientras levantaba botellas vacías de la playa y las ponía en el cesto de basura que estaba cerca, le refunfuñé a mi esposo: «¿Qué les cuesta traer la basura hasta aquí? ¿Dejar la playa hecha un desorden los hace sentir mejor? Espero que sean turistas. No quiero imaginar que las personas de aquí descuiden tanto nuestra playa».

LECTURA:
Mateo 15:7-21

Porque del corazón salen los malos pensamientos, [...] que contaminan al hombre... (vv. 19-20).

Al día siguiente, encontré una oración que había escrito hacía años sobre juzgar a los demás. Mis propias palabras me recordaron el error de enorgullecerme por haber limpiado el desorden provocado por otras personas. En realidad, ignoro muchas cosas sobre mí misma; en especial, en lo espiritual.

Me apresuro a afirmar que el desorden en mi vida se debe a que los demás hacen las cosas mal, y que la «basura» que genera mal olor a mi alrededor le pertenece a otras personas y no a mí. Pero nada de esto es cierto. Nada externo puede contaminarme, sino solo lo que tengo adentro (MATEO 15:19-20). La verdadera basura es la actitud que me lleva a despreciar el olorcillo del pecado de los demás, mientras ignoro la hediondez del mío. *JAL*

● *Señor, perdóname por negarme a desechar mi propia «basura». Abre mis ojos para que vea el daño que mi orgullo le produce a tu creación natural y espiritual, y que no participe en ello.*

La mayoría es hipermétrope con el pecado: ve el de los demás, pero no el propio.

LA BIBLIA en UN AÑO:
Salmos 51–53; Romanos 2

Poder gris

La artista holandesa Yoni Lefevre creó un proyecto llamado «Poder gris», para mostrar la vitalidad de la generación mayor de su país. Les pidió a alumnos de las escuelas que representaran a sus abuelos, ya que quería presentar una «perspectiva clara y sincera» sobre los ancianos y creía que los niños podían brindársela. Los dibujos de los chicos reflejaron un concepto fresco y vivaz sobre sus mayores, ¡ya que mostraban a sus abuelos jugando al tenis, trabajando en el jardín, pintando y muchas cosas más!

LECTURA:
Josué 14:6-12

... cual era mi fuerza entonces, tal es ahora... (v. 11).

Caleb, un anciano israelita, se mantenía vital en su vejez. Debido a su fe, Dios le había conservado la vida durante 45 años, para que sobreviviera a la peregrinación en el desierto y entrara en la tierra prometida. Cuando llegó el momento de entrar en Canaán, Caleb, de 85 años, declaró: «cual era mi fuerza entonces, tal es ahora» (JOSUÉ 14:11). Con la ayuda de Dios, reclamó con éxito su parte de la tierra (NÚMEROS 14:24).

El Señor no se olvida de nosotros cuando envejecemos. Aunque nuestro cuerpo se envejezca o la salud se debilite, el Espíritu Santo renueva nuestro interior día tras día (2 CORINTIOS 4:16).

JBS

● *Padre, sé que mi fuerza y mi salud pueden debilitarse, pero te pido que me renueves espiritualmente, para que pueda servirte con fidelidad durante el resto de mi vida.*

Respaldado con la fuerza y la protección de Dios, puedes enfrentar lo que esté por delante.

Me encontró

La película *Amazing Grace* [Gracia admirable] se filmó con escenas propias de finales del siglo XVIII. Cuenta la historia de William Wilberforce, un político a quien su fe en Cristo lo llevó a dedicar su dinero y energía a abolir el comercio de esclavos en Inglaterra. En una escena, el mayordomo de Wilberforce lo halla orando, y pregunta: «¿Encontró a Dios, señor?». Él respondió: «Creo que Él me encontró a mí».

LECTURA:
Lucas 19:1-10

... el Hijo del Hombre vino a buscar y a salvar lo que se había perdido (v. 10).

La Biblia describe a la humanidad como ovejas descarriadas y vagabundas: «Todos nosotros nos descarriamos como ovejas, cada cual se apartó por su camino» (ISAÍAS 53:6). Esta condición está tan arraigada en nosotros que el apóstol Pablo afirma: «No hay justo, ni aun uno; no hay quien entienda, no hay quien busque a Dios. Todos se desviaron» (ROMANOS 3:10-12). Por eso, vino Jesús. Nosotros jamás lo buscaríamos; entonces, Él vino a buscarnos, tal como lo declaró: «Porque el Hijo del Hombre vino a buscar y a salvar lo que se había perdido» (LUCAS 19:10).

Wilberforce tenía toda la razón. Cristo vino a buscarnos porque, si hubiese dependido de nosotros, jamás lo habríamos encontrado. Que el Señor nos busque y desee hacernos suyos es una clara expresión del amor del Creador por su creación perdida.

WEC

● *El Señor está buscándote. ¿Dejarás que te encuentre y te salve para que tengas vida eterna y estés con Él para siempre?*

Antes perdido, ahora hallado. ¡Eternamente agradecido!

Cómo tener paz

La Capilla del Silencio Kamppi, en Helsinki, Finlandia, sobresale en medio del contexto urbano. Su estructura ovalada, cubierta de madera, aplaca el ruido de la ajetreada ciudad. Sus diseñadores la crearon para que fuera un refugio silencioso, con un «ambiente tranquilo para que los visitantes se reencontraran a sí mismos».

LECTURA:
Colosenses 1:15-23

... tenemos paz para con Dios por medio de nuestro Señor Jesucristo
(Romanos 5:1).

Muchas personas anhelan tener paz, y un rato de silencio puede tranquilizar la mente. Pero la Biblia enseña que la paz verdadera, la paz con Dios, la brinda su Hijo. Pablo afirmó: «Justificados, pues, por la fe, tenemos paz para con Dios por medio de nuestro Señor Jesucristo» (ROMANOS 5:1). Sin Cristo, somos enemigos de Dios a causa de nuestro pecado. Felizmente, aceptar el sacrificio de Jesús nos reconcilia con el Padre y pone fin a la hostilidad que nos separa de Él (COLOSENSES 1:19-21). Ahora nos ve como Cristo nos presenta: «santos y sin mancha e irreprensibles delante de él» (v. 22).

Tener paz con Dios no garantiza una vida sin problemas, pero sí nos calma en los momentos difíciles. Jesús dijo a sus seguidores: «En el mundo tendréis aflicción»; no obstante, también les aseguró: «pero confiad, yo he vencido al mundo» (JUAN 16:33). Gracias a Él, la verdadera paz de Dios puede llenar nuestro corazón (COLOSENSES 3:15).

JBS

● *Padre, ayúdanos a descansar en ti.*

La paz inunda el alma cuando Cristo gobierna el corazón.

LA BIBLIA en **UN AÑO:**
Salmos 60–62; Romanos 5

El buen corazón de Dios

Rogelio había atravesado muchas dificultades. Lo operaron del corazón para reparar una válvula. Un par de semanas después, tuvo que volver al quirófano debido a unas complicaciones. Cuando empezaba a mejorarse con terapia física, tuvo un accidente en su bicicleta y se fracturó la clavícula. Como si eso fuera poco, la muerte de su madre le rompió el corazón. Como consecuencia, se desanimó tremendamente. Cuando un amigo le preguntó si había visto a Dios obrar de algún modo, confesó que no.

LECTURA:
Romanos 5:1-11

... tened por sumo gozo cuando os halléis en diversas pruebas (Santiago 1:2).

Valoro mucho la sinceridad de Rogelio. El desánimo y las dudas también forman parte de mi vida. En Romanos, el apóstol Pablo afirma: «nos regocijamos en los sufrimientos, porque sabemos que los sufrimientos producen resistencia, la resistencia produce un carácter aprobado, y el carácter aprobado produce esperanza» (5:3-4 RVC). Sin embargo, esto no significa que siempre sintamos gozo. Quizá necesitemos que alguien se siente y nos escuche derramar nuestro corazón, y que también hablemos con Dios. A veces, debemos considerar cómo sucedieron las cosas para poder ver si nuestra fe creció durante las pruebas o los cuestionamientos.

Saber que Dios desea utilizar las dificultades para fortalecer nuestra fe puede ayudarnos a confiar en su buen corazón para con nosotros.

AMC

- *¿Estás aprendiendo a confiar más en Dios?*

Dios tal vez nos guíe a aguas turbulentas para que confiemos más en Él.

Al borde

Al sur de Kuna, en Estados Unidos, hay un tubo subterráneo de lava que se ha vuelto bastante famoso en esa ciudad. Por lo que sé, su única entrada es un hueco profundo que se sumerge directamente en la oscuridad. Hace unos años, me paré al borde del hueco para mirar de cerca, y casi pierdo el equilibrio. El terror me generó palpitaciones, y retrocedí de inmediato.

LECTURA:
Romanos 6:16-23

... todo aquel que hace pecado, esclavo es del pecado (Juan 8:34).

El pecado es parecido: la curiosidad puede hundirnos en la oscuridad. ¿Cuántos se han acercado demasiado al borde y, tras perder el equilibrio, cayeron en las tinieblas? Destruyeron familia, reputación y carrera debido a relaciones adúlteras que empezaron con un «simple» coqueteo y terminaron en pensamientos y acciones. Cuando miran atrás, suelen decir: «Nunca pensé que llegaría a esto».

Pensamos que podemos coquetear con la tentación, acercarnos mucho al borde y dar un paso atrás, pero es un engaño. Sabemos que algo está mal, y, aun así, jugamos con eso. Luego, caemos inevitablemente en perversiones oscuras. Jesús lo expresó con claridad: «todo aquel que hace pecado, esclavo es del pecado» (JUAN 8:34).

Por eso, al reconocer que necesitamos la ayuda de Dios, oramos como David en el Salmo 19:13: «Guarda también a tu siervo de pecados de soberbia; que no se enseñoreen de mí» (LBLA). *DHR*

● *Padre, ayúdanos a no coquetear con el pecado.*

Una gran caída empieza con un pequeño tropezón.

LA BIBLIA en **UN AÑO:**
Salmos 66–67; Romanos 7

Sabiduría en la web

Si vas a la parte inferior de los sitios de noticias por Internet, encontrarás la sección «Comentarios», donde los lectores pueden poner sus observaciones. Aun las páginas más respetables no escapan a las diatribas, los insultos y las ofensas.

El libro de Proverbios se recopiló hace unos 3.000 años, pero su sabiduría está al día con las últimas noticias. En un primer momento, dos conceptos del capítulo 26 parecen contradecirse; sin embargo, se aplican perfectamente a las redes sociales: «Nunca respondas al necio de acuerdo con su necedad, para que no seas tú también como él. Responde al necio como merece su necedad, para que no se estime sabio en su propia opinión» (vv. 4-5).

LECTURA:
Proverbios 26:1-12

Como carbón para las brasas […], así es el hombre rencilloso para encender contiendas

(v. 21 LBLA).

El equilibrio en esos proverbios está en no contestar como lo haría el necio, sino de manera tal que la necedad no se confunda con sabiduría.

Mi problema es que suelo enfrentarme con mi propia necedad. A veces, escribo un comentario sarcástico o contesto del mismo modo. Dios detesta que trate irrespetuosamente a seres humanos como yo, aun cuando también sean necios.

El Señor a quien servimos nos ofrece una amplia gama de libertades; por eso, podemos elegir qué decir, y cuándo y cómo hacerlo. Además, siempre podemos pedirle que nos dé sabiduría.

TG

● *¿Qué motiva mis comentarios? ¿Ayudan a alguien?*

Que el amor sea tu meta más elevada.

LA BIBLIA en UN AÑO:
Salmos 68–69; Romanos 8:1-21

Maestro de ajedrez

En la escuela secundaria, estaba orgulloso de mi talento para jugar al ajedrez. Me uní al club de ajedrecistas; y, en cada tiempo libre, leía detenidamente libros clásicos sobre distintas jugadas. Estudié técnicas, gané la mayoría de las partidas y dejé de jugar durante 20 años. Después, conocí a un ajedrecista realmente bueno, quien había seguido perfeccionando su juego, y descubrí cómo es jugar contra un maestro. Aunque yo tenía libertad de hacer cualquier movimiento, ninguna de mis estrategias importó mucho, ya que su superioridad garantizaba que todas sirvieran siempre a su objetivo.

LECTURA:
Romanos 8:18-25

... según su promesa, nosotros esperamos nuevos cielos y nueva tierra... (2 Pedro 3:13).

Quizá esto describa nuestra condición espiritual. Dios nos da libertad para rebelarnos contra su diseño original, pero, aunque lo hagamos, terminamos sirviendo a su meta final de restauración (ROMANOS 8:21; 2 PEDRO 3:13; APOCALIPSIS 21:1). Esto ha transformado mi manera de ver las cosas buenas y las malas. Las buenas, como la salud, los talentos y el dinero, pueden presentarse a Dios como ofrendas para servir a sus propósitos. Y las malas, como las discapacidades, la pobreza, la disfunción familiar y el fracaso, pueden convertirse en instrumentos que me acerquen a Él.

Con el Gran Maestro, la victoria está asegurada, al margen de lo que esté sobre el tablero de la vida.

PY

● *Padre, ayúdame a confiar en tu buen corazón.*

Cuando no podamos ver la mano de Dios, confiemos en su corazón.

LA BIBLIA en **UN AÑO:**
Salmos 70–71; Romanos 8:22-39

Privilegio de familia

Cuando estaba en la escuela primaria, en Ghana, tuve que vivir con una familia amorosa y protectora, lejos de mis padres. Un día, todos los hijos se reunieron para un encuentro familiar especial. Primero, todos tuvimos que compartir experiencias personales. Pero, después, cuando solo se requirió la presencia de los «hijos de sangre», me pidieron gentilmente que saliera. En ese momento, la realidad me golpeó: yo no era un «hijo de la casa». Aunque me amaban, me pidieron que saliera, porque solamente vivía con ellos, sin formar legalmente parte de la familia.

LECTURA:
Juan 1:6-14

Mas a todos los que le recibieron, a los que creen en su nombre, les dio potestad de ser hechos hijos de Dios (v. 12).

Este incidente me trae a la mente Juan 1:11-12. El Hijo de Dios vino a su pueblo, pero ellos no lo recibieron. Los que sí lo recibieron entonces, y los que lo reciben ahora, obtienen el derecho de convertirse en hijos de Dios. Cuando somos adoptados en su familia, «el Espíritu mismo da testimonio a nuestro espíritu, de que somos hijos de Dios» (ROMANOS 8:16).

Jesucristo no excluye a nadie que haya sido adoptado por el Padre, sino que le da la bienvenida como miembro permanente de su familia: «Mas a todos los que le recibieron, a los que creen en su nombre, les dio potestad de ser hechos hijos de Dios» (JUAN 1:12).

LD

Padre, gracias por poder ser tu hijo y por no tener que preocuparme de que me saques de tu familia.

La seguridad de salvación no la da lo que conoces, sino Aquel a quien conoces.

LA BIBLIA en UN AÑO:
Salmos 72–73; Romanos 9:1-15

Criticones anónimos

Como muchos, cuando leo un periódico o una revista, detecto los erores de ortografía y de gramática. (Lo notaste, ¿no?). No estoy tratando de encontrar errores; ¡me saltan a la vista! Mi reacción habitual es criticar la publicación y a las personas que la producen: «¿Por qué no usan el corrector automático o contratan a alguien que revise el texto?».

LECTURA:
Filipenses 1:1-11

Y esto pido en oración, que vuestro amor abunde aun más y más... (v. 9).

Tal vez te suceda lo mismo en tu especialidad. A menudo, parece ser que, cuanto más sabemos de algo, más críticos nos volvemos ante los errores, y esto puede afectar nuestra relación con la gente.

Sin embargo, en Filipenses 1:9, Pablo presenta un enfoque diferente: «Y esto pido en oración, que vuestro amor abunde aun más y más en ciencia y en todo conocimiento». El plan de Dios es que, cuanto más sepamos y entendamos, tanto más amemos. En lugar de desarrollar un espíritu crítico y simular que no notamos algo o que no nos importa, el conocimiento debería fomentar la empatía. La compasión reemplaza a la crítica.

El Señor no nos llama a ser criticones, sino a ser «llenos de frutos de justicia que son por medio de Jesucristo, para gloria y alabanza de Dios» (v. 11).

Cuando el Señor llena nuestro corazón, podemos refrenar las críticas y amar a los demás, ¡sin importar cuánto sepamos de ellos!

DCM

● *Señor, ayúdame a amar y ser compasivo, en vez de criticar.*

Errar es humano; perdonar es divino. —ALEXANDER POPE

Impredecible

En 2003, en el Abierto de Golf Femenino de los Estados Unidos, la relativamente desconocida Hilary Lunke se aseguró el premio más importante en ese deporte... y un lugar en la historia. No solo ganó la final en los 18 hoyos, sino que también fue su primera victoria como profesional. Su triunfo sorprendente e inspirador confirma una de las verdades más emocionantes en cuanto a los deportes: su imprevisibilidad.

LECTURA:
Salmo 46

Estad quietos, y conoced que yo soy Dios... (v. 10).

Sin embargo, lo imprevisible de la vida no siempre es tan emocionante. Elaboramos estrategias, hacemos planes, proyecciones y propuestas sobre lo que nos gustaría que sucediera, pero, a menudo, apenas son poco más que nuestras mejores suposiciones. No tenemos idea de qué puede traer un año, un mes, una semana o, incluso, un día. Por eso, oramos y planificamos; y, después, confiamos en el Dios que conoce perfectamente lo que nosotros jamás podríamos predecir. Por eso, nos encanta la promesa del Salmo 46:10: «Estad quietos, y conoced que yo soy Dios; seré exaltado entre las naciones; enaltecido seré en la tierra».

La vida es impredecible. Hay innumerables cosas que nunca pueden saberse con certeza. No obstante, sí puedo estar seguro de que hay un Dios que lo sabe todo y que me ama profundamente. Y, al conocerlo a Él, puedo «estar quieto»; estar en paz. *WEC*

- *¿Qué planes debo entregar hoy a Dios?*

El cuidado de Dios es la certeza con que enfrentamos las incertidumbres de la vida.

Masa en el bol

Mi hija y yo consideramos que los brownies son una de las siete maravillas del mundo culinario. Un día, mientras mezclábamos los ingredientes de nuestra receta favorita, mi hija me preguntó si podía dejar un poco de masa en el bol después de colocarla en el molde para hornear. Ella quería saborear lo que quedaba. Sonreí y le dije que sí. Después, agregué: «¿Sabes cómo se llama eso? Recoger y juntar. Y esto no comenzó con los brownies».

LECTURA:
Rut 2:1-12

Te ruego que me dejes recoger y juntar tras los segadores entre las gavillas... (v. 7).

Mientras disfrutábamos los restos de nuestro proyecto de cocina, le expliqué que Rut había recogido las sobras de los granos, para que ella y su suegra Noemí tuvieran qué comer (RUT 2:2-3). Como ambas eran viudas, habían regresado a la tierra de Noemí. Allí, Rut conoció a Booz, un acaudalado terrateniente, y le pidió: «Te ruego que me dejes recoger y juntar tras los segadores entre las gavillas» (v. 7). Él accedió generosamente y les dijo a sus empleados que dejaran caer granos a propósito para ella (v. 16).

Tal como Booz, quien dio a Rut de la abundancia de sus campos, Dios también nos provee generosamente. Sus recursos son infinitos, y derrama sus bendiciones para nuestro beneficio. Con generosidad, nos alimenta, tanto física como espiritualmente. Toda buena dádiva proviene de Él.

JBS

● *Querido Dios, te alabo por ser mi proveedor.*

Nuestras mayores necesidades no superan nunca los recursos ilimitados de Dios.

He venido a ayudar

La vívida descripción del periodista Jacob Riis de la pobreza en la ciudad de Nueva York en el siglo XIX horrorizó a un público generalmente complaciente. En su libro, combinaba el texto con fotografías, a fin de que el cuadro fuera tan real que el público tomara conciencia de la angustiante existencia de la pobreza. Por ser el tercero de quince hermanos, pudo escribir con tanto realismo porque había vivido en ese mundo de terrible pobreza.

LECTURA:
Santiago 1:19-27

Pero sed hacedores de la palabra, y no tan solamente oidores... (v. 22).

Poco después de publicar su libro, recibió una tarjeta de un joven que comenzaba su carrera política, que decía simplemente: *He leído su libro y he venido a ayudar. Teodoro Roosevelt.* Este político llegó a ser presidente de los Estados Unidos.

Según Santiago, la fe verdadera responde a las necesidades de los demás (1:19-27). Que nuestro corazón sea impulsado de la inacción a la acción, de las meras palabras a obras que las respalden. Los actos compasivos no solo ayudan a los hundidos en las dificultades de la vida, sino que también pueden ponerlos en condición de recibir el mensaje de nuestro Salvador, quien ve sus necesidades y puede hacer mucho más por ellos. RKK

Señor, es tan fácil sentirnos abrumados, o juzgar a otros y negarnos a ayudar. Que veamos más allá de nuestros conceptos y circunstancias, y nos interesemos como tú lo haces.

Los demás sabrán qué significa «Dios es amor» cuando lo vean en nuestra vida.

LA BIBLIA en UN AÑO:
Salmos 81–83; Romanos 11:19-36

Debe y haber

Cuando mi esposo enseñaba contabilidad en una universidad local, hice uno de los exámenes, solo por diversión, para ver cuánto sabía. Los resultados no fueron buenos. Contesté mal todas las preguntas porque no entendí la premisa de un concepto bancario básico: invertí el debe y el haber.

LECTURA:
Juan 16:1-11

... En el mundo tendréis aflicción; pero confiad, yo he vencido al mundo (v. 33).

A veces, nos pasa lo mismo en la esfera espiritual. Cuando culpamos a Satanás de todo lo que anda mal (sea el mal tiempo, una impresora que se atasca o algún problema financiero), estamos atribuyéndole el crédito por algo que no tiene: el poder para determinar la calidad de nuestra vida. El diablo está limitado en tiempo y espacio. Tiene que pedirle permiso a Dios antes de poder tocarnos (JOB 1:12; LUCAS 22:31).

Sin embargo, al ser el padre de mentiras y príncipe de las tinieblas (JUAN 8:44; 16:11), puede provocar confusión. Jesús advirtió de un tiempo cuando las personas estarían tan confundidas que no distinguirían entre lo bueno y lo malo (16:2). Pero agregó esta verdad: «el príncipe de este mundo ha sido ya juzgado» (v. 11).

Los problemas irrumpirán en nuestra vida, pero no pueden derrotarnos, dado que Jesucristo ya ha vencido al mundo. Todo el crédito le corresponde a Él.

JAL

● *Padre, gracias por ser Señor de todo en nuestra vida. Te alabamos por haber vencido al mundo a través de tu Hijo.*

Mientras que Satanás acusa y confunde, Dios controla.

Un retrato de Jesús

En uno de sus libros, Robert Henkes escribe: «Un retrato no es una fotografía ni un reflejo exacto». En realidad, va más allá de reflejar la apariencia externa; demuestra la profundidad emocional del alma. En un retrato, un auténtico artista trata de «plasmar la esencia de la persona».

LECTURA:
Isaías 53:4-12

... el Señor cargó en él el pecado de todos nosotros (v. 6).

Durante siglos, se han hecho muchos retratos de Jesús. Quizá los hayas visto en una iglesia o museo; o, incluso, tengas uno en tu casa. Por supuesto, ninguno es un retrato auténtico, ya que no tenemos una foto del aspecto físico de nuestro Señor. Pero sí tenemos una descripción magnífica de Él en Isaías 53, inspirada por Dios, la cual capta vívidamente su esencia: «Ciertamente llevó él nuestras enfermedades, y sufrió nuestros dolores [...]. Mas él herido fue por nuestras rebeliones, molido por nuestros pecados; [...] y por su llaga fuimos nosotros curados» (vv. 4-5).

Este pasaje nos permite ver en el rostro de Jesús amor y tristeza, angustia y dolor. Sin embargo, sus labios no acusan ni condenan. No tiene pecados propios que lamentar, sino que carga con los nuestros. Y, en lo más profundo, sabe que «verá el fruto de la aflicción de su alma» (v. 11).

¡Qué retrato maravilloso de nuestro Salvador!

DCM

Jesús, ¡qué asombroso tu amor! Al pensar en lo maravilloso que eres, me inclino en silencio delante de ti.

El amor se manifestó cuando Dios se hizo hombre.

¡Otra vez!

Mientras leía el mensaje en mi teléfono, empezó a subirme la temperatura y me hervía la sangre. Estaba a punto de responder con otro mensaje desagradable, cuando una voz interior me dijo que me calmara y que contestara al día siguiente. Después de dormir bien, el tema que me había molestado tanto parecía una tontería. Había reaccionado en forma desmedida porque no quería dar prioridad a las necesidades de otra persona. No estaba dispuesta a incomodarme para ayudar a alguien.

LECTURA:
2 Tes. 2:13-17

... Dios os haya escogido desde el principio para salvación... (v. 13).

Lamentablemente, estoy tentada a responder con enojo más a menudo de lo que me gustaría reconocer. Con frecuencia, tengo que poner en práctica verdades bíblicas conocidas, tales como «airaos, pero no pequéis» (EFESIOS 4:26), y «no mirando cada uno por lo suyo propio, sino cada cual también por lo de los otros» (FILIPENSES 2:4).

Menos mal que Dios nos ha dado su Espíritu, quien nos ayuda en nuestra batalla contra el pecado. Los apóstoles Pablo y Pedro lo denominaron: «la santificación por el Espíritu» (2 TESALONICENSES 2:13; 1 PEDRO 1:2). Sin su poder, estamos indefensos y vencidos. Sin embargo, con Él, podemos alcanzar la victoria.

PFC

● *Señor, gracias por estar trabajando en mí. Quiero que cambies mi corazón; que me ayudes a escuchar y a colaborar contigo.*

El crecimiento espiritual del creyente es un trabajo de toda la vida.

LA BIBLIA en UN AÑO:
Salmos 89–90; Romanos 14

Einstein y Jesús

A **Albert Einstein** lo recordamos por otras cosas aparte de su cabello despeinado, sus ojos grandes y su agudo carisma. Lo conocemos como el genio y físico que cambió nuestra cosmovisión. Su famosa fórmula, $E=mc^2$, revolucionó el pensamiento científico y nos introdujo en la era nuclear. Con su «teoría de la relatividad», razonó que, dado que el universo completo está en movimiento, todo conocimiento es una cuestión de perspectiva. Creía que la velocidad de la luz es la única constante según la cual medir el espacio, el tiempo y la masa.

LECTURA:
Juan 9:1-7

... Jesús les habló, diciendo: Yo soy la luz del mundo...
(Juan 8:12).

Mucho antes que Einstein, Jesús habló del papel de la luz para entender nuestro mundo, pero desde una perspectiva diferente. Para respaldar su afirmación de que Él es la luz del mundo (JUAN 8:12), sanó a un ciego de nacimiento (9:6). Cuando los fariseos lo acusaron de pecador, este hombre agradecido dijo: «Si es pecador, no lo sé; una cosa sé, que habiendo yo sido ciego, ahora veo» (V. 25).

Mientras que las ideas de Einstein han sido difíciles de probar, la validez de las afirmaciones de Jesús pueden verificarse: podemos pasar tiempo con Él en los Evangelios, invitarlo a participar de nuestra rutina diaria y ver cómo transforma nuestra perspectiva de todas las cosas.

MRD

Señor Jesús, gracias por ser la Luz verdadera, a quien ninguna oscuridad puede apagar.

Solo cuando andamos en la luz de Cristo podemos vivir en su amor.

LA BIBLIA en UN AÑO:
Salmos 91–93; Romanos 15:1-13

La chica del saludo

A finales del siglo XIX y principios del XX, una imagen conocida recibía a los barcos mientras atracaban en uno de los puertos de Estados Unidos: Florence Martus, «la chica del saludo». Durante 44 años, esta muchacha saludó a las grandes naves procedentes del mundo entero, usando un pañuelo durante el día o un farol en la noche. En la actualidad, una estatua de Florence y sus fieles perros se eleva en el Parque Morrell, dando permanentemente la bienvenida a los barcos que ingresan.

LECTURA:
Romanos 15:1-7

... recibíos los unos a los otros, como también Cristo nos recibió, para gloria de Dios (v. 7).

Las cálidas bienvenidas transmiten un sentimiento de aceptación. En Romanos 15:7, Pablo instó a sus lectores: «recibíos los unos a los otros, como también Cristo nos recibió». Tenía en vista la manera de tratarnos mutuamente como seguidores de Cristo, ya que, en los versículos 5 y 6, nos desafió a vivir en armonía unos con otros. La clave es tener «un mismo sentir, según Cristo Jesús, para que todos juntos y a una sola voz [glorifiquemos] al Dios y Padre de nuestro Señor Jesucristo» (RVC).

Aceptar a los demás creyentes en Cristo no solo demuestra que nos amamos unos a otros, sino que también refleja el gran amor de Aquel que nos dio la bienvenida para siempre a su familia.

WEC

● *Padre, dame un corazón de amor por mis hermanos en Cristo, y que, juntos, te honremos en todo lo que hagamos.*

Cuanto más se acercan los cristianos a Cristo, más unidos están entre sí.

Ayudante silencioso

El descubrimiento de la penicilina revolucionó el mundo de la medicina. Antes de la década de 1940, las infecciones bacterianas solían ser mortales. A partir de ese momento, esta droga ha salvado una innumerable cantidad de vidas al destruir las bacterias perjudiciales. El hombre que reconoció su potencial y la desarrolló para su uso masivo ganó el premio Nobel en 1945.

LECTURA:
Isaías 25:1-9

... Dios; te exaltaré, alabaré tu nombre, porque has hecho maravillas... (v. 1).

Mucho antes de este descubrimiento, otros ayudantes silenciosos trabajaban salvando vidas en forma similar: los glóbulos blancos. Estos arduos trabajadores son la manera en que Dios nos protege de enfermedades. Nadie sabe cuántas invasiones han detenido ni cuántas vidas han salvado. Aun así, poco se los reconoce por toda su labor.

Al Señor lo tratamos igual. A menudo, lo culpamos cuando algo sale mal, pero raras veces lo reconocemos por lo que anda bien. Todos los días, nos levantamos, nos vestimos, vamos al trabajo, a la escuela o al supermercado, y regresamos a casa sin problemas, pero no somos conscientes de cuánto nos ha protegido Dios. Sin embargo, si sucede una tragedia, preguntamos: «¿Dónde estaba Dios?».

Cuando pienso en todas las cosas maravillosas que el Señor hace silenciosamente por mí cada día (ISAÍAS 25:1), mi lista de alabanzas es mucho más larga que la de mis peticiones. JAL

● *¿Qué le vas a agradecer hoy a Dios?*

Dios sigue dándonos motivos para alabarlo.

Niña cocinera

Una mañana, mientras Lilia se preparaba para ir al trabajo, su hijita de cuatro años también se puso a trabajar. Habían comprado una tostadora circular, y la idea de pasar el pan por el pequeño horno fascinó a la pequeña. Poco después, Lilia descubrió unas 30 tostadas apiladas sobre la mesa. «¡Soy una cocinera excelente!», declaró la niña.

LECTURA:
Juan 6:22-34

Trabajad [...] por la comida que a vida eterna permanece... (v. 27).

No tiene nada de milagroso que una niña curiosa convierta pan en tostadas. Pero, cuando Jesús transformó los cinco panes y los dos peces de un muchachito en comida para miles de personas, la gente reunida reconoció la naturaleza milagrosa del suceso, y quiso convertir al Señor en su rey (VER JUAN 6:1-15).

Como el reino de Jesús «no es de este mundo» (JUAN 18:36), Él se alejó. Al día siguiente, cuando lo encontraron, el Señor les reveló el error de sus motivaciones: «me buscáis, no porque habéis visto las señales, sino porque comisteis el pan y os saciasteis» (6:26). Erróneamente, pensaron que el «Rey» Jesús les llenaría el estómago y liberaría a la nación. Pero les aconsejó: «Trabajad, no por la comida que perece, sino por la comida que a vida eterna permanece» (v. 27).

Una perspectiva terrenal nos hará ver a Jesús como un medio para alcanzar un fin. En realidad, Él es nuestro Pan de vida. *TG*

- *Señor, que no te busquemos solamente para solucionar problemas.*

Busquen primero el reino de Dios, y todas estas cosas les serán añadidas. —JESÚS

Sitiados

Durante la Guerra de Bosnia (1992-1996), más de 10.000 personas, tanto civiles como soldados, murieron en Sarajevo como resultado de una ráfaga de disparos de armas y de morteros desde las montañas circundantes. La cautivadora novela de Steven Galloway, *El violonchelista de Sarajevo*, transcurre allí, durante el sitio más prolongado de una capital en las guerras de la era moderna. Tres personajes ficticios deben decidir si se dedicarán por completo a luchar para sobrevivir o si considerarán a los demás en semejante adversidad.

LECTURA:
Filipenses 2:1-11

No mirando cada uno por lo suyo propio... (v. 4).

Desde una prisión en Roma, Pablo les escribió a los cristianos de Filipos: «no mirando cada uno por lo suyo propio, sino cada cual también por lo de los otros» (FILIPENSES 2:4), y citó a Jesús como el gran ejemplo de abnegación y altruismo: «Cristo Jesús, el cual, siendo en forma de Dios, no estimó el ser igual a Dios [...], sino que se despojó [...], se humilló a sí mismo, haciéndose obediente hasta la muerte, y muerte de cruz» (vv. 5-8). En vez de buscar que se compadecieran de Él, dio todo lo que tenía para rescatarnos de la tiranía del pecado.

Nuestro constante desafío como seguidores de Cristo es ver a través de sus ojos y, fortalecidos en Él, suplir las necesidades de los demás, aun en nuestras dificultades.

DCM

- *¿Qué puedes hacer hoy para ayudar a otra persona?*

Experimentar el amor de Dios es la clave para amar a los demás.

Reflejar la gloria de Dios

El artista chino del siglo XII, Li Tang, pintaba paisajes animados con personas, pájaros y búfalos de agua. Su talento para realizar dibujos de línea fina sobre seda lo convirtieron en un maestro del arte paisajista chino. Durante siglos, artistas de todo el mundo han plasmado en sus obras lo que ven en la galería de arte de la creación divina: «Los cielos cuentan la gloria de Dios, y el firmamento anuncia la obra de sus manos» (SALMO 19:1). La Biblia afirma que nuestra creatividad como seres humanos surge de estar hechos a la imagen del Creador Maestro (GÉNESIS 1:27).

LECTURA:
Éxodo 31:1-11

Los cielos cuentan la gloria de Dios, y el firmamento anuncia la obra de sus manos
(Salmo 19:1).

Dios escogió artistas que trabajaban en madera, oro, plata, bronce y piedras preciosas para que fabricaran los muebles, los utensilios, los altares y la ropa que se usarían cuando los israelitas lo adoraran en el tabernáculo (ÉXODO 31:1-11). Estas expresiones artísticas de verdades espirituales impulsaban y guiaban a los sacerdotes y a las demás personas a adorar al Señor que los había llamado a ser pueblo suyo.

A través de numerosas clases de expresiones artísticas, reflejamos la belleza de la creación y honramos al Creador y Redentor de este maravilloso mundo.

HDF

Señor y Creador del universo, que nos has dado habilidades creativas, ayúdanos a honrarte por medio de ellas.

Fuimos creados para glorificar a Dios.

LA BIBLIA en **UN AÑO:**
Salmos 105–106; 1 Corintios 3

¿Quién es mi prójimo?

A **María le encantaba** la reunión grupal a mitad de semana en la iglesia, donde ella y varios amigos se encontraban para orar, adorar y debatir temas relacionados con el mensaje de la semana anterior. Ese día iban a hablar sobre la diferencia entre «ir» a la iglesia y «ser» la iglesia en un mundo herido. Estaba ansiosa por ver a sus amigos y charlar con entusiasmo.

LECTURA:
Lucas 10:30-37

... Ve, y haz tú lo mismo (v. 37).

Mientras tomaba las llaves, sonó el timbre. «Lamento molestarte —dijo su vecina—, ¿estás ocupada esta mañana?». María iba a explicarle que tenía que salir, cuando la vecina agregó: «Tengo que llevar el auto al taller. Por lo general, vuelvo caminando o en bicicleta, pero me lastimé la espalda y, por el momento, no puedo hacerlo». María dudó un instante y, luego, sonriendo, dijo: «No hay problema».

Aunque solo la conocía de vista, mientras la llevaba a su casa, se enteró de que el esposo padecía de demencia senil, y del tremendo agotamiento que genera cuidar a alguien así. María la escuchó, se compadeció, prometió orar por ella y se ofreció a ayudarla en todo lo que pudiera.

Aquella mañana, María no fue a la iglesia a hablar sobre cómo compartir su fe, pero sí pudo transmitirle un poco del amor de Cristo a su vecina, la cual estaba atravesando una situación difícil.

MS

- *Señor, quiero ser tus manos y pies para quien lo necesite.*

La fe se manifiesta en nuestras acciones.

Seguir con Cristo

Cuando era niña, mi semana favorita en el verano era la que pasaba en un campamento cristiano de jóvenes. El fin de semana, me sentaba codo a codo con mis amigos, frente a una enorme fogata. Allí compartíamos lo que habíamos aprendido sobre Dios y la Biblia, y cantábamos. Una canción que todavía recuerdo hablaba de decidir seguir a Cristo. El estribillo tenía una frase importante: «no vuelvo atrás».

LECTURA:
1 Reyes 19:19-21

... todo el que pierda su vida por causa de mí, la hallará (Mateo 16:25).

Cuando Eliseo decidió seguir al profeta Elías, llevó a cabo algo increíble que hizo difícil (en realidad, imposible) que volviera a su antiguo trabajo agrícola. Después de ir a su casa y hacer un banquete de despedida, «tomó un par de bueyes y los mató» (1 REYES 1:21). Quemó sus instrumentos para arar, asó al fuego la carne recién cortada y dio de comer a todos los presentes, poniendo fin a su forma de vivir. Después, «se levantó y fue tras Elías, y le servía» (V. 21).

Consagrarnos a Dios, quien merece nuestra devoción, suele implicar tener que pagar un precio. No obstante, nada se compara con lo que ganamos cuando seguimos adelante con Cristo, quien dijo: «Porque todo el que quiera salvar su vida, la perderá; y todo el que pierda su vida por causa de mí, la hallará» (MATEO 16:25).

JBS

● *Padre, ayúdame a ver si hay algo que deseas que deje para seguirte completamente.*

Jesús busca seguidores a tiempo completo.

LA BIBLIA en **UN AÑO:**
Salmos 110–112; 1 Corintios 5

Eso hacemos

Mi padre fue gravemente herido tras recibir un disparo en la pierna mientras guiaba como teniente segundo a sus hombres en Hill 609, en el norte de África, durante la Segunda Guerra Mundial. Después de eso, nunca volvió a estar físicamente al cien por ciento. Yo nací varios años más tarde y, mientras fui joven, nunca supe que lo habían herido. Me enteré al tiempo, cuando alguien me contó. Aunque a mi padre siempre le dolía la pierna, nunca se quejaba ni usaba eso como excusa para no sustentar a su familia.

LECTURA:
Salmo 112

En el temor del Señor está la fuerte confianza; y esperanza tendrán sus hijos
(Proverbios 14:26).

Mis padres amaban al Salvador y nos enseñaron a amarlo, confiar en Él y servirlo. En tiempos buenos y malos, simplemente confiaban en Dios, trabajaban duro y nos amaban incondicionalmente. Proverbios 14:26 afirma que «en el temor del Señor está la fuerte confianza; y esperanza tendrán sus hijos». Mi padre hizo eso por nuestra familia. Al margen de las dificultades que enfrentó, nos brindo un lugar espiritual, emocional y físicamente seguro.

Como padres, podemos brindarle un lugar seguro a nuestra familia con la ayuda del Padre celestial y perfecto, cuyo amor a sus hijos es insondable y eterno.

WEC

¿Cómo ha sido Dios un Padre para ti? ¿De qué manera lo honras en tu familia?

El amor del Padre no conoce límites.

Desconectarse

Cuando nuestros hijos eran jóvenes, fuimos a visitar a mis abuelos. Donde ellos vivían, el televisor no tenía muy buena recepción, pero, para ellos, no era una cuestión muy importante. Después de ver a mi hijo manipulando el aparato durante un tiempo, me preguntó frustrado: «¿Qué se hace cuando se ve un solo canal y no te gusta lo que están transmitiendo?».

LECTURA:
Mr. 6:30-31, 45-47

... Venid vosotros aparte a un lugar desierto, y descansad un poco... (v. 31).

«Lo apagas», dije con una sonrisa, lo cual no fue exactamente el consejo que él esperaba. Tampoco es la respuesta que se espera hoy; en especial, con tantos artefactos que nos entretienen, informan y distraen.

A veces, necesitamos apagar todo y descansar la mente un rato. Simplemente, nos hace falta «desenchufarnos». Jesús solía apartarse durante un tiempo; en especial, cuando quería dedicarse a orar (MATEO 14:13). También instaba a los discípulos a hacer lo mismo, aunque fuera solo un rato (MARCOS 6:31). Esta clase de soledad y de tiempo para reflexionar es beneficioso para todos. Es entonces cuando podemos acercarnos a Dios.

Sigue la sabiduría y el ejemplo de Cristo: apártate y descansa un poco. Será bueno para tu cuerpo, mente y espíritu. CHK

● *Señor, ayúdame a buscar aquellas cosas que provienen de ti, de lo alto. Quiero desconectarme de todo lo que me distrae y acercarme a ti*

Bajar el volumen de la vida te permite escuchar atentamente a Dios.

Estar al lado

Cuando a mi hermana Carole le diagnosticaron cáncer de mama, toda la familia se preocupó. Las cirugías y los tratamientos nos hicieron temer por su bienestar, lo cual nos llevó a orar por ella. Durante los meses siguientes, fue sincera al ponernos al tanto de los desafíos, pero todos nos alegramos cuando llegó el informe de que los tratamientos habían tenido éxito. ¡Estaba recuperándose!

LECTURA:
2 Corintios 1:3-11

Bendito sea el Dios y Padre de nuestro Señor Jesucristo [...] el cual nos consuela... (vv. 3-4).

Menos de un año más tarde, mi hermana Linda enfrentó la misma lucha. De inmediato, Carole estuvo a su lado para ayudarla a entender qué esperar y cómo prepararse para lo que vendría. Su propia experiencia la había equipado para acompañar a Linda en su prueba.

Esto es lo que Pablo nos dice que debemos hacer en 2 Corintios 1:3-4: «Bendito sea el Dios y Padre de nuestro Señor Jesucristo, Padre de misericordias y Dios de toda consolación, el cual nos consuela en todas nuestras tribulaciones, para que podamos también nosotros consolar a los que están en cualquier tribulación, por medio de la consolación con que nosotros somos consolados por Dios».

Gracias al Señor que Él no desaprovecha nada. Nuestras luchas no solo nos dan la oportunidad de experimentar su consuelo, sino que también nos abren la puerta para compartir ese consuelo con otras personas que sufren.

WEC

- *¿Cómo puedo alentar hoy a alguien que sufre?*

La presencia de Dios nos consuela; nuestra presencia consuela a otros.

LA BIBLIA en **UN AÑO:**
Salmo 119:1-88; 1 Corintios 7:20-40

Cuando todo anda mal

Lo primero que a muchos les gusta citar cuando enfrentan dificultades es: «Y sabemos que a los que aman a Dios, todas las cosas les ayudan a bien, esto es, a los que conforme a su propósito son llamados» (ROMANOS 8:28). Pero no es fácil creerlo en momentos complicados. Una vez, me senté a hablar con un hombre que había perdido tres hijos, una tras otro, y lo escuché lamentarse: «¿Cómo puede ser para mi bien semejante tragedia?». No supe qué contestar, pero permanecí a su lado, en silencio y acompañándolo en su dolor. Varios meses después, él estaba agradecido, mientras afirmaba: «Mi tristeza está acercándome a Dios».

LECTURA:
Romanos 8:28-30

Y sabemos que a los que aman a Dios, todas las cosas les ayudan a bien (v. 28).

Incontables testimonios avalan la verdad de estos versículos. La historia de Fanny Crosby, la escritora de himnos, es un ejemplo clásico: quedó ciega a los cinco años. A los ocho, ya escribía poesías y canciones. Con sus más de 8.000 obras, ha bendecido al mundo entero con títulos como *Salvo en los fuertes brazos* y *Salvador, a ti acudo*.

Es difícil entender qué hay de bueno en las tragedias que enfrentamos, y no siempre lo veremos en esta vida, pero Dios tiene sus propósitos y nunca nos abandona.

LD

● *¿Qué prueba en tu vida descubriste que te benefició? ¿Qué cosas buenas trajo aparejadas? ¿Estás atravesando ahora alguna dificultad y orando para ver algo beneficioso en ella?*

Dios siempre tiene buenos propósitos para nuestras pruebas.

LA BIBLIA en **UN AÑO:**
Salmo 119:89-176; 1 Corintios 8

El poder de las palabras

Nelson Mandela, el famoso líder sudafricano, conocía el poder de las palabras. En la actualidad, sus frases suelen citarse, pero, cuando estaba preso, no podían repetirse por temor a las repercusiones. Diez años después de ser liberado, declaró: «Nunca acostumbro a usar palabras con ligereza. Si 27 años de encarcelamiento me han favorecido en algo, fue aprovechar el silencio de la soledad para entender cuán preciosas son las palabras y el impacto que produce nuestro vocabulario en la manera de vivir y de morir de las personas».

LECTURA:
Pr. 18:1-8, 20-21

La muerte y la vida están en poder de la lengua
(v. 21).

El rey Salomón, autor de la mayor parte de Proverbios, del Antiguo Testamento, escribió varias veces sobre el poder de las palabras: «La muerte y la vida están en poder de la lengua» (PROVERBIOS 18:21). Las palabras tienen el potencial de producir consecuencias positivas y negativas (v. 20): dar vida mediante el ánimo y la sinceridad o aplastar y matar con mentiras y murmuración. ¿Cómo podemos estar seguros de expresar palabras buenas que tengan resultados beneficiosos? La única manera es cuidar diligentemente nuestro corazón: «Sobre toda cosa guardada, guarda tu corazón; porque de él mana la vida».

Jesús puede transformar nuestro corazón para que nuestras palabras sean lo mejor en cada situación: sinceras, suaves, apropiadas y útiles.

MLW

Señor, guía hoy mis palabras.

Nuestras palabras tienen poder para edificar o derribar.

El propósito de la rutina

Un reloj expuesto en el Museo Británico me impactó por ser una ilustración impresionante del efecto embotador de la rutina. Una pequeña esfera de acero rueda por los surcos en vaivén de una plancha, hasta que golpea una palanca en el otro extremo. Esto inclina la plancha hacia el otro lado, y la esfera comienza a desplazarse en esa dirección, lo cual hace mover las agujas del reloj. Cada año, la esfera recorre unos 4.000 kilómetros, pero sin llegar a ninguna parte.

LECTURA:
1 Corintios 9:19-27

Así que yo corro y lucho, pero no sin una meta definida... (v. 26 RVC).

Es fácil que la rutina nos atrape cuando no tenemos un propósito importante. El apóstol Pablo anhelaba ser eficaz en dar a conocer el evangelio: «Yo de esta manera corro, no como a la ventura; de esta manera peleo, no como quien golpea el aire» (1 CORINTIOS 9:26). Cualquier cosa puede volverse monótona: viajar, predicar, enseñar y, en especial, estar confinado en una cárcel. No obstante, Pablo estaba convencido de que podía servir a Cristo, su Señor, en toda situación.

La rutina se torna letal cuando no le encontramos un propósito. La visión de Pablo iba más allá de cualquier circunstancia limitante porque su participación en la carrera de la fe no cesaría hasta cruzar la línea de llegada. Al incluir a Jesús en cada aspecto de su vida, aun la rutina tenía significado.

DCM

• *Señor, renueva mi visión de dar a conocer a Cristo aun en mis rutinas.*

Jesús puede transformar nuestra rutina en un servicio valioso para Él.

Héroes decepcionantes

La tendencia actual en muchos países es «reeditar» su historia. Próceres destacados, anteriormente reconocidos y honrados por sus luchas incansables para lograr la independencia de sus pueblos, son ahora reprobados al darse a conocer ciertos aspectos oscuros de sus conductas y prácticas. La buena reputación de muchos ha sido manchada por revelaciones irrefutables. Aun así, no dejan de ser héroes.

LECTURA:
Hebreos 3:1-6

... considerad al apóstol y sumo sacerdote de nuestra profesión, Cristo Jesús (v. 1).

La Biblia está llena de personajes imperfectos que se convirtieron en verdaderos héroes. Pero no debemos perder de vista la fuente que generó sus actos heroicos. Su fe estaba en *Dios*, quien decidió utilizar seres humanos imperfectos para llevar a cabo propósitos extraordinarios.

Entre esos héroes, sobresale Moisés. Tendemos a olvidar que fue un homicida y un líder reticente, quien incluso despotricó contra Dios: «¿Por qué has hecho mal a tu siervo? ¿y por qué no he hallado gracia en tus ojos, que has puesto la carga de todo este pueblo sobre mí?» (NÚMEROS 11:11-12).

¡Moisés sí que era humano! Aun así, Hebreos afirma: «Como siervo, Moisés fue fiel en toda la casa de Dios, para dar testimonio de lo que se iba a decir» (HEBREOS 3:5 RVC).

Solo hay un héroe que nunca decepciona: «A Jesús se le ha concedido más honor que a Moisés» (v. 3 RVC).

TG

Señor, te entrego mis debilidades. Úsalas para tus buenos propósitos.

¿Buscas a alguien que no te decepcione? Mira a Jesús.

Pasos de bebé

Mi hijita está aprendiendo a caminar. Tengo que sostenerla, y ella se aferra a mis dedos porque todavía se siente inestable. Tiene miedo de caerse, pero yo estoy allí para sostenerla y cuidarla. Mientras camina con mi ayuda, sus ojos destellan gratitud, felicidad y seguridad. Sin embargo, a veces llora porque no la dejo ir por lugares peligrosos... no se da cuenta de que estoy protegiéndola.

LECTURA:
Salmo 18:31-36

[El Señor] hace mis pies como de ciervas, y me hace estar firme sobre mis alturas (v. 33).

Como mi pequeña, nosotros también solemos necesitar a alguien que nos vigile, guíe y sostenga en nuestro andar espiritual. Y tenemos a ese Alguien: Dios, nuestro Padre. Él ayuda a sus hijos a aprender a caminar, guía sus pasos, los sostiene de la mano y los mantiene en el sendero correcto.

El rey David sabía perfectamente que necesitaba el cuidado de Dios. En el Salmo 18, describe cómo nos guía y fortalece el Señor cuando estamos perdidos y confundidos (v. 32); mantiene firmes nuestros pies, como los de un ciervo que trepa a lugares altos, sin resbalarse (v. 33); y, si resbalamos, su mano está allí para sostenernos (v. 35).

Al margen de que seamos creyentes nuevos, aprendiendo todavía a caminar en la fe, o que nuestro andar con Dios ya lleve mucho tiempo, todos necesitamos que su mano nos guíe y nos mantenga firmes.

KO

Querido Padre, toma mi mano y guíame en el sendero de una vida recta.

Dios me cuida a cada paso del camino.

LA BIBLIA en **UN AÑO:**
Salmos 129–131; 1 Corintios 11:1-16

Constatar la verdad

«U**na araña selvática** mortífera ha migrado a nuestro país y está matando gente», decía el artículo que me enviaron a mí y a la lista de contactos de email de mi amigo. La historia sonaba creíble; repleta de nombres de científicos y de situaciones de la vida real. Sin embargo, cuando la verifiqué en páginas de Internet confiables, descubrí que era mentira; un engaño de la web. Su autenticidad solo podía ser verificada consultando una fuente confiable.

LECTURA:
Hechos 17:10-13

... [Los de Berea escudriñaban] cada día las Escrituras para ver si estas cosas eran así (v. 11).

Un grupo de cristianos del siglo I, que vivían en Macedonia, entendían la importancia de confirmar lo que oían. Los habitantes de Berea «recibieron la palabra con toda solicitud, escudriñando cada día las Escrituras para ver si estas cosas eran así» (HECHOS 17:11). Habían escuchado a Pablo, y quisieron asegurarse de que lo que él decía estaba de acuerdo con las enseñanzas del Antiguo Testamento. Tal vez el apóstol les dijo que las Escrituras revelaban que el Mesías sufriría y moriría por el pecado. Entonces, ellos necesitaban verificarlo con la fuente acreditada.

Cuando escuchamos ideas espirituales que nos perturban, debemos tener cuidado. Podemos investigar la Palabra de Dios por nuestra cuenta, escuchar fuentes dignas de confianza y pedirle al Señor Jesús que nos dé sabiduría.

JDB

Señor, ayúdanos a discernir tu Palabra, para buscarte a ti.

La verdad de Dios resiste toda prueba.

No lo pospongas

Durante años, le hablé a mi primo lejano sobre su necesidad de un Salvador. Hace poco, cuando vino a visitarme y volví a invitarlo a recibir a Cristo, respondió de inmediato: «Me gustaría aceptar a Cristo y unirme a una iglesia, pero todavía no. Vivo entre personas con otras creencias. A menos que me mude, no podré practicar bien mi fe». La persecución, el ridículo y la presión de sus pares fueron las excusas para posponer su decisión.

LECTURA:
Lucas 9:57-62

Porque de tal manera amó Dios al mundo, que ha dado a su Hijo...
(Juan 3:16).

Sus temores eran legítimos, pero le aseguré que, pasara lo que pasara, Dios no lo abandonaría. Lo insté a no postergarlo más y a confiar en la protección del Señor. Entonces, dejó de lado sus excusas, reconoció su necesidad del perdón divino y confió en Cristo como su Salvador personal.

Cuando Jesús invitaba a personas para que lo siguieran, estas también ponían excusas; todas relacionadas con intereses de este mundo (LUCAS 9:59-62). La respuesta del Señor (VV. 60-62) nos exhorta a no permitir que las excusas nos priven de lo más importante en la vida: la salvación de nuestra alma.

¿Oyes el llamado de Dios para que aceptes la salvación que te ofrece? No lo pospongas. «He aquí ahora el tiempo aceptable; he aquí ahora el día de salvación» (2 CORINTIOS 6:2).

LD

● *«¡Cuán tiernamente Jesús os invita! ¡Oh, pecadores, venid!». ¿Vendrás hoy a Él?*

Hoy es el día de salvación.

La edad no importa

Después de trabajar durante 50 años en su consultorio dental, Dave Bowman planeaba jubilarse y descansar. La diabetes y una cirugía cardíaca confirmaron su intención. Sin embargo, cuando escuchó sobre un grupo de refugiados jóvenes en Sudán, que necesitaban ayuda, tomó una decisión que transformó su vida: accedió a patrocinarlos.

LECTURA:
1 Corintios 12:12-26

... si un miembro padece, todos los miembros se duelen con él...
(v. 26).

A medida que conocía más detalles de estos jóvenes sudaneses, descubrió que nunca habían sido atendidos por un médico o un dentista. Poco después, alguien mencionó este versículo en su iglesia: «si un miembro padece, todos los miembros se duelen con él» (1 CORINTIOS 12:26). No podía sacarse el texto de la mente. Los creyentes en Sudán estaban sufriendo porque necesitaban asistencia médica, y Dave sintió que Dios le decía que hiciera algo. Pero ¿qué?

A pesar de su edad y su mala salud, empezó a averiguar sobre la posibilidad de construir un centro médico en ese país. Poco a poco, Dios reunió personas y recursos, y, en 2008, el hospital Memorial Christian abrió sus puertas, como un recordatorio del interés del Señor por los que sufren. Desde entonces, miles han sido atendidos allí.

A menudo, Dios obra a través de personas como nosotros, aun cuando pensemos que ya terminó nuestra labor.

JAL

- *¿Está Dios llamándote hoy para suplir alguna necesidad?*

A Dios le importa el sufrimiento de la gente.

Proyecto Babel

A dos obreros les preguntaron qué estaban construyendo. Uno dijo que era un garaje, pero el otro contestó que edificaba una catedral. Al día siguiente, había uno solo poniendo ladrillos. Cuando le preguntaron dónde estaba el otro, respondió: «Ah, sí, lo despidieron. Insistía en construir una catedral en lugar de un garaje».

LECTURA:
Génesis 11:1-9

Si el Señor no edificare la casa, en vano trabajan los que la edifican...
(Salmo 127:1).

Algo similar sucedía en la antigua obra de Babel. Un grupo decidió edificar una ciudad, y una torre que llegara hasta el cielo y uniera su mundo (GÉNESIS 11:4). Sin embargo, Dios no quería que trabajaran en ese grandioso plan egocéntrico, basado en que podrían ponerse a la altura del Altísimo y resolver todos sus problemas. Entonces, el Señor descendió, detuvo el proyecto, dispersó a la gente «sobre la faz de toda la tierra» y le dio idiomas diferentes (vv. 8-9).

Dios quería que todos lo vieran a Él como la solución de sus problemas y le reveló a Abraham sus planes para ellos (12:1-3). Mediante la fe de Abraham y sus descendientes, le mostraría al mundo cómo buscar una ciudad «cuyo arquitecto y constructor es Dios» (HEBREOS 11:8-10).

Nuestra fe no surge de nuestros sueños y soluciones personales, sino que su fundamento está únicamente en Dios y en lo que Él puede hacer en y a través de nosotros. *MRD*

● *Padre celestial, ayúdame a consultarte sobre mis sueños y planes*

Dios quiere llevar a cabo lo que solamente Él puede hacer en y por nosotros.

LA BIBLIA en UN AÑO:
Salmos 140–142; 1 Corintios 14:1-20

La tiranía de la perfección

Al Dr. Goldman lo obsesionaba ser perfecto al tratar a sus pacientes. Sin embargo, en un programa de amplia difusión, admitió que había cometido errores. Reveló que, luego de tratar a una mujer en la sala de primeros auxilios, decidió darle el alta. Más tarde, una enfermera le preguntó: «¿Recuerda a esa paciente que mandó a su casa? Bueno, volvió». La habían vuelto a internar y murió. La situación lo devastó. Se esforzó aun más para ser perfecto, pero aprendió lo inevitable: es imposible ser perfecto.

LECTURA:
1 Juan 1:5–2:2

Si decimos que no tenemos pecado, nos engañamos... (v. 8).

El apóstol Juan escribió: «Si decimos que no tenemos pecado, nos engañamos a nosotros mismos, y la verdad no está en nosotros» (1 JUAN 1:8). La solución no es esconder los pecados y esforzarse por mejorar, sino colocarnos bajo la luz de Dios y confesarlos. «Si andamos en luz, como él está en luz, tenemos comunión unos con otros, y la sangre de Jesucristo su Hijo nos limpia de todo pecado» (v. 7).

En medicina, el Dr. Goldman propone la idea de un «médico redefinido», el cual, en una cultura donde se vacila para admitir los errores, ya no luche contra la tiranía de la perfección, sino que los reconozca y respalde a los colegas que lo hacen. Todo esto para mejorar.

¿Qué pasaría si, a pesar del riesgo, los creyentes fuéramos sinceros entre nosotros y con el mundo?

TG

Padre, que seamos transparentes.

Ser sinceros con Dios sobre nuestro pecado trae perdón.

El poder de la gente

Un hombre estaba subiendo a un tren en Perth, Australia, cuando resbaló y la pierna le quedó atrapada en el espacio entre el vagón y la plataforma de la estación. Decenas de personas se acercaron rápidamente para ayudarlo. Con todas sus fuerzas, empujaron el vagón hacia el costado, ¡y el hombre fue liberado! En una entrevista, el vocero del servicio ferroviario declaró: «De algún modo, todos participaron. Fue el poder de la gente que salvó a alguien de un posible daño grave».

LECTURA:
Efesios 4:7-16

Todo el cuerpo, [...] según la actividad propia de cada miembro, recibe su crecimiento... (v. 16).

En Efesios 4, leemos que el poder de la gente es el plan de Dios para desarrollar su familia. Él ha dado a cada creyente un don especial de su gracia (v. 7) para un propósito específico: «todo el cuerpo, bien concertado y unido entre sí por todas las coyunturas que se ayudan mutuamente, según la actividad propia de cada miembro, recibe su crecimiento para ir edificándose en amor» (v. 16).

Cada persona tiene una tarea que realizar en la familia de Dios; no hay espectadores. Lloramos y reímos juntos; compartimos las cargas; oramos unos por otros y nos alentamos; nos desafiamos y nos ayudamos a alejarnos del pecado. Pidámosle a nuestro Padre celestial que nos muestre cuál es nuestra función en su familia.

PFC

● *¿Eres un espectador o un participante? ¿Qué dones tienes? ¿Cómo puede utilizarte Dios para ayudar a otros?*

Nos necesitamos mutuamente para llegar adonde Dios quiere que vayamos.

Candados del amor

Los «candados del amor» son un fenómeno creciente. Miles de personas enamoradas han colocado estos candados en puentes, puertas y cercas en todo el mundo. Las parejas graban sus nombres en ellos y los colocan en lugares públicos como un símbolo de su amor eterno. A algunas autoridades no les gusta debido al peligro que pueden generar si se colocan demasiados. Algunos piensan que son actos vandálicos, mientras que otros los consideran obras artísticas hermosas y cuadros del compromiso del amor.

LECTURA:
Efesios 4:29–5:2

Y andad en amor, como también Cristo nos amó, y se entregó a sí mismo por nosotros... (v. 2).

Jesús nos mostró en un lugar público el verdadero «amor eterno». Lo exhibió en la cruz cuando entregó su vida para ofrecer el perdón de pecado. Además, sigue demostrándonos su amor cada día. La salvación no es solo una promesa de vida eterna con Dios, sino también una experiencia cotidiana de perdón, seguridad, provisión y gracia en nuestra relación con Él. El amor de Jesús hacia nosotros es el fundamento del desafío de Pablo a andar en amor para con los demás (EFESIOS 5:2).

El amor de nuestro Padre nos capacita para ser pacientes y amables. En su Hijo, nos ha dado el ejemplo supremo y el medio para amarnos unos a otros... para siempre.

AMC

● *¿Cómo has aprendido a amar a los demás? ¿Qué podrías hacer hoy para crecer en amor?*

Jesús nos muestra cómo amar.

Continuará…

Durante mi niñez y adolescencia, en la década de 1950, los sábados por la tarde solía asistir a un cine local. Junto con dibujos animados y una película, presentaban una serie de aventuras que siempre terminaba con el héroe o la heroína enfrentando una situación difícil. Daba la impresión de que no había salida, pero cada episodio terminaba con la palabra «Continuará…».

LECTURA:
1 Corintios 15:50-58

… Sorbida es la muerte en victoria (v. 54).

El apóstol Pablo sabía lo que significaba enfrentar situaciones riesgosas. Fue encarcelado, azotado, apedreado; incluso sufrió un naufragio mientras procuraba llevar la buena noticia de Jesucristo a otras personas. Sabía que moriría algún día, pero nunca consideró que ese fuera el final de la historia. A los seguidores de Jesús en Corinto, les escribió: «Y cuando esto corruptible se haya vestido de incorrupción, y esto mortal se haya vestido de inmortalidad, entonces se cumplirá la palabra que está escrita: Sorbida es la muerte en victoria» (1 CORINTIOS 15:54). La pasión que impulsaba la vida de Pablo era comunicar a los demás que Jesús, el Salvador, entregó su vida en la cruz para que, al poner la fe en Él, seamos perdonados de todos nuestros pecados y tengamos vida eterna.

Para el creyente en Cristo, la historia de su vida «continuará…» en la presencia de Dios.

DCM

- *Padre, te alabo por regalarme la vida eterna.*

En la vida o en la muerte, Cristo es nuestra esperanza.

LA BIBLIA en UN AÑO:
Proverbios 1–2; 1 Corintios 16

Ondas de esperanza

En 1966, el senador estadounidense Robert Kennedy hizo una visita influyente a Sudáfrica, donde brindó palabras de ánimo a los opositores del *apartheid* en su famoso discurso «Una ola de esperanza», pronunciado en la Universidad de Ciudad del Cabo. Declaró: «Cada vez que un hombre lucha por un ideal, o actúa para ayudar a otros o se rebela ante la injusticia, está generando una pequeña ola de esperanza, y millones de esas pequeñas olas, cruzándose entre sí y sumando intensidad, forman un maremoto capaz de derrumbar los muros de resistencia y opresión más poderosos».

LECTURA:
1 Pedro 1:3-9

... nuestro Señor Jesucristo, [...] nos hizo renacer para una esperanza viva (v. 3).

En este mundo, la esperanza a veces parece escasear. Sin embargo, el seguidor de Cristo dispone de una esperanza final. Pedro escribió: «Bendito el Dios y Padre de nuestro Señor Jesucristo, que según su grande misericordia nos hizo renacer para una esperanza viva, por la resurrección de Jesucristo de los muertos» (1 PEDRO 1:3).

Por la certeza de la resurrección de Cristo, el hijo de Dios tiene una seguridad mucho mayor que una simple ola. Es una corriente asombrosa de confianza en la fidelidad de Aquel que conquistó la muerte por nosotros. Jesucristo, al triunfar sobre la muerte (nuestro mayor enemigo), nos infunde esperanza en las situaciones más desesperantes.

WEC

- *¿En quién tienes puesta tu esperanza eterna?*

En Cristo, los desesperanzados encuentran esperanza.

LA BIBLIA en UN AÑO:
Proverbios 3–5; 2 Corintios 1

Los planes de Dios

Un oficial del ejército puede tener un plan general, pero, antes de cada batalla, debe recibir y dar instrucciones nuevas. Josué, un líder del pueblo de Dios, tuvo que aprender esta lección. Después de que los israelitas pasaron 40 años en el desierto, el Señor escogió a Josué para que los liderara en la entrada a la tierra que Él les había prometido.

LECTURA:
Josué 5:13–6:2

... «¿Qué órdenes tiene mi Señor para este siervo suyo?» (v. 14 RVC).

La primera fortaleza que enfrentaron fue la ciudad de Jericó. Antes de la batalla, Josué vio al «Príncipe del ejército del Señor» (probablemente, el Señor mismo) de pie frente a él, con una espada en su mano. Josué cayó postrado y adoró. En otras palabras, reconoció la grandeza de Dios y su propia debilidad. Luego, preguntó: «¿Qué órdenes tiene mi Señor para este siervo suyo?» (JOSUÉ 5:14 RVC). La victoria que logró en Jericó se debió a haber seguido las instrucciones de Dios.

No obstante, en otra ocasión, Josué y su gente «no consultaron al Señor» (9:14). Como resultado, fueron engañados para que acordaran un tratado de paz con los gabaonitas, enemigos que moraban en la tierra de Canaán. Esto desagradó a Dios (vv. 3-26).

Nosotros también dependemos del Señor al enfrentar las luchas de la vida. Su anhelo es que nos acerquemos a Él con humildad. Así, mañana volverá a darnos la victoria.

KO

- *¿En qué área necesitas la guía de Dios?*

La victoria espiritual es de quienes se humillan y buscan la voluntad de Dios.

Un perfume y una carta

Cada vez que paso junto a un rosal o a un ramo de flores, no puedo resistir la tentación de acercar una flor a mi nariz para sentir el perfume. El aroma agradable me incentiva y despierta en mi interior sensaciones agradables.

Hace siglos, cuando el apóstol Pablo les escribió a los cristianos de Corinto, afirmó que, como pertenecemos a Cristo, Dios «por medio de nosotros manifiesta en todo lugar el olor de su conocimiento» (2 CORINTIOS 2:14). El poder del Señor nos capacita para tener una vida victoriosa, al sustituir nuestro egoísmo por su amor y bondad, y proclamar la benignidad de su salvación. Cuando lo hacemos, somos indudablemente un aroma fragante para Dios.

LECTURA:
2 Co. 2:14–3:3

Porque para Dios somos grato olor de Cristo... (v. 15).

Luego, Pablo pasa a una segunda imagen, en la cual describe a los creyentes como una «carta de Cristo» (3:3). Nuestra vida es una carta que no se ha escrito con tinta común, sino con el Espíritu de Dios. El Señor nos cambia al escribir su Palabra en nuestro corazón, para que otros lean.

Ambas ilustraciones nos incentivan a permitir que la belleza de Cristo se vea en nosotros, para que podamos guiar a las personas a Él. Jesucristo es quien, como escribió Pablo en Efesios 5:2, «nos amó, y se entregó a sí mismo por nosotros, ofrenda y sacrificio a Dios en olor fragante».

LD

- *Señor, que tu esplendor perfume mi vida.*

Nuestras acciones hablan más fuerte que nuestras palabras.

LA BIBLIA en **UN AÑO:**
Proverbios 8–9; 2 Corintios 3

Me sostiene

Cuando dejé de viajar en familia con mis padres, raras veces iba a visitar a mis abuelos, los cuales vivían a cientos de kilómetros de casa. Así que, un día, decidí tomar un avión para ir a visitarlos durante un fin de semana largo. Mientras íbamos al aeropuerto para mi vuelo de regreso, mi abuela, que nunca había volado, empezó a transmitirme sus temores: «Ese avión en que viniste era tan pequeño… En realidad, no hay nada que te sostenga allí arriba, ¿no? A mí me daría muchísimo miedo subir a esa altura».

LECTURA:
Salmo 34:1-7

… No temas, yo te ayudo
(Isaías 41:13).

Cuando llegó el momento de subir al pequeño avión, yo tenía tanto miedo como la primera vez que volé. *Es verdad, ¿qué es lo que, al fin y al cabo, sostiene este avión?*

Los temores irracionales, e incluso los legítimos, no tienen que aterrorizarnos. David vivió como un fugitivo; perseguido por el rey Saúl, quien estaba celoso de su popularidad. Solamente encontró paz y consuelo en su relación con Dios, como escribió en el Salmo 34: «Busqué al Señor, y él me oyó, y me libró de todos mis temores» (v. 4).

Nuestro Padre celestial es perfectamente sabio y amoroso. Cuando el miedo comience a abrumarnos, debemos detenernos y recordar que Él es nuestro Dios y que siempre nos sostendrá.

CHK

Padre, a pesar de mis temores, sé que estás conmigo. ¡Que tu amor perfecto quite mis miedos y tranquilice mi corazón!

Cuando creemos que Dios es bueno, aprendemos a liberarnos de nuestros miedos.

LA BIBLIA en UN AÑO:
Proverbios 10–12; 2 Corintios 4

En la huerta

Mi amor a la agricultura tal vez tenga sus raíces en mis antepasados, quienes dedicaron su vida a esta tarea como un medio para mantener a la familia. Mi padre creció en una granja, y trabajar en la huerta también era su pasión. En mi caso, cultivar plantas que dan flores hermosas y cuidar rosas que llenan de perfume y belleza nuestro jardín es un pasatiempo maravilloso. Si no fuera por las malezas, ¡todo sería perfecto!

LECTURA:
Mateo 26:36-42

Padre mío, [...] hágase tu voluntad (v. 42).

Cuando tengo que luchar contra ellas, recuerdo el huerto de Edén; un jardín perfecto hasta que Adán y Eva desobedecieron a Dios. Entonces, los espinos y los cardos se convirtieron en una realidad para todos (GÉNESIS 3:17-18).

La Biblia también menciona otro huerto: Getsemaní, donde Cristo, con una profunda angustia, le rogó a su Padre que buscara otra manera de revertir las consecuencias del pecado que comenzaron en Edén. No obstante, Jesús se sometió a su Padre con palabras de total obediencia ante aquel gran dolor: «Hágase tu voluntad» (MATEO 26:42).

Debido a que Jesús se sometió en ese huerto, nosotros ahora cosechamos los frutos de su gracia asombrosa. Dejemos que el Señor quite la maleza del pecado de nuestra vida. *JMS*

Señor, gracias por pagar por mi pecado. Que tu victoria me incentive a liberarme de las trabas del pecado y a utilizar mi capacidad de dar fruto para ti.

El crecimiento espiritual se produce cuando se cultiva la fe.

Los dos osos

Hace unos años, mi esposa y yo pasamos unos días acampando en las laderas de una elevada montaña en un parque nacional. Una tarde, mientras volvíamos a nuestra tienda, vimos dos osos machos dándose puñetazos en las orejas en medio de un pastizal. Entonces, nos detuvimos a mirar.

LECTURA:
Proverbios 13:10-20

... con los que reciben consejos está la sabiduría (v. 10 LBLA).

Un excursionista pasaba cerca, y le pregunté por qué se peleaban. «Una osa joven», respondió.

«¿Dónde está la osa?», dije.

«Ah, se fue hace unos 20 minutos», contestó sonriendo.

Entonces, mi conclusión fue que, en ese momento, el conflicto no era la osa, sino cuál de los dos demostraba ser el más fuerte.

La mayoría de las peleas no son sobre estrategias o principios, o sobre qué es bueno o malo; casi siempre las motiva el orgullo. El sabio de Proverbios da en el clavo al referirse a la raíz del problema: «la soberbia concebirá contienda» (13:10). El orgullo, la necesidad de tener razón, el querer imponerse o el defender nuestro ego son el combustible de las disputas.

En cambio, la sabiduría está en quienes reciben consejos; en los que escuchan y aprenden; en los que, con humildad, dejan de lado sus ambiciones egoístas; en quienes se dejan corregir. Esta es la sabiduría de Dios que infunde paz dondequiera que va. *DHR*

● *Padre, ayúdame a luchar contra mi orgullo. Dame un corazón humilde.*

La humildad genera sabiduría.

LA BIBLIA en **UN AÑO:**
Proverbios 16–18; 2 Corintios 6

De tal manera amó Dios...

El 28 de julio de 2014 se cumplieron cien años del comienzo de la Primera Guerra Mundial. Muchos medios de comunicación británicos recordaron con debates y documentales el inicio de aquel doloroso conflicto. Incluso un programa de televisión que se basa en una tienda de Londres incluyó un episodio ambientado en 1914, el cual mostraba a empleados jóvenes que se presentaban como voluntarios en el ejército. Al observar estos ejemplos de sacrificio personal, se me hizo un nudo en la garganta. Eran tan jóvenes, tan decididos, y con tan pocas posibilidades de volver de los horrores de las trincheras.

LECTURA:
Juan 3:13-19

Padre, perdónalos, porque no saben lo que hacen...
(Lucas 23:34).

Aunque Jesús no fue a la guerra para derrotar a un enemigo terrenal, sí se encaminó a la cruz para triunfar sobre el enemigo supremo: el pecado y la muerte. Vino a la Tierra a demostrar el amor de Dios en acción y experimentar una muerte horrible para que nuestros pecados fueran perdonados, incluso los de sus enemigos (LUCAS 23:34). Al resucitar, venció la muerte; y, ahora, los que creen en Él pueden formar parte de la familia de Dios para siempre (JUAN 3:13-16).

Los aniversarios nos recuerdan eventos históricos y actos heroicos, pero la cruz nos trae a la mente el doloroso, pero precioso, sacrificio de Jesús para nuestra salvación.

MS

● *Señor, gracias por amarme tanto y morir por mí.*

La cruz de Jesús es la prueba suprema del amor de Dios.

—OSWALD CHAMBERS

LA BIBLIA en UN AÑO:
Proverbios 19–21; 2 Corintios 7

Palabras y acciones

El email del alumno de mi clase de redacción en la universidad expresaba urgencia. El semestre estaba por terminar, y, como se había dado cuenta de que necesitaba mejorar sus calificaciones para poder participar en los deportes, quiso hacer algo. Entonces, como no había entregado algunos trabajos, le di dos días para que los terminara y pudiera mejorarlas. Su respuesta fue: «Gracias. Voy a hacerlo».

LECTURA:
Mateo 21:28-32

... no amemos de palabra [...], sino de hecho y en verdad (1 Juan 3:18).

Pasaron los dos días y no apareció ningún trabajo. Lamentablemente, no respaldó sus palabras con acciones.

Jesús habló de un joven que hizo algo parecido. El padre le pidió que fuera a trabajar en la viña, y él respondió: «Sí, señor, voy» (MATEO 21:30), pero no fue.

En su comentario de esta parábola, Matthew Henry concluye: «Los brotes y las flores no son el fruto». Los brotes y las flores de nuestras palabras, que generan expectativas sobre lo que haremos, son inútiles si no se ve el fruto. Aunque Jesús hablaba sobre los líderes religiosos que alegaban ser obedientes, pero no se arrepentían, la verdad también se aplica a nosotros. No honramos a nuestro Salvador con promesas incumplidas, sino siguiéndolo «de hecho y en verdad» (1 JUAN 3:18).

JDB

Padre, ayúdame a cumplir mis promesas y a hacer todo lo que me corresponde. En especial, a hacer tu voluntad y no solo hablar de ella.

Las palabras son las flores y las acciones son los frutos.

LA BIBLIA en UN AÑO:
Proverbios 22–24; 2 Corintios 8

La brújula divina

Durante la Segunda Guerra Mundial, una pequeña brújula salvó la vida de 27 marineros. Waldemar Semenov, un marino mercante retirado, estaba trabajando como ingeniero asistente en el Alcoa Guide, cuando un submarino alemán salió a la superficie y abrió fuego. La nave fue impactada, se incendió y empezó a hundirse. Semenov y su tripulación bajaron los botes salvavidas al agua y usaron las brújulas de esos botes para llegar hasta otros barcos aliados más cerca de la costa. Tres días después, los rescataron.

LECTURA:
Salmo 119:105-112

Lámpara es a mis pies tu palabra, y lumbrera a mi camino (v. 105).

El salmista le recordó al pueblo de Dios que su Palabra era una «brújula» confiable. La comparó a una lámpara. En aquella época, la tenue luz de un candelero alimentado con aceite de oliva solo podía mostrarle a un viajero dónde dar el paso siguiente. Sin embargo, la lámpara de la Palabra de Dios iluminaba lo suficiente como para alumbrar el camino de quienes buscaban al Señor (SALMO 119:105). En la oscuridad de su vida caótica, el salmista confió en la guía de las Escrituras.

Cuando perdemos la dirección de nuestra vida, podemos confiar en la brújula fiable de la Biblia y utilizarla para que nos lleve a tener una comunión más profunda con Dios.

MLW

● *Padre, ¡es tan difícil navegar en esta vida! A veces, me desvío, pero confío en ti. Guíame con la precisión y la confiabilidad de tu Palabra.*

Dios nos ha dado su Palabra para ayudarnos a conocerlo y obedecerle.

LA BIBLIA en UN AÑO:
Proverbios 25–26; 2 Corintios 9

Sentirse abandonado

En su libro *Cartas del diablo a su sobrino*, C. S. Lewis registra una conversación imaginaria entre un diablo principal y uno joven sobre cómo tentar de manera apropiada a un creyente. El deseo de ambos es destruir su fe en Dios. «No te engañes —dijo el mayor—. Nuestra causa nunca está tan en peligro como cuando un humano [...] contempla un universo del que todo indicio de [Dios] parece haber desaparecido, y se pregunta por qué ha sido abandonado, y todavía obedece».

LECTURA:
Salmo 22:1-21

Dios mío, Dios mío, ¿por qué me has desamparado?
(Mateo 27:46).

La Biblia nos da muchos ejemplos de personas que actuaron con fe a pesar de sentirse abandonadas. Abram pensó que Dios se había olvidado de su promesa de darle un heredero (GÉNESIS 15:2-3). El salmista se sintió ignorado mientras sufría (SALMO 10:1). Los problemas de Job eran tan tremendos que pensó que Dios lo mataría también a él (JOB 13:15). Y Jesús clamó desde la cruz: «Dios mío, Dios mío, ¿por qué me has desamparado?» (MATEO 27:46). Aun así, en cada caso, el Señor mostró su fidelidad (GÉNESIS 21:1-7; SALMO 10:16-18; JOB 38:1–42:17; MATEO 28:9-20).

Aunque Satanás intente hacernos pensar que fuimos abandonados, Dios nunca olvida a los suyos, porque dijo: «No te desampararé, ni te dejaré» (HEBREOS 13:5). Digamos con valentía: «El Señor es mi ayudador; no temeré» (v. 6).

HDF

Señor, aunque no te vea, sé que estás a mi lado.

A pesar de nuestros temores, Dios está cerca siempre.

LA BIBLIA en UN AÑO:
Proverbios 27–29; 2 Corintios 10

¿A Dios no le importa?

¿P**or qué al conductor borracho** no le pasa nada, mientras que la víctima, sobria, queda gravemente herida? ¿Por qué los malos prosperan y los buenos sufren? ¿Cuántas veces te preguntaste: *¿A Dios no le importa?*, tras experimentar situaciones que te generaron mucha confusión?

LECTURA:
Habacuc 1:1-11

Porque mis pensamientos no son vuestros pensamientos, ni vuestros caminos mis caminos, dijo el Señor (Isaías 55:8).

Habacuc luchaba con esta misma pregunta al ver la angustiosa situación de Judá, donde la maldad y la injusticia desbordaban (vv. 1-4). Y la respuesta fue sumamente sorprendente: para disciplinarlos, usaría a los caldeos, quienes eran famosos por su crueldad (v. 7), y propensos a actuar con violencia (v. 9) y reverenciar solamente su poderío militar y a dioses falsos (vv. 10-11).

Cuando no entendemos los caminos de Dios, debemos confiar en su carácter inmutable. Y eso fue exactamente lo que hizo Habacuc: confió en el Dios de justicia, misericordia y verdad (SALMO 89:14). Al hacerlo, aprendió que las circunstancias están bajo el control del Señor y no a la inversa. Por eso, concluyó: «el Señor es mi fortaleza, el cual hace mis pies como de ciervas, y en mis alturas me hace andar» (HABACUC 3:19).

PFC

Señor, es fácil dejar que las circunstancias me hagan dudar de ti. Ayúdame a recordar que eres bueno y fiel, aunque yo no pueda ver todo ni cómo estás obrando.

Nuestra situación puede verse muy diferente desde la perspectiva de Dios.

Amigos sin horario

Un amigo me contó sobre un grupo de personas a quienes las une un profundo vínculo por su fe en Cristo. Una de ellas, una mujer de 93 años, dijo: «Si necesito ayuda, siento que puedo llamar a cualquiera del grupo a las dos de la mañana, sin siquiera tener que disculparme». Ya sea que necesiten oración, ayuda práctica o a alguien que los acompañe, estos amigos están incondicionalmente comprometidos entre sí.

LECTURA:
Colosenses 4:2-15

... siempre rogando encarecidamente por vosotros en sus oraciones... (v. 12).

Esta misma clase de compromiso es notoria en la carta de Pablo a los seguidores de Cristo en Colosas. Escribe desde la cárcel en Roma y les dice que envía a Tíquico y a Onésimo para alentarlos (COLOSENSES 4:7-9); que Aristarco, Marcos y Justo les mandan saludos (vv. 10-11); y que Epafras está «siempre rogando encarecidamente por [ellos] en sus oraciones, para que [estén] firmes, perfectos y completos en todo lo que Dios quiere» (v. 12). Estas afirmaciones aseguran enfáticamente una ayuda práctica y un amor profundo.

¿Formas parte de un grupo de «amigos sin horario»? Si es así, da gracias por la fidelidad de tus amigos. Si no, pídele al Señor que te conecte con otra persona con quien puedas comprometerte a orar y a ayudarse mutuamente; para cualquier cosa, y en cualquier momento y lugar. ¡Todo en el nombre de Jesús!

DCM

● *Señor, ayúdame a mostrar tu amor siendo un fiel amigo.*

El mayor amor es dar la vida por los amigos.

Lecciones del sufrimiento

El primer plano en la pantalla gigante era grande y nítido; por eso, podíamos ver los cortes profundos en el cuerpo del hombre y su cara ensangrentada. Un soldado lo azotaba, mientras una multitud enfurecida se reía. La escena parecía tan real que, en medio del silencio de la sala, me encogía y gesticulaba como si yo estuviera padeciéndolo. Sin embargo, era solo una película que representaba el sufrimiento de Jesús por nosotros.

LECTURA:
2 Corintios 11:21-30

Si es necesario gloriarse, me gloriaré en lo que es de mi debilidad (v. 30).

Sobre tal sufrimiento, Pedro escribió: «Pues para esto fuisteis llamados; porque también Cristo padeció por nosotros, dejándonos ejemplo, para que sigáis sus pisadas» (1 PEDRO 2:21). Si bien puede presentarse de diferentes formas e intensidades, el sufrimiento llega inevitablemente. Es probable que no sea tan intenso como el de Pablo, que fue azotado, apedreado, atacado por ladrones, y que experimentó hambre, sed y un naufragio (2 CORINTIOS 11:24-27). Tal vez tampoco suframos persecución como sucede con aquellos que viven en culturas hostiles al cristianismo.

No obstante, el sufrimiento se presentará de una forma u otra cuando seamos abnegados, soportemos insultos o nos neguemos a participar en actividades que deshonran al Señor.

Cuando enfrentemos sufrimientos, recordemos lo que Jesús soportó por nosotros.

LD

¿Qué te han enseñado sobre Dios las pruebas?

Las lecciones de la escuela del sufrimiento no se enseñan en ninguna otra parte.

Pañuelos de papel

Mientras estaba sentado en la sala de espera de cirugía, tuve tiempo para pensar. Hacía poco, había estado allí cuando recibimos la desgarradora noticia de que mi único hermano, mucho menor que yo, tenía «muerte cerebral».

Por eso, aquel día, mientras esperaba noticias sobre mi esposa, a quien estaban operando, le escribí una larga nota. Después, rodeado de charlas nerviosas, me concentré en la suave voz de Dios.

LECTURA:
Salmo 31:9-18

En tu mano están mis tiempos... (v. 15).

De pronto... ¡noticias! El cirujano quería verme. Fui a esperarlo a una habitación solitaria. Allí, sobre la mesa, había dos cajas de pañuelos de papel, colocadas a propósito. No eran para resfríos, sino para usarlos ante frases duras como las que oí cuando murió mi hermano.

En momentos de angustia e incertidumbre como esos, la sinceridad de los salmos los convierte en un lugar adecuado adonde recurrir. El Salmo 31 revela el corazón de David: «mi vida se va gastando de dolor» (v. 10). El dolor del alejamiento de sus amigos agudizaba su tristeza (v. 11).

Sin embargo, su fe estaba fundada en el Dios verdadero: «Mas yo en ti confío, oh Señor; digo: Tú eres mi Dios. En tu mano están mis tiempos» (vv. 14-15).

Aquel día, el cirujano me dio buenas noticias: mi esposa se recuperaría. Pero, aunque hubiese sido lo opuesto, seguimos en las buenas manos de Dios.

TG

- *Señor, tu amor permanece en toda circunstancia.*

Cuando ponemos nuestros problemas en manos de Dios, Él pone paz en nuestro corazón.

LA BIBLIA en UN AÑO:
Eclesiastés 7–9; 2 Corintios 13

Recordatorio de una mosca

Cuando empecé a trabajar en la pequeña oficina que ahora alquilo, los únicos habitantes que había allí eran unas moscas atontadas. Varias habían cumplido el ciclo de todo ser vivo, y sus cuerpos cubrían el suelo y las repisas de las ventanas. Las saqué todas, excepto una, la cual dejé bien a la vista.

LECTURA:
Eclesiastés 9:4-12

Aún hay esperanza para todo aquel que está entre los vivos... (v. 4).

La carcasa de esa mosca me recuerda que debo vivir bien cada día. La muerte es un recordatorio excelente de la vida, y la vida es un regalo. Salomón declaró: «Aún hay esperanza para todo aquel que está entre los vivos» (ECLESIASTÉS 9:4). Esta vida terrenal nos da la oportunidad de impactar y disfrutar el mundo que nos rodea (vv. 7, 9).

También podemos disfrutar de nuestro trabajo: «Todo lo que te viniere a la mano para hacer, hazlo según tus fuerzas» (v. 10). Cualquiera que sea nuestra vocación, trabajo o posición en la vida, podemos hacer cosas valiosas, y hacerlas bien.

Salomón también afirma: «Todos ellos tienen su momento y su ocasión. A decir verdad, nosotros los mortales no sabemos cuándo nos llegará la hora» (vv. 11-12 RVC). Es imposible saber cuándo terminará nuestra vida en la Tierra, pero hoy podemos encontrar felicidad y propósito si aceptamos el regalo de la vida eterna que ofrece Jesús y descansamos en su promesa. *JBS*

- *Señor, ayúdame a aprovechar bien el tiempo.*

Dios hizo este día. Regocijémonos en él.

Lección de pesca

Estaba pescando tranquilamente en las aguas apacibles y transparentes de un lago, lanzando el anzuelo junto a un lugar con abundante vegetación. De pronto, una perca de boca pequeña se asomó para investigar. Se acercó a la tentadora carnada, la miró y volvió a meterse en la maleza. Hizo lo mismo varias veces, hasta que detectó el anzuelo. Entonces, sacudió la aleta, desapareció en su guarida y nunca más volvió.

LECTURA:
1 Pedro 5:1-9

... resistid [al diablo] firmes en la fe (v. 9).

El diablo nos incentiva con la tentación, como si fuera un anzuelo. Lo muestra agradable y promete satisfacernos. Sin embargo, su poder termina allí, ya que no puede forzarnos a morder la carnada. Nuestra voluntad le pone límite a sus intentos. Cuando el Espíritu Santo nos advierte y decidimos decir que no, Satanás no puede hacer nada más. Santiago afirma que huye (4:7).

Como creyentes, podemos recibir mucho consuelo de las palabras del apóstol Pedro, quien experimentó una gran tentación (MATEO 26:33-35), y quien, cerca del final de su vida, escribió: «Sed sobrios, y velad; porque vuestro adversario el diablo, como león rugiente, anda alrededor buscando a quien devorar; al cual resistid firmes en la fe» (1 PEDRO 5:8-9).

Así como aquella perca ignoró mi anzuelo, ¡nosotros también podemos resistir las tácticas tentadoras del diablo!

DCE

● *Padre, danos tu fuerza para resistir la tentación.*

Contesta las mentiras del diablo con la verdad de la Palabra de Dios.

¡Con razón!

«**Es justo para ti»**, me dijo mi amiga. Estaba hablando de un muchacho al que acababa de conocer. Dijo que tenía ojos agradables, una agradable sonrisa y un corazón agradable. Cuando lo conocí, tuve que reconocer que era cierto. Hoy es mi esposo… ¡con razón lo amo!

LECTURA:
Cantares 1:1-4

Nosotros le amamos a él, porque él nos amó primero (1 Juan 4:19).

En Cantar de los Cantares, la esposa describe a su amado. Dice que es mejor que el vino y más fragante que los ungüentos; que su nombre es más dulce que cualquier otra cosa en el mundo. Por eso, concluye diciendo que es lógico que lo ame.

No obstante, hay Alguien mucho mayor que cualquier ser amado terrenal; Alguien cuyo amor es también mejor que el vino y que satisface toda necesidad. Su «fragancia» es mejor que cualquier perfume porque, cuando se entregó por nosotros, su sacrificio se convirtió en un olor fragante para Dios (EFESIOS 5:2). Además, su nombre es sobre todo otro nombre (FILIPENSES 2:9). ¡Con razón lo amamos!

Amar a Cristo es un privilegio. ¡Es la mejor experiencia de la vida! ¿Tomamos tiempo para decírselo? ¿Expresamos con palabras la belleza de nuestro Salvador? Si mostramos su belleza con nuestra vida, los demás dirán: «¡Con razón lo amas!». *KO*

● *Señor, eres hermoso. ¡Con razón te amamos! Ayúdanos hoy a ver otros aspectos de tu belleza y a profundizar nuestro amor a ti.*

La Palabra de Dios nos habla de su amor; nuestras palabras le dicen que lo amamos.

El lado bueno

La nadadora Dara Torres tuvo una carrera extraordinaria. Participó en cinco Olimpíadas entre 1984 y 2008, y, casi al final de su carrera, batió el récord estadounidense en 50 metros estilo libre; 25 años después de haberlo establecido ella misma. Pero no todo fueron medallas y marcas, ya que también enfrentó obstáculos en su carrera deportiva: lesiones, cirugía y tener casi el doble de edad que la mayoría de sus rivales. Declaró: «Desde niña, quería ganar a todo, todos los días [...]. También estoy convencida de que las dificultades tienen su lado bueno; generan nuevos sueños».

LECTURA:
Salmo 27

Aguarda al Señor; esfuérzate, y aliéntese tu corazón (v. 14).

«Las dificultades tienen su lado bueno» es una gran lección de vida. Las luchas de Torres la motivaron a alcanzar objetivos más elevados. Esto también beneficia espiritualmente. Como afirmó Santiago: «tened por sumo gozo cuando os halléis en diversas pruebas, sabiendo que la prueba de vuestra fe produce paciencia» (SANTIAGO 1:2-3).

Adoptar esta perspectiva no es fácil, pero vale la pena. Las pruebas nos brindan la oportunidad de profundizar nuestra relación con Dios. Además, dan lecciones sobre la paciencia y la dependencia que el Señor espera de nosotros, y que el éxito no puede enseñar.

El salmista nos recuerda: «Aguarda al Señor; esfuérzate, y aliéntese tu corazón» (SALMO 27:14).

WEC

- *Señor, en mis pruebas, enséñame a esperar en ti.*

Los reveses de la vida pueden enseñarnos a esperar la ayuda y fortaleza divinas.

LA BIBLIA en UN AÑO:
Cantares 6–8; Gálatas 4

Primeros pasos

El otro día, una amiga me detuvo para darme una noticia emocionante: pasó diez minutos contándome cómo había dado el primer paso su sobrino de un año. ¡Podía caminar! Después, pensé en lo raro que le hubiese sonado eso a algún entrometido que estuviera escuchándonos. Casi todos pueden caminar. ¿Qué tiene de extraordinario?

LECTURA:
Romanos 8:14-17

El Espíritu mismo da testimonio a nuestro espíritu, de que somos hijos de Dios (v. 16).

Comprendí que la infancia brinda una especie de *singularidad* que prácticamente desaparece después de cierta edad. Pensar en cómo tratamos a los niños amplió mi perspectiva en cuanto a que Dios haya elegido la imagen de «hijos» para describir nuestra relación con Él. El Nuevo Testamento afirma que somos hijos de Dios, con todos los derechos y privilegios de los herederos legales (ROMANOS 8:16-17). Se nos dice que Jesús, el «unigénito» Hijo de Dios, vino para hacer posible que fuéramos adoptados como hijos e hijas en su familia.

Me imagino que Dios observa cada paso tembloroso con que avanzo en mi «andar» espiritual con el mismo entusiasmo que un padre terrenal mira a su hijo que da el primer paso.

Cuando los secretos del universo finalmente se revelen, quizá entendamos que Dios nos ha concedido estos momentos de singularidad para que descubramos su amor infinito, del cual nuestras experiencias solo nos ofrecen simples atisbos.

PY

Padre, que mi andar te produzca deleite.

Hay alguien que te ama.

Una nueva creación

Al principio de mi vida laboral, tuve un compañero al que parecía encantarle usar el nombre de Dios cuando insultaba. Se burlaba descaradamente de los creyentes que eran nuevos en su fe o que trataban de hablarle de Jesús. El día que me mudé para trabajar en otra ciudad, recuerdo que pensé que ese hombre nunca aceptaría a Cristo como Salvador.

LECTURA:
Hechos 9:10-22

... si alguno está en Cristo, nueva criatura es...
(2 Corintios 5:17).

Dos años después, visité mi antiguo lugar de trabajo, y él seguía allí. ¡Nunca vi un cambio tan impresionante! Aquel agnóstico se había convertido en un ejemplo andante y hablante de lo que significa ser una «nueva criatura» en Cristo (2 CORINTIOS 5:17). Hoy, más de 30 años después, sigue contándoles a otros que Jesús «lo encontró donde él estaba; con pecado y todo».

Se me ocurre que los primeros cristianos vieron algo similar en Pablo, su feroz perseguidor; un fascinante ejemplo de lo que significa convertirse en una nueva criatura (HECHOS 9:1-22). ¡Qué gran esperanza brindan estas dos vidas a quienes piensan que la salvación no puede alcanzarlos!

Jesús buscó a Pablo, a mi compañero de trabajo... y a mí. Y hoy sigue alcanzando a los «inalcanzables» y mostrándonos que nosotros también podemos llegar a ellos.

RKK

Señor, quiero aprender a alcanzar a otros con tu amor y perdón. Enséñame y ayúdame a salir con fe y confianza.

Nadie está fuera del alcance de Dios.

LA BIBLIA en UN AÑO:
Isaías 3–4; Gálatas 6

Pensar en los pobres

Corría el año 1780, y Robert Raikes sentía una carga respecto a ayudar a los niños pobres y analfabetos de su vecindario londinense. Notó que no se estaba haciendo nada al respecto y se propuso marcar la diferencia.

Contrató a dos mujeres para que comenzaran escuelas que funcionaran los domingos. Con la Biblia como su libro de texto, las maestras enseñaban a leer a los niños más pobres y los instruían en la sabiduría de la Palabra de Dios. Poco después, unos 100 niños asistían a esas clases y disfrutaban de un almuerzo en un entorno limpio y seguro. A la larga, las «escuelas dominicales», como se las llamó, tocaron la vida de miles de niños. Para 1831, esas escuelas alcanzaron a más de un millón de chicos en Gran Bretaña; todo porque un hombre entendió esta verdad: «Conoce el justo la causa de los pobres» (PROVERBIOS 29:7).

LECTURA:
Mateo 25:31-40

El justo hace suya la causa de los pobres...
(Proverbios 29:7 RVC).

Sabemos que a Jesús le interesan los necesitados. En Mateo 25, sugiere que sus seguidores muestren que están preparados para su regreso ayudando a alimentar a los hambrientos, dar de beber a los sedientos, encontrar morada para quienes no la tienen, buscar ropa para los desnudos y ofrecer consuelo a los enfermos y encarcelados (vv. 35-36).

Honremos al Señor ayudando a quienes Él lleva en su corazón.

JDB

● *Señor, despierta mi corazón a las necesidades de los demás.*

Abre tu corazón a Dios para aprender sobre la compasión y tu mano para ayudar.

Saber dar

Muchas obras de caridad que ayudan a personas necesitadas dependen de las donaciones de gente que tiene más que suficiente y da ropa y artículos del hogar que ya no usa. Es bueno dar cosas así para beneficiar a otros, pero solemos ser más reticentes a entregar elementos de valor que usamos todos los días.

LECTURA:
Filipenses 2:19-30

Mas tuve por necesario enviaros a Epafrodito... (v. 25).

Cuando Pablo estaba preso en Roma, necesitaba permanentemente el ánimo y la compañía de amigos confiables. No obstante, envió a dos de sus colaboradores más cercanos para ayudar a los seguidores de Jesús en Filipos (FILIPENSES 2:19-30): «Espero en el Señor Jesús enviaros pronto a Timoteo, [...] pues a ninguno tengo del mismo ánimo, y que tan sinceramente se interese por vosotros» (vv. 19-20), y «tuve por necesario enviaros a Epafrodito, mi hermano y colaborador y compañero de milicia, vuestro mensajero, y ministrador de mis necesidades» (v. 25). El apóstol entregó generosamente a los demás lo que él más necesitaba.

Lo que sentimos que es «lo más valioso» en nuestra vida hoy podría ser de mucha ayuda para alguien que conocemos: tiempo, amistad, ánimo, un oído atento o una mano solidaria. Cuando entregamos lo que el Señor nos ha dado, lo honramos a Él, ayudamos a otros y somos bendecidos.

DCM

Señor, ¿a qué me aferro? Si alguien lo necesita, abre mi corazón y mi mano, y ayúdame a darlo hoy.

Dar con generosidad honra al Señor, ayuda a otros y nos bendice personalmente.

LA BIBLIA en UN AÑO:
Isaías 7–8; Efesios 2

Atravesar la oscuridad

Lo vi por primera vez cuando era estudiante universitaria. Una fría noche de otoño, lejos de las luces de la ciudad, iba en una carreta con mis ruidosos amigos, cuando el cielo se iluminó de colores en el horizonte. Quedé fascinada. Desde entonces, me ha cautivado el fenómeno llamado *aurora boreal*, conocido también como luces del norte. Suele verse más al norte de donde yo vivo, pero, a veces, se observa más al sur. Tras haberla visto una vez, anhelo verla de nuevo. Cuando las condiciones son favorables, les digo a mis amigos, tan fascinados como yo: «Tal vez sea esta noche...».

LECTURA:
Isaías 60:19-22

El Señor te será por luz perpetua... (v. 19).

En las Escrituras, la luz y la gloria se usan para describir la venida del Señor. Un día, el sol y la luna serán innecesarios (ISAÍAS 60:19). También, el apóstol Juan describe así a Dios en su trono: «Y el aspecto del que estaba sentado era semejante a piedra de jaspe y de cornalina; y había alrededor del trono un arco iris, semejante en aspecto a la esmeralda» (APOCALIPSIS 4:3).

Un círculo color esmeralda es una descripción apropiada de las luces del norte. Por eso, cuando veo (ya sea en persona o en un cuadro) esa luz gloriosa que aparece en el cielo, la considero un anticipo de lo que vendrá, y alabo a Dios porque su gloria atraviesa aun hoy la oscuridad.

JAL

Señor, gracias porque la oscuridad un día terminará.

Jesús vino para iluminar a un mundo en tinieblas.

El valle de la visión

La oración puritana *El valle de la visión* habla de la separación entre un hombre pecador y su Dios santo. El hombre dice a Dios: «Me has traído al valle de la visión [...]; cercado por montañas de pecado contemplo tu gloria». Consciente de sus errores, todavía tiene esperanza: «Durante el día, se pueden ver las estrellas desde los pozos más profundos, y mientras más profundos sean los pozos mayor es el brillo de tus estrellas». Y concluye con una petición: «Permíteme encontrar tu luz en mi oscuridad, [...] tu gloria en mi valle».

LECTURA:
Jonás 2:1-10

... me acordé del Señor, y mi oración llegó hasta ti... (v. 7).

Mientras estaba en las profundidades del mar, Jonás descubrió la gloria de Dios. Se rebeló contra Él y terminó en el estómago de un pez, abrumado por su pecado. Desde allí, clamó: «Me echaste a lo profundo [...]. Las aguas me rodearon hasta el alma» (JONÁS 2:3-5). A pesar de su situación, exclamó: «Me acordé del Señor, y mi oración llegó hasta ti en tu santo templo» (v. 7). Dios oyó su oración e hizo que el pez lo expulsara.

Aunque el pecado pone distancia entre Dios y nosotros, podemos elevar la mirada desde los lugares más bajos de nuestra vida y ver al Señor; su santidad, su bondad y su gracia. Si nos arrepentimos de nuestro pecado y ponemos nuestra fe en Jesús, Él nos perdona. Dios contesta la oración hecha desde el valle.

JBS

● *Señor, permíteme encontrar tu luz en mi oscuridad.*

La oscuridad del pecado solo aumenta el brillo de la gracia de Dios.

Podemos saberlo

Mientras estaba sentado en un tren, camino a una cita importante, empecé a preguntarme si había tomando la línea correcta. Era la primera vez que hacía ese recorrido y no había pedido indicaciones. Finalmente, vencido por la incertidumbre, bajé en la estación siguiente... ¡solamente para que me dijeran que estaba en el tren acertado!

LECTURA:
1 Juan 5:10-15

Estas cosas os he escrito [...] para que sepáis que tenéis vida eterna... (v. 13).

Ese incidente me recuerda que las dudas pueden robarnos la paz y la confianza. Una vez, había luchado con el tema de la seguridad de mi salvación, pero Dios me ayudó a vencer esa incertidumbre. Al tiempo, después de hablar sobre mi conversión y la certeza que tengo de ir al cielo, alguien preguntó: «¿Cómo puedes estar seguro de que eres salvo y que vas al cielo?». Con confianza y humildad, repetí el versículo que el Señor había usado para ayudarme: «Estas cosas os he escrito a vosotros que creéis en el nombre del Hijo de Dios, para que sepáis que tenéis vida eterna» (1 JUAN 5:13).

Dios promete que, por la fe en su Hijo Jesús, ya tenemos vida eterna: «Dios nos ha dado vida eterna; y esta vida está en su Hijo» (v. 11). Esta seguridad perfecciona nuestra fe, nos levanta cuando estamos desanimados y nos da valor cuando dudamos.

LD

Señor, ayúdame a recordar las promesas de tu Palabra cuando tenga dudas. Gracias por la vida eterna que me diste al creer en Cristo.

Las dudas desaparecen al recordar las promesas de Dios.

¡Tenemos fruta!

La joven madre suspiraba mientras buscaba qué darle de comer a su hijita de tres años. Al ver la canasta de frutas vacía sobre la mesa, se lamentó «¡Si tan solo tuviera unas frutas, me sentiría rica!». Su hijita la escuchó.

Pasaron varias semanas, y Dios continuaba sustentándolas, pero la madre seguía preocupada. Un día, la niñita entró en la cocina y, señalando la canasta llena de frutas, exclamó: ¡Mira, mamá, somos ricas!». El único cambio era que la familia había comprado una bolsa de manzanas.

LECTURA:
Josué 24:2, 8-14

Y os di la tierra por la cual nada trabajasteis, y las ciudades que no edificasteis... (v. 13).

Cuando Josué, el líder israelita, estaba a punto de morir, mencionó todo lo que Dios había hecho por ellos: «anduvieron muchos días en el desierto», y el Señor les ha «dado a ustedes tierras que no trabajaron, ciudades que no edificaron, y hasta comen de las viñas y olivares que no plantaron (JOSUÉ 24:7, 13 RVC). Josué colocó una piedra grande para que Israel recordara la provisión divina (v. 26).

Tal como los israelitas, después de un tiempo de luchas y escasez, aquella familia vive ahora en otro lugar, con árboles frutales en su jardín. Si los visitas, verás una canasta con frutas en la cocina. Tal como aquella piedra a los israelitas, les recuerda la bondad de Dios, y la fe, el gozo y la visión de aquella niñita de tres años.

TG

Señor, gracias por tu provisión permanente. Confío en ti. Dime qué quieres que haga.

Recordar cómo proveyó Dios ayer nos da fuerza y esperanza para el futuro.

Mejor que despertarse

¿A**lguna vez sentiste** que tu vida se arruinaba por haber hecho algo vergonzoso o, incluso, delictivo… y después te despertaste y te diste cuenta de que estabas soñando? Pero ¿qué pasaría si no fuera solamente una pesadilla? ¿Y si la situación fuera real, para ti o un ser querido?

LECTURA:
Lucas 23:33-43

… hoy estarás conmigo en el paraíso (v. 43).

Esto fue lo que sucedió en la novela de George MacDonald, *The Curate's Awakening* [El despertar del párroco], donde el ministro descubre que ha estado hablando en nombre de un Dios en quien ni siquiera sabe si cree. Tiempo después, lo llaman para que hable con un joven que está volviéndose loco y a punto de morir, torturado por un asesinato que cometió.

En la reveladora lucha que le sigue, el párroco descubre lo que todos necesitamos comprender: el alivio de despertarse tras una pesadilla no se compara en absoluto con tomar conciencia de la realidad del perdón de Dios, el cual, alguna vez, pensamos que era demasiado bueno para que fuera cierto.

¿Dónde hallaremos la misericordia que necesitamos? En Jesús, quien, desde su propia cruz, le dijo a un criminal que le rogó que lo ayudara: «… hoy estarás conmigo en el paraíso» (LUCAS 23:43).

MRD

Padre celestial, ayúdanos a creer que nuestro perdón es tan cierto como el precio que pagaste para rescatarnos.

Somos salvos por la gracia de Dios, no por mérito personal.

Lluvia milagrosa

La vida no es fácil para los aldeanos que viven en un terreno montañoso de la provincia de Yunnan, en China. Su principal fuente de alimentos es el maíz y el arroz. Sin embargo, en mayo de 2002, una grave sequía azotó la región y los granos se secaban. Todos estaban preocupados; por eso, se llevaron a cabo varias prácticas supersticiosas para intentar poner fin a la tragedia. Cuando nada funcionó, la gente empezó a culpar a los cinco cristianos de la aldea de ofender a los espíritus de sus antepasados.

LECTURA:
1 Reyes 18:1, 41-45

... yo soy Dios, y no hay otro...
(Isaías 46:9).

Esos creyentes se reunieron para orar. Poco después, el cielo se oscureció y se oyó un trueno. Cayó una lluvia torrencial que duró hasta el día siguiente. ¡Los granos se salvaron! Algunos de los aldeanos creyeron que Dios había enviado la lluvia y quisieron saber más de Él y de Jesús.

En 1 Reyes 17–18, leemos sobre una tremenda sequía en Israel. Pero, en ese caso, se nos dice que fue el resultado del juicio de Dios sobre su pueblo (17:1). El pueblo había empezado a adorar a Baal, el dios cananeo, creyendo que podría enviar lluvia para sus granos. A través del profeta Elías, Dios mostró que Él es el Dios verdadero que controla las lluvias.

El Señor todopoderoso oye nuestras oraciones y siempre responde con lo mejor para nuestra vida.

PFC

- *¿Qué necesidad tienes que presentar hoy a Dios?*

Mediante la oración, recurrimos al poder del Dios infinito.

LA BIBLIA en UN AÑO:
Isaías 23–25; Filipenses 1

Los segundos cuentan

A los 59 años de edad, un amigo mío escribió: «Si los 70 años de expectativa de vida habitual se redujeran a un día de 24 horas, en este momento, serían para mí las 8:30 de la noche [...]. La vida pasa volando».

La dificultad de admitir que nuestro tiempo en la Tierra es limitado motivó la creación de un reloj de pulsera que te dice qué hora es, calcula cuánto tiempo vas a vivir y muestra la cuenta regresiva de los días que te quedan. Se lo publicita como el reloj «que cuenta tus días, para que hagas que cada segundo cuente».

LECTURA:
Salmo 39:4-13

Hazme saber, Señor, mi fin, y cuánta sea la medida de mis días; sepa yo cuán frágil soy (v. 4).

En el Salmo 39, David reflexiona sobre la brevedad de la vida, diciendo: «Hazme saber, Señor, mi fin, y cuánta sea la medida de mis días; sepa yo cuán frágil soy» (v. 4). Describió la extensión de su vida como menor que el ancho de su mano, como solo un momento para Dios y como un mero suspiro (v. 5). Luego, concluyó: «Y ahora, Señor, ¿qué esperaré? Mi esperanza está en ti» (v. 7).

El reloj no se detiene. Este es el momento de recurrir al poder del Señor para que nos ayude a convertirnos en la persona que quiere que seamos. Encontrar esperanza en nuestro Dios eterno hace que hoy nuestra vida cobre sentido.

DCM

● *¿Estoy desperdiciando el tiempo? ¿De qué manera hago que mis días cuenten? ¿En qué áreas debo cambiar?*

Ahora es el momento de vivir para Jesús.

Jugar con fuego

Cuando era niño, mi mamá me advertía que no jugara con fuego. Sin embargo, un día, decidí averiguar qué pasaba si lo hacía. Tomé una cajita de cerillas y un papel, y fui al patio trasero para el experimento. Con el corazón latiendo rapidísimo, me arrodillé en el suelo, encendí la cerilla y prendí fuego el papel.

LECTURA:
Juan 15:10-20

... el que me ama, será amado por mi Padre, y yo le amaré... (Juan 14:21).

De repente, vi que venía mi madre. Como no quería que me descubriera, cubrí las llamas con las piernas para esconder lo que estaba haciendo. Mi mamá gritó: «Denny, ¡mueve las piernas! ¡Estás encima del fuego!». Menos mal que las moví lo suficientemente rápido como para no quemarme. Entonces, me di cuenta de que la regla de mi madre sobre no jugar con fuego no era para arruinarme la diversión, sino porque le preocupaba que me lastimara.

A veces, no entendemos las razones que motivan los mandamientos de Dios. Quizá pensemos que el Señor es un aguafiestas cósmico, que establece normas y reglamentos para impedir que disfrutemos de las cosas. Sin embargo, Él nos pide que lo obedezcamos porque quiere lo mejor para nosotros. Cuando obedecemos, «permanecemos en su amor» y rebosamos de gozo (JUAN 15:10-11).

Por eso, cuando Dios nos advierte que no pequemos, lo hace para nuestro beneficio. En realidad, quiere protegernos de que nos quememos al «jugar con fuego.

HDF

Padre, que tu Espíritu nos capacite para obedecer tu Palabra. Gracias por tu protección.

Dios nos hace advertencias en su Palabra porque nos ama y quiere protegernos.

LA BIBLIA en UN AÑO:
Isaías 28–29; Filipenses 3

Visión nublada

Tengo una amiga que es una jinete experimentada, y me ha enseñado algunas cosas interesantes sobre los caballos. Por ejemplo: a pesar de ser el mamífero terrestre de ojos más grandes, ve poco y distingue menos colores que los seres humanos. Por eso, a veces, le cuesta identificar objetos en el suelo. Cuando ve un tronco, no sabe si puede saltarlo fácilmente o si es una serpiente grande que podría lastimarlo. Entonces, si no está bien entrenado, se asusta fácilmente y tiende a escapar.

LECTURA:
Job 19:1-21

De oídas te había oído; mas ahora mis ojos te ven
(Job 42:5).

Nosotros también queremos huir de circunstancias alarmantes. Tal vez nos sintamos como Job, quien malinterpretó sus problemas y deseó no haber nacido nunca. Como no podía ver que era Satanás quien intentaba destruirlo, temía que el Señor, en quien había confiado, fuera el causante de su situación. Abrumado, exclamó: «Bien saben ustedes que Dios me ha derribado, y que me tiene atrapado en su red» (JOB 19:6 RVC).

Como Job, nuestra visión también es limitada. Deseamos huir de las circunstancias que nos atemorizan. Pero, desde la perspectiva de Dios, no estamos solos, ya que Él comprende qué nos desconcierta y nos atemoriza. Sabe que estamos seguros porque Él está a nuestro lado. Tenemos, entonces, la oportunidad de confiar en su sabiduría en lugar de depender de nuestro entendimiento.

AMC

- *¿Dudas de la bondad de Dios?*

Confiar en la fidelidad de Dios disipa el miedo.

Palabras imprudentes

Hacía casi media hora que conducía, cuando, de pronto, mi hija empezó a llorar desde el asiento trasero. Cuando le pregunté qué le pasaba, dijo que su hermano le había pellizcado el brazo. Entonces, él se defendió reclamando que lo había hecho porque ella lo había pinchado. Ella, a continuación, explicó que lo había pinchado porque él le había dicho algo hiriente.

LECTURA:
1 Pedro 2:13-25

... cuando le maldecían, no respondía con maldición... (v. 23).

Lamentablemente, este comportamiento, habitual entre los niños, también puede aparecer en los adultos. Una persona ofende a otra, y el ofendido reacciona con una explosión verbal. El ofensor, a su vez, contraataca con otro insulto. Poco después, la relación queda dañada por el enojo y las palabras crueles.

La Biblia enseña que «hay gente cuyas palabras son puñaladas», pero que «la blanda respuesta quita la ira» (PROVERBIOS 12:18 RVC; 15:1). Además, en ciertas ocasiones, la mejor manera de actuar ante comentarios feos o crueles es callarse.

Antes de la crucifixión de Jesús, las autoridades religiosas intentaron provocarlo con sus palabras (MATEO 27:41-43). Sin embargo, Él «cuando le maldecían, no respondía con maldición [...], sino encomendaba la causa al que juzga justamente (1 PEDRO 2:23).

El ejemplo de Jesús nos enseña cómo responder a quienes nos ofenden, y el Espíritu nos ayuda a hacerlo.

JBS

● *Señor, ayúdame a controlar mis palabras.*

A menudo, una respuesta suave quebranta un corazón duro.

La armonía de nuestra vida

La música afecta a las personas de manera diferente. El compositor la oye en el seno de su imaginación. La audiencia la escucha con sus sentidos y emociones. Los miembros de la orquesta oyen más claramente el sonido de los instrumentos que tienen más cerca.

LECTURA:
Job 29:1-6; 30:1-9

... mi fortaleza y mi canción es el Señor... (Isaías 12:2).

En un sentido, nosotros integramos la orquesta de Dios. A menudo, solamente escuchamos la música que está más cerca. Como no captamos la armonía general, somos como Job, quien clamó en su sufrimiento: «Y ahora yo soy objeto de su burla, y les sirvo de refrán» (JOB 30:9).

El patriarca rememoraba el respeto que le tenían los príncipes y los oficiales. De su vida, decía: «Cuando lavaba yo mis pasos con leche, y la piedra me derramaba ríos de aceite» (29:6). Pero, ahora, era objeto de burla, y se lamentaba: «Se ha cambiado mi arpa en luto» (30:31). Sin embargo, le faltaban muchísimos instrumentos a esa sinfonía, y Job no podía escuchar la armonía completa.

Quizá, hoy solamente oigas las notas melancólicas de tu violín. Pero no te desanimes. Cada detalle de tu vida está incluido en la partitura divina. O tal vez escuches una flauta vibrante. Entonces, alaba al Señor por ella y comparte tu gozo.

Estamos interpretando la obra maestra de la redención, y Dios es el compositor de nuestra vida.

KO

• *Señor, tu música es perfecta. Confío en ti.*

Confiar en la bondad de Dios pone una canción en el corazón.

LA BIBLIA en UN AÑO:
Isaías 34–36; Colosenses 2

El amor va primero

Una tarde, mi amiga me mostró una de las tres placas decorativas con las que adornaría la pared de su sala de estar. «¿Ves? Ya tengo la de Amor —dijo, sosteniendo la que llevaba esa palabra—. Fe y esperanza vienen después».

Así que, el amor va primero —pensé—. *¡De inmediato, le siguen la fe y la esperanza!*

LECTURA:
1 Juan 4:7-19

Nosotros le amamos a [Dios], porque él nos amó primero (v. 19).

Sin duda, el amor está primero, ya que se origina en Dios. En 1 Juan 4:19, se nos recuerda que «nosotros le amamos a él, porque él nos amó primero». El amor de Dios, descrito en 1 Corintios 13, explica una característica del amor verdadero: «El amor nunca deja de ser» (v. 8).

La fe y la esperanza son esenciales para el creyente. Al ser justificados por la fe, «tenemos paz para con Dios por medio de nuestro Señor Jesucristo» (ROMANOS 5:1). Además, en Hebreos 6:19, se describe la esperanza como «un ancla firme y confiable para el alma».

Un día, no necesitaremos más fe, porque esta se convertirá en vista; ni tampoco esperanza, porque se concretará cuando veamos a nuestro Salvador cara a cara. Pero el amor es eterno, porque el amor es de Dios y Dios es amor (1 JUAN 4:7-8). «Y ahora permanecen la fe, la esperanza y el amor, estos tres; pero el mayor de ellos es el amor»: es lo primero y lo último (1 CORINTIOS 13:13).

CHK

Señor, gracias por tu amor. Ayúdame a mostrarlo hoy a otros.

Nosotros amamos porque, primero, Dios nos amó a nosotros.

Chequeo espiritual

Para detectar problemas de salud a tiempo, los médicos recomiendan hacer exámenes físicos de rutina. Lo mismo podemos hacer con la salud espiritual, preguntándonos algunas cosas relacionadas con el gran mandamiento (MARCOS 12:30) del que habló Jesús:

LECTURA:
Colosenses 3:1-14

Y amarás al Señor tu Dios con todo...
(Marcos 12:30).

¿Amo a Dios con todo mi corazón? ¿Qué es más fuerte: mi deseo de ganancias terrenales o el tesoro que poseo en Cristo? (COLOSENSES 3:1). El Señor desea que su paz reine en nuestro corazón.

¿Amo a Dios con toda mi alma? ¿Lo escucho decirme quién soy? ¿Me alejo de mis deseos egocéntricos (v. 5)? ¿Soy más compasivo, amable, humilde, bondadoso y paciente (v. 12)?

¿Amo a Dios con toda mi mente? ¿Me concentro en mi comunión con su Hijo o dejo que mi mente divague (v. 2)? ¿Mis pensamientos buscan problemas o soluciones; dividen o unen; perdonan o se vengan (v. 13)?

¿Amo a Dios con toda mi fuerza? ¿Estoy dispuesto a reconocer mi debilidad para que Dios pueda manifestar su poder en mí (v. 17)? ¿Dependo de su gracia para ser fuerte en el Espíritu?

A medida que permitamos que «la palabra de Cristo more en abundancia en [nosotros], en toda sabiduría» (v. 16), Dios nos equipará para que nos edifiquemos unos a otros y seamos espiritualmente aptos y útiles para Él.

JAL

Padre, no quiero depender de mi esfuerzo para servirte, sino fortalecerme en ti.

Para una buena condición espiritual, aliméntate de la Palabra de Dios y ejercita tu fe.

¿Para qué preocuparme?

Un hombre se preocupaba constantemente por todo. Sin embargo, un día, sus amigos lo oyeron silbar alegremente y lo notaron llamativamente relajado.

—¿Qué pasó? —le preguntaron asombrados.

—Le estoy pagando a alguien para que se preocupe por mí.

—¿Cuánto le pagas?

—Dos mil dólares por semana.

—¡Vaya! ¿Cómo puedes pagarle tanto?

—No puedo —respondió—. De eso, tiene que preocuparse él.

LECTURA:
Isaías 40:25-31

Echa sobre el Señor tu carga, y él te sustentará...
(Salmo 55:22).

Aunque esta manera humorística de manejar el estrés no funciona en la vida real, los hijos de Dios pueden entregarle sus preocupaciones a Aquel que tiene todo perfectamente bajo control; incluso, y en especial, cuando nos parece que no es así.

El profeta Isaías nos recuerda que Dios hace salir las estrellas y las llama por su nombre (40:25-26); que por «la grandeza de su fuerza, y el poder de su dominio» (v. 26), no falta ninguna de ellas: y que, así como Él sabe sus nombres, también nos conoce a nosotros en forma personal. Estamos bajo su cuidado (v. 27).

Si tendemos a angustiarnos, podemos entregar esa preocupación al Señor. Él nunca está demasiado ocupado o cansado como para no prestarnos atención. Tiene todo el poder y la sabiduría, y le encanta usar estas cosas para nuestro beneficio. El Santo que guía las estrellas nos rodea con sus brazos de amor.

PFC

• *Señor, que nunca olvide que prometiste estar siempre a mi lado.*

La preocupación termina donde empieza la fe.

LA BIBLIA en **UN AÑO:**
Isaías 41–42; 1 Tesalonicenses 1

Preguntas ardientes

Una antigua historia cuenta que un muchachito fue enviado solo al bosque durante una noche de otoño para probar si era valiente. El cielo se oscureció y los ruidos nocturnos llenaron el aire. Los árboles crujían, una lechuza ululaba y un coyote aullaba. Aunque tenía miedo, el niño se quedó toda la noche, tal como lo exigía la prueba. Por fin, la mañana llegó. Allí cerca, vio una figura solitaria... era su abuelo, que lo había estado vigilando todo el tiempo.

LECTURA:
Éxodo 3:1-6, 10-14

YO SOY EL QUE SOY... (v. 14).

Cuando Moisés se internó en el desierto, vio una zarza ardiente que no se consumía. Dios comenzó a hablarle desde allí, enviándolo de regreso a Egipto para que liberara de la cruel esclavitud a los israelitas. Reticente, Moisés empezó a cuestionar: —¿Quién soy yo para ir?

—Yo estaré contigo —fue la simple respuesta de Dios.

—Supongamos que me preguntan quién me envió y cómo se llama. ¿Qué les digo?

Dios respondió: «YO SOY EL QUE SOY. [...] Así dirás a los hijos de Israel: YO SOY me envió a vosotros» (ÉXODO 3:14). La frase «YO SOY EL QUE SOY» revela el carácter eterno y consumado de Dios.

El Señor ha prometido estar siempre con los que creen en Él. Sin importar cuán oscura sea la noche, el Dios invisible está listo para responder de manera apropiada ante nuestra necesidad.

DCE

Padre, gracias por tu carácter inalterable.

Dios está siempre presente y actuando.

LA BIBLIA en UN AÑO:
Isaías 43–44; 1 Tesalonicenses 2

¡Todos bien y a salvo!

En enero de 1915, la nave Endurance quedó atrapada en el hielo de la Antártida. El grupo de exploradores, liderados por Ernest Shackleton, sobrevivió y pudo llegar en pequeños botes salvavidas hasta la Isla Elefante. Solo les quedaba una esperanza tras estar retenidos en esa isla inhabitada, lejos del trayecto habitual de las naves. El 24 de abril de 1916, veintidós hombres observaban mientras su líder y cinco camaradas zarparon en un pequeño bote hacia una isla a unos 1.300 kilómetros de distancia. Aunque las posibilidades de sobrevivir eran mínimas, desbordaron de alegría cuando, cuatro meses después, apareció un bote en el horizonte y Shackleton exclamó: «¿Están todos bien?». Ellos respondieron: «¡Todos bien y a salvo!».

LECTURA:
Hebreos 11:8-16

Es, pues, la fe la certeza de lo que se espera... (v. 1).

¿Qué los mantuvo juntos y vivos todos esos meses? La fe y la esperanza depositada en un hombre: creyeron que su capitán encontraría la manera de salvarlos.

Este ejemplo humano de confianza y esperanza evoca la fe de los héroes que se enumeran en Hebreos 11. Esa fe, definida como «la certeza de lo que se espera, la convicción de lo que no se ve», los ayudó a atravesar dificultades y pruebas enormes (v. 11).

No desesperemos ante un horizonte de problemas, sino confiemos en el Hombre por excelencia: Jesús, el Dios y Salvador.

RKK

Señor, que la esperanza en ti ilumine mis días más oscuros.

La esperanza en Jesús brilla más intensamente en nuestro día más oscuro.

LA BIBLIA en UN AÑO:
Isaías 45–46; 1 Tesalonicenses 3

La guía de Dios

Hace 100 años, con 41 años de edad, Oswald Chambers llegó a Egipto para servir como capellán de las tropas de la Mancomunidad de Naciones, durante la Primera Guerra Mundial. Lo asignaron a un campamento en Zeitoun, a unos diez kilómetros al norte de El Cairo. La primera noche que pasó allí, escribió en su diario: «Esta [zona] es un absoluto desierto en el corazón mismo de los soldados y una oportunidad gloriosa para los hombres. Es totalmente diferente a todo lo que he estado acostumbrado, y aguardo con interés las cosas nuevas que Dios diseñará y hará».

LECTURA:
Proverbios 3:1-8

Reconócelo en todos tus caminos, y él enderezará tus veredas (v. 6).

Chambers creía y practicaba las palabras de Proverbios 3:5-6: «Fíate del Señor de todo tu corazón, y no te apoyes en tu propia prudencia. Reconócelo en todos tus caminos, y él enderezará tus veredas».

Esto es, al mismo tiempo, un consuelo y un desafío. Saber que el Señor nos guiará todos los días da seguridad, pero no debemos aferrarnos tanto a nuestros planes como para oponernos a su tiempo y sus caminos.

«No tenemos derecho a juzgar dónde somos colocados o a presuponer para qué está preparándonos el Señor —declaró Chambers—. Dios orquesta todo. Dondequiera que nos ponga, nuestro principal objetivo es consagrarnos a Él de todo corazón en esa tarea en particular».

DCM

Señor, quiero amarte y servirte de todo corazón donde me coloques hoy.

Cuando confiamos en Dios, Él dirige nuestros pasos.

Tesoros en el cielo

Un cableado eléctrico mal instalado provocó un incendio en la casa que acabábamos de construir. Las llamas la consumieron en una hora, y lo único que quedó fue escombros. En otra ocasión, al volver a casa de la iglesia un domingo, descubrimos que nos habían robado.

LECTURA:
Mateo 6:19-24

Haceos tesoros en el cielo, donde ni la polilla ni el orín corrompen, donde ladrones no minan ni hurtan (v. 20).

En nuestro mundo imperfecto, es muy común perder cosas materiales: vehículos robados o chocados, barcos hundidos, edificios destruidos, hogares inundados y bienes sustraídos. Por eso, es tan importante la exhortación de Jesús de no confiar en las riquezas terrenales (MATEO 6:19).

Jesús narró la historia de un hombre que acumuló muchas riquezas y decidió almacenarlas (LUCAS 12:16-21), pero que aquella misma noche lo perdió todo, incluso su vida. El Señor concluyó: «Así es el que hace para sí tesoro, y no es rico para con Dios» (v. 21).

La riqueza material es efímera. Nada dura para siempre; excepto lo que hacemos por los demás con el poder del Señor. Dar nuestro tiempo y recursos para difundir el evangelio, visitar a quienes están solos y ayudar a los necesitados son solo algunas de las formas de hacer tesoros en el cielo (MATEO 6:20). *LD*

● *¿Cómo estás haciendo tesoros en el cielo? ¿Qué cambios deberías realizar para crecer en esta área de tu vida?*

La verdadera riqueza es lo que se invierte en la eternidad.

El camino escarpado

Un amigo me contó sobre un lago en el que se decía que merodeaba una gran trucha degollada, y me dibujó un mapa para indicarme cómo llegar. Varias semanas después, llené el tanque de mi camioneta y partí, siguiendo las indicaciones.

¡Su mapa me llevó al peor camino por el que he conducido en toda mi vida! Una máquina lo había abierto a través de un bosque, estaba lleno de troncos y nunca lo habían allanado. Leños caídos, surcos profundos hechos por la lluvia y piedras grandes me sacudían el cuerpo y torcían el chasis de mi camioneta. Me llevó media mañana ir hasta allí, y, cuando finalmente llegué, me pregunté: *¿Por qué un amigo me mandó por un camino como este?*

LECTURA:
Salmo 25:4-11

... preguntad [...] cuál sea el buen camino, y andad por él, y hallaréis descanso...

(Jeremías 6:16).

Sin embargo, ¡el lago era espectacular; y los peces, grandes y agresivos! Sí, mi amigo me había enviado por el camino correcto... uno que yo mismo habría elegido y enfrentado pacientemente si hubiera conocido el final.

Hay un dicho auténtico: «Todas las sendas del Señor son misericordia y verdad, para los que guardan su pacto y sus testimonios» (SALMO 25:10). Algunos senderos en que Dios nos coloca son escarpados y difíciles; otros, tediosos y aburridos; pero a ninguno le falta su amor y fidelidad. Al final del camino, podremos decir: «El camino del Señor es lo mejor para mí».

DHR

Señor, confío en que diriges mi camino.

Tal vez encontremos obstáculos en el camino, pero Dios nos guiará.

La cruz y la corona

La Abadía de Westminster, en Londres, tiene un enorme trasfondo histórico. En el siglo x, los monjes benedictinos dieron inicio a la tradición de adorar diariamente en ese lugar, la cual continúa hasta hoy. Allí también están sepultadas muchas personas famosas; y todos los monarcas ingleses, desde 1066, han sido coronados en su interior. Incluso, 17 de esos reyes están enterrados ahí mismo… sus reinados terminaron donde empezaron.

LECTURA:
Juan 19:21-30

… el que cree en mí, aunque esté muerto, vivirá (Juan 11:25).

Al margen de los honores de sus funerales, los gobernantes ascienden y caen; viven y mueren. Pero hay otro Rey, Jesús, quien, aunque estuvo muerto, ya no está más en la tumba. En su primera venida, fue coronado con espinas y crucificado como «rey de los judíos» (JUAN 19:3, 19). Como resucitó victorioso, los que creemos en Él tenemos esperanza más allá del sepulcro y la seguridad de que viviremos en su presencia para siempre. Jesús afirmó: «Yo soy la resurrección y la vida; el que cree en mí, aunque esté muerto, vivirá. Y todo aquel que vive y cree en mí, no morirá eternamente» (11:25-26).

¡Servimos a un Rey resucitado! Consagremos alegremente nuestra vida a su soberanía mientras aguardamos el día en que «el Señor nuestro Dios Todopoderoso» reine por la eternidad (APOCALIPSIS 19:6).

WEC

- *Señor, gracias por resucitar y estar vivo para siempre.*

La resurrección de Jesús significó la muerte de la muerte.

Esperar una respuesta

Cuando nuestra hija tenía quince años, se fugó de casa. Fueron las tres semanas más largas de nuestra vida. La buscamos por todos lados y pedimos ayuda a nuestros amigos y a las fuerzas de seguridad. Durante esos días desesperantes, mi esposa y yo aprendimos cuán importante es esperar en Dios en oración. Habíamos llegado al límite de nuestras fuerzas y recursos. Teníamos que depender de Él.

LECTURA:
Salmo 9:1-10

... tú, oh Señor, no desamparaste a los que te buscaron (v. 10).

Justo la encontramos cuando se celebraba el Día del padre. Estábamos en el estacionamiento de un restaurante, cuando sonó el teléfono. Una camarera de otro restaurante la había visto. Nuestra hija estaba a solo tres cuadras. De inmediato, la llevamos a casa, sana y salva.

Debemos descansar en Dios cuando oramos. Tal vez no sepamos cómo ni cuándo contestará Él, pero podemos derramarle permanentemente nuestro corazón. A veces, las respuestas no llegan cuando lo esperamos. Incluso, es probable que las cosas vayan de mal en peor. Pero debemos perseverar, y seguir creyendo y pidiendo.

Nunca es fácil esperar, pero, cualquiera que sea el resultado, valdrá la pena. David lo expresó así: «En ti confiarán los que conocen tu nombre, por cuanto tú, oh Señor, no desamparaste a los que te buscaron» (SALMO 9:10).

Sigue buscando; sigue confiando; sigue pidiendo; sigue orando.

JB

¿Qué pesa hoy en tu corazón? Ora al Señor.

El tiempo dedicado a la oración nunca es malgastado.

Vista interna

El físico retirado Arie van't Riet crea obras de arte inusuales. Acomoda de diversas maneras plantas y animales muertos, y les toma una radiografía. Escanea esas radiografías en una computadora y, después, colorea parte de las fotos. Estas obras revelan la complejidad interna de flores, peces, aves, reptiles y monos.

LECTURA:
1 Samuel 16:1-7

... el Señor mira el corazón (v. 7).

Una vista interna de una cosa suele ser más fascinante y significativa que si se la observa por fuera. A primera vista, Samuel pensó que Eliab tenía el aspecto de poder ser el próximo rey de Israel (1 SAMUEL 16:6). Sin embargo, Dios le advirtió que no se fijara en sus rasgos físicos: «el hombre mira lo que está delante de sus ojos, pero el Señor mira el corazón» (v. 7). En lugar de Eliab, Dios escogió a David para que fuera aquel rey.

Cuando Dios nos mira, le importa más nuestro corazón que nuestra altura; el estado de nuestra alma que nuestros rasgos faciales. No nos ve demasiado viejos, demasiado jóvenes ni demasiado grandes, sino que se centra en las cuestiones más importantes: cómo respondemos a su amor por nosotros y cuánto nos ocupamos de los demás (MATEO 22:37-39).

En 2 Crónicas 6:30, leemos que solo Dios conoce el corazón humano. Después de todo lo que ha hecho por nosotros, ¿qué ve cuando mira nuestro corazón?

JBS

Señor, espero que te agrade lo que ves en mi corazón.

La verdadera medida de una persona es lo que tiene en el corazón.

Engreimiento inherente

«¿**Quién se cree que es?»,** dijo un amigo mío sobre un creyente que conocíamos. Ambos pensábamos que era muy soberbio. Cuánto nos entristecimos al enterarnos de que lo habían descubierto en algunas faltas graves. Lo único que consiguió al engreírse fueron problemas. Comprendimos que a nosotros podría pasarnos lo mismo.

LECTURA:
Esdras 9:1-9

Este Esdras [...] era escriba diligente en la ley de Moisés
(Esdras 7:6).

Es fácil minimizar el terrible pecado de orgullo, que forma parte de nuestra naturaleza humana. Cuanto más aprendemos y triunfamos, más probable es que creamos que «somos alguien».

A Esdras, la Biblia lo describe como «experto en la ley de Moisés» (ESDRAS 7:6 LBLA). Además, le habían asignado liderar a los hebreos en su regreso a Jerusalén. Era el candidato perfecto para sucumbir a la soberbia. Pero él no solo conocía la ley, sino que la practicaba.

Ya en Jerusalén, se entristeció y, arrepentido, oró por aquellos que habían desafiado las instrucciones divinas (9:1-15). El conocimiento y la posición de Esdras estaban motivados por un propósito más elevado; por eso, confesó: «he aquí, estamos delante de ti en nuestra culpa, porque nadie puede estar delante de ti a causa de esto» (v. 15).

Ante la enormidad de su pecado, se arrepintió humildemente y confió en la bondad del Dios que perdona.

TG

Señor, líbranos de la atracción cautivadora de la soberbia y el orgullo.

«El orgullo conduce a todos los demás vicios: es el estado mental completamente anti-Dios». —C. S. LEWIS

LA BIBLIA en UN AÑO:
Isaías 65–66; 1 Timoteo 2

El gozo de tu presencia

«**La finalidad principal** del ser humano es glorificar a Dios y disfrutar de Él para siempre», expresa el Catecismo de Westminster. Gran parte de las Escrituras invitan a dar gracias y adorar alegremente al Dios vivo. Cuando honramos al Señor, estamos celebrando que Él es la fuente de donde fluye toda bondad.

LECTURA:
Salmo 145:1-18

Porque grande es el Señor, y digno de suprema alabanza; temible sobre todos los dioses (Salmo 96:4).

Cuando alabamos al Señor de corazón, experimentamos esa condición gozosa para la que fuimos creados. Tal como un hermoso atardecer o un pacífico paisaje pastoral apuntan a la majestad del Creador, así también la adoración profundiza nuestra comunión espiritual con Él. El salmista declaró: «Grande es el Señor, y digno de suprema alabanza [...]. Cercano está el Señor a todos los que le invocan» (SALMO 145:3, 18).

Dios no necesita nuestra adoración, pero nosotros necesitamos adorarlo. Al disfrutar de su presencia, bebemos del gozo de su amor infinito y nos regocijamos en Aquel que vino para redimirnos y restaurarnos. «Me mostrarás la senda de la vida; en tu presencia hay plenitud de gozo; delicias a tu diestra para siempre», expresó el salmista (SALMO 16:11).

HDF

Querido Señor, tú eres el Dios grande y poderoso, el Creador del universo. Alabaré siempre tu nombre. No hay otro Dios aparte de ti.

La adoración es un corazón que rebosa de alabanza a Dios.

Para esto, tengo a Jesús

Es raro que haya una época sin problemas en nuestra vida; pero, a veces, es aterrador cuando aparecen de repente.

Una mujer vio que toda su familia, excepto sus dos hijas pequeñas, fue asesinada durante el genocidio en Ruanda en 1994. Actualmente, es una viuda entre muchas otras, con poco dinero, pero que se niega a caer derrotada. Ha adoptado a dos huérfanos, y confía en que Dios proveerá para los gastos de comida y escuela de su familia formada por cinco personas. Traduce literatura cristiana al idioma de su país y organiza una conferencia anual para las otras viudas. Mientras me contaba su historia, lloraba; pero, para cada problema de su vida, tiene un remedio sencillo: «Para esto, tengo a Jesús».

LECTURA:
Isaías 49:13-20

... el Señor ha consolado a su pueblo, y de sus pobres tendrá misericordia (v. 13).

Dios sabe perfectamente lo que estás enfrentando. Isaías nos recuerda que el Señor nos conoce tan íntimamente que es como si nuestro nombre estuviera escrito en las palmas de sus manos (ISAÍAS 49:16). Además, nos ha dado su Espíritu para guiarnos, consolarnos y fortalecernos.

Piensa en los desafíos que enfrentas en este momento y, luego, escribe al lado de cada uno, como un recordatorio de la fidelidad y el cuidado de Dios: «Para esto, tengo a Jesús». *MS*

Señor Jesús, gracias por tu fidelidad y por estar a mi lado en este momento.

La vida adquiere perspectiva bajo la luz de Cristo.

LA BIBLIA en UN AÑO:
Jeremías 3–5; 1 Timoteo 4

Volverse invisible

Donde vivo, este es el momento del año en que las plantas desafían la muerte, permaneciendo bajo tierra hasta que es seguro volver a salir. Antes de que llegue la nieve y el terreno se congele, se despojan de sus hermosas flores y se retiran a un sitio donde pueden descansar y ahorrar energía para la próxima estación. Aunque parecen estar muertas, no es así; solo están inactivas. Cuando se derrita la nieve y el terreno se ablande, volverán a elevar sus cabezas hacia el cielo, saludando con colores brillantes y dulces fragancias a su Creador.

LECTURA:
Éxodo 2:11-22

Todo tiene su tiempo... (Eclesiastés 3:1).

A veces, las estaciones de la vida exigen que entremos en un período de latencia. No estamos muertos, pero sentimos que nos hemos vuelto invisibles e inútiles. Incluso, dudamos de que Dios vuelva a utilizarnos. Sin embargo, esas etapas son para protegernos y prepararnos. Cuando lleguen el momento y las condiciones apropiadas, el Señor volverá a llamarnos para que lo sirvamos y adoremos.

Moisés experimentó un período similar. Después de matar al egipcio que había herido a su compatriota hebreo, tuvo que huir a una tierra distante para proteger su vida (ÉXODO 2:11-22). Allí, el Señor lo protegió y lo preparó para la mayor tarea de su vida (3:10)

Así que, no te desanimes. Nunca somos invisibles para Dios.

JAL

- *¿En qué etapa de la vida estás?*

Para Dios, no hay nadie invisible.

LA BIBLIA en UN AÑO:
Jeremías 6–8; 1 Timoteo 5

Entre bambalinas

Las conferencias de evangelización de nuestra iglesia concluyeron con una reunión para toda la ciudad. Mientras el equipo que había organizado y encabezado el evento, conformado por el grupo juvenil de música, consejeros y líderes de la congregación, subía al escenario, todos aplaudíamos emocionados y expresábamos nuestra gratitud por su ardua labor.

LECTURA:
Juan 3:22-31

Es necesario que él crezca, pero que yo mengüe (v. 30).

Sin embargo, hubo un hombre que casi pasó inadvertido, aunque era el líder de ese equipo. Días después, lo vi, le agradecí y lo felicité por su trabajo, y agregué: «Casi no lo vimos durante el programa».

«A mí me gusta trabajar entre bambalinas», respondió. No le interesaba que lo reconocieran, sino que prefería que apreciaran el trabajo de los colaboradores.

Su forma de ser discreta fue todo un sermón para mí. Me recordó que, cuando sirvo al Señor, no debo buscar reconocimiento, ya que puedo honrar a Dios aunque los demás lo valoren expresamente o no. Una actitud cristocéntrica puede refrenar los celos mezquinos o las rivalidades perjudiciales.

Es necesario que Jesús, el cual «es sobre todos» (JUAN 3:31), «crezca, y que yo disminuya» (v. 30 LBLA). Con esta actitud, procuraremos que la obra de Dios progrese. El centro de todo lo que hacemos no debemos ser nosotros, sino Cristo.

LD

Señor, sé el centro de mis pensamientos, deseos y acciones.

El centro de la escena le pertenece a Cristo.

Guardado en mi corazón

Estoy acostumbrándome a leer revistas digitales, y me siento bien al estar protegiendo los árboles. Además, no tengo que esperar que los ejemplares me lleguen por correo. Sin embargo, echo de menos las ediciones impresas, porque me gusta deslizar los dedos por las hojas satinadas y recortar mis recetas favoritas.

LECTURA:
Salmo 119:9-16

En mi corazón he guardado tus dichos... (v. 11).

También tengo una edición digital de la Biblia en mi dispositivo móvil, pero sigo conservando mi Biblia impresa favorita, la cual he subrayado y leído muchas veces. No tenemos idea de cuál será el futuro de la página impresa, pero algo sí sabemos: el mejor lugar para la Palabra de Dios no son los teléfonos celulares, los dispositivos de lectura móviles ni la mesa de noche.

En el Salmo 119, leemos sobre atesorar las Escrituras en nuestro corazón: «En mi corazón he guardado tus dichos» (v. 11). Nada se compara con reflexionar en la Palabra de Dios, aprender más de Él y poner en práctica sus verdades en nuestra vida cotidiana. El mejor lugar para la Biblia yace en lo profundo de nuestra alma.

Aunque tengamos muchas excusas para no leer, meditar o memorizar, necesitamos la Palabra de Dios. Mi oración al Señor es que nos ayude a guardarla en el mejor lugar posible: nuestro corazón.

KO

Señor, dame deseos de leer tu Palabra. Implántala en mi corazón y ayúdame a ponerla en práctica.

Nuestro corazón es el mejor lugar para la Palabra de Dios.

LA BIBLIA en **UN AÑO:**
Jeremías 12–14; 2 Timoteo 1

Perdiste la oportunidad

Hoy escuché las palabras más tristes. Dos creyentes en Cristo discutían sobre un tema. El mayor parecía engreído mientras esgrimía las Escrituras como un arma, atacando los errores que veía en la vida del otro. El más joven parecía cansado del sermón, hastiado de aquella persona y desanimado.

LECTURA:
1 Corintios 13

... si tuviese toda la fe, [...] y no tengo amor, nada soy (v. 2).

Cuando la conversación estaba a punto de terminar, el mayor hizo un comentario sobre el aparente desinterés del muchacho. «Solías estar tan entusiasmado —señaló, y se detuvo repentinamente—. No sé qué es lo que quieres».

«Usted perdió la oportunidad de amarme —dijo el joven—. Desde que me conoce, parece que lo que más le importa es señalarme todo lo que piensa que hago mal. ¿Qué quiero? Quiero ver a Jesús... en usted y a través de usted».

Si me hubiesen dicho algo así —pensé—, *me habría sentido devastado.* En ese momento, comprendí que el Espíritu Santo estaba diciéndome que hubo personas a quienes perdí la oportunidad de amar. También me di cuenta de que hubo otras que no pudieron ver a Cristo en mí.

El apóstol Pablo nos dice que el amor debe ser el motor de todo lo que hacemos (1 CORINTIOS 13:1-4). No desperdiciemos la próxima oportunidad de mostrar amor.

RKK

Pídele hoy al Espíritu Santo que te muestre a quién no le mostraste amor, y que te dé la oportunidad de decirle que te perdone y empieces a amarlo.

El amor supera siempre los sermones.

¿Adónde apunto?

En septiembre de 2011, un incendio voraz destruyó 600 casas en el casco urbano y los alrededores de una ciudad en Estados Unidos. Pocas semanas después, un artículo de un periódico se titulaba: «Las personas que más perdieron se concentran en lo que no se perdió». Allí se describían las abundantes muestras de generosidad de la comunidad y el reconocimiento de quienes habían recibido ayuda. Vecinos, amigos y demás residentes del lugar eran mucho más valiosos que lo que habían perdido.

LECTURA:
Hebreos 10:32-39

... sabiendo que tenéis en vosotros una mejor y perdurable herencia en los cielos (v. 34).

El escritor de Hebreos les pidió a los seguidores de Jesús en el siglo I que no olvidaran la valentía con que habían soportado la persecución al principio de su vida cristiana. Se mantuvieron firmes frente a los insultos y la opresión, resistiendo codo a codo con los otros creyentes (HEBREOS 10:32-33). «Sufristeis con gozo, sabiendo que tenéis en vosotros una mejor y perdurable herencia en los cielos» (v. 34). No se enfocaban en lo que habían perdido, sino en las cosas eternas que no podían quitarles.

Jesús dijo a sus seguidores: «Porque donde esté vuestro tesoro, allí estará también vuestro corazón» (MATEO 6:21). Cuando nos concentramos en el Señor y todo lo que tenemos en Él, aun nuestras posesiones más valiosas parecen insignificantes. *DCM*

● *Señor, que no pierda de vista lo más importante.*

¿En qué estás enfocado hoy?

LA BIBLIA en UN AÑO:
Jeremías 18–19; 2 Timoteo 3

¡Prohibido tocar la cerca!

Cuando era niña, fui con mis padres a visitar a mi bisabuela, que vivía cerca de una granja. El patio estaba rodeado de una cerca electrificada, que impedía que las vacas entraran y comieran el pasto. Cuando pedí permiso para ir a jugar afuera, estuvieron de acuerdo, pero me explicaron que, si tocaba la cerca, podría recibir una descarga eléctrica.

LECTURA:
Jeremías 18:1-12

... Dios [...] tenía misericordia de su pueblo
(2 Crónicas 36:15).

Lamentablemente, no les hice caso: toqué con el dedo el alambre de púas y me golpeó una corriente lo suficientemente fuerte como para enseñarle una lección a una vaca. En ese momento, me di cuenta de que mis padres me habían advertido porque me amaban y no querían que me lastimara.

Cuando Dios vio a los israelitas que adoraban ídolos en Jerusalén, «envió constantemente palabra a ellos [...], porque él tenía misericordia de su pueblo» (2 CRÓNICAS 36:15). Les habló a través del profeta Jeremías, pero el pueblo dijo que seguiría con sus planes (JEREMÍAS 18:12). Por eso, el Señor permitió que Nabucodonosor destruyera la ciudad y capturara a la mayoría de sus habitantes.

Tal vez Dios está advirtiéndote sobre un pecado en tu vida. Si es así, no te desanimes, ya que es una demostración de su compasión (HEBREOS 12:5-6). Él ve lo que está por delante y quiere evitarnos futuros problemas.

JBS

Señor, que perciba la motivación de tu corazón detrás de tus palabras.

Las advertencias de Dios son para protegernos; no para castigarnos.

Las tormentas de la vida

En el libro de Marcos, leemos sobre una tormenta terrible. Los discípulos estaban con Jesús en un barco, cruzando el Mar de Galilea. Cuando «se levantó una gran tempestad de viento», los discípulos, entre los cuales había algunos pescadores experimentados, temieron ahogarse (4:37-38). ¿A Dios no le importaba? ¿No habían sido escogidos por Jesús y eran los más cercanos a Él? ¿No estaban obedeciendo al que había dicho que cruzaran a la otra orilla (v. 35)? ¿Por qué estaban atravesando un momento tan turbulento?

LECTURA:
Marcos 4:35–5:1

... sometida a prueba vuestra fe, [...] sea hallada en alabanza, gloria y honra... (1 Pedro 1:7).

Nadie está exento de las tormentas de la vida. Pero, así como los discípulos que en un primer momento tuvieron miedo a la tormenta veneraron más a Cristo después, nosotros también podemos aprender a conocer más a Dios a través de las tormentas que enfrentamos. «¿Quién es éste, que aun el viento y el mar le obedecen?», se preguntaron los discípulos (v. 41). Nuestras pruebas pueden enseñarnos que ninguna tormenta, por más fuerte que sea, va a impedir que Dios lleve a cabo su voluntad (5:1).

Aunque no entendamos la razón por la cual el Señor permite que enfrentemos pruebas, le damos gracias porque, a través de ellas, llegamos a conocerlo mejor. Vivimos para servirlo porque Él ha preservado nuestra vida.

AL

Señor, ayúdame a mantenerme en calma porque estoy seguro en ti.

Las tormentas de la vida demuestran la fortaleza de nuestra Ancla.

LA BIBLIA en **UN AÑO:**
Jeremías 22–23; Tito 1

¿Reparar o reemplazar?

Era hora de arreglar los marcos de las ventanas de nuestra casa. Entonces, los raspé, los pulí y rellené los agujeros en la madera para, luego, poder pintarlos. Después de todos mis esfuerzos, incluidos una capa de pintura base y de otra demasiado costosa, el marco quedó... bastante bien, pero no parecía nuevo. Solo se vería nuevo si cambiaba la madera vieja.

LECTURA:
2 Corintios 5:14-21

... si alguno está en Cristo, nueva criatura es... (v. 17).

Está bien tener un marco de ventana dañado por el clima que luzca «bastante bien» a nuestros ojos. Sin embargo, cuando se trata de un corazón dañado por el pecado, no basta con tratar de remendarlo. Desde la perspectiva de Dios, necesitamos que todas las cosas sean hechas nuevas.

Esta es la belleza de la salvación por la fe en Cristo. Él murió en la cruz como el sacrificio por nuestro pecado, y resucitó de los muertos para demostrar su poder sobre el pecado y la muerte. El resultado es que, a los ojos de Dios, la fe en la obra de Cristo nos hace una «nueva criatura» (2 CORINTIOS 5:17) y reemplaza lo antiguo con una «vida nueva» (ROMANOS 6:4). Al mirar a través de Jesús y su obra en la cruz por nosotros, el Padre nos ve nuevos y sin mancha.

Nosotros no podemos arreglar el daño que nos hizo el pecado. Debemos confiar en Jesús como Salvador para que nos dé una vida nueva.

JDB

● *Padre, gracias por darme vida nueva en Cristo.*

Solamente Jesús puede darte una vida nueva.

LA BIBLIA en **UN AÑO:**
Jeremías 24–26; Tito 2

Agua y vida

Cuando Dave Mueller extendió su brazo y giró la llave, el agua comenzó a fluir de la tubería a un balde azul. A su alrededor, la gente aplaudía celebrando que el agua fresca y limpia llegaba por primera vez a su comunidad. Tener una fuente de agua potable le cambiaría la vida a este grupo de kenianos.

LECTURA:
Juan 4:1-15

... el que bebiere del agua que yo le daré, no tendrá sed jamás... (v. 14).

Dave y su esposa trabajan arduamente para suplir las necesidades de la gente con la provisión de agua. Sin embargo, no solo se ocupan del H_2O, sino que también le hablan de Jesucristo.

Hace 2.000 años, un hombre llamado Jesús se detuvo junto a un pozo en Samaria y habló con una mujer que había ido a ese lugar a buscar agua para saciar su sed física, pero el Señor le dijo que lo que ella necesitaba aun más era agua viva para su salud espiritual.

La historia ha avanzado y la humanidad se ha vuelto más sofisticada, pero la vida sigue dependiendo de la misma verdad: sin agua potable, morimos. Pero lo más importante es que, sin Jesucristo, la fuente de agua viva, estamos muertos en nuestros pecados.

El agua es esencial para la vida: en el aspecto físico, con el H_2O; en el espiritual, con Cristo. ¿Ya has probado el agua viva que provee Jesús, el Salvador?

JDB

● *Señor, gracias por morir por nosotros en la cruz y resucitar para satisfacer nuestra sed espiritual y darnos vida.*

Solamente Jesús tiene el agua viva que apaga la sed espiritual.

LA BIBLIA en UN AÑO:
Jeremías 27–29; Tito 3

Palabras sabias

Hace poco, el esposo de mi sobrina escribió en una red social: «Diría muchas cosas más por la web si no fuera por esta vocecita que me incita a no hacerlo. Como seguidor de Cristo, uno podría pensar que esa voz es el Espíritu Santo. Pero no, no es así. Es mi esposa».

LECTURA:
Eclesiastés 9:13-18

Es mejor escuchar las suaves palabras del sabio... (v. 17 RVC).

La sonrisa que esto genera viene acompañada de una sobria reflexión: las advertencias de un amigo pueden reflejar la sabiduría divina. Eclesiastés 9 afirma que «es mejor escuchar las suaves palabras del sabio» (v. 17 RVC).

Las Escrituras nos exhortan a no ser sabios en nuestra propia opinión ni soberbios (PROVERBIOS 3:7; ISAÍAS 5:21; ROMANOS 12:16). En otras palabras, ¡no debemos creer que tenemos todas las respuestas! Proverbios 19:20 aconseja: «Escucha el consejo, y recibe la corrección, para que seas sabio en tu vejez». Ya sea que se trate de un amigo, un cónyuge, un pastor o un compañero de trabajo, Dios puede utilizar a otros para enseñarnos más de su sabiduría.

«En el corazón del prudente reposa la sabiduría», declara también Proverbios (14:33). Una manera de incorporar las verdades del Espíritu es descubrir cómo escuchar a los demás y aprender de ellos.

CHK

Señor, gracias por tu Palabra que me enseña a amarte a ti y a los demás, y por las personas que has colocado en mi vida para recordarme tus verdades.

La sabiduría verdadera empieza y termina en Dios.

La rutina diaria

La escuela secundaria a la que asistí exigía tomar clases de latín durante cuatro años. Ahora valoro haberlo hecho, pero, en aquel entonces, era una tarea pesada. Nuestra profesora creía en la importancia de la repetición. *Repetitio est mater studiorum* —nos recitaba permanentemente; lo cual significaba: «La repetición es la madre del aprendizaje». Pero, para nosotros, no tenía sentido.

LECTURA:
Efesios 6:5-9

Y todo lo que hagáis, hacedlo de corazón, como para el Señor...
(Colosenses 3:23).

Ahora me doy cuenta de que la mayor parte de la vida se trata de eso: repeticiones; cosas aburridas, monótonas y deslucidas que hacemos una y otra vez. El filósofo Kierkegaard afirmó: «La repetición es tan común y necesaria como el pan». Pero agregó: «Es el pan que satisface con bendición».

Se trata de enfrentar cada obligación (sin importar cuán rutinaria, humilde o trivial sea) y pedirle a Dios que la bendiga y la utilice para sus propósitos. De este modo, las rutinas de la vida se convierten en una labor sagrada y con consecuencias invisibles y eternas.

El poeta Gerard M. Hopkins declaró: «Elevar las manos en oración glorifica a Dios, pero también lo hacen un hombre con una [herramienta] en la mano y una mujer con un balde [...] si esa es su intención».

Si lo que hacemos es para Cristo, las tareas más rutinarias serán significativas y nos darán gozo.

DHR

● *Señor, que te veamos en nuestra rutina diaria.*

Un espíritu dispuesto cambia la monotonía del deber en una obra de amor.

Nuestro Dios celoso

En 2014, una investigadora usó un perro de peluche para demostrar que los animales pueden sentir celos. Pidió a varios dueños de perros que mostraran afecto hacia el animal irreal delante de sus mascotas. Así descubrió que tres de cada cuatro perros reaccionaban con una supuesta envidia. Algunos intentaron llamar la atención tocando suavemente a sus amos. Otros trataron de interponerse entre su dueño y el juguete. Y hubo algunos que llegaron a destrozar a sus rivales de peluche.

LECTURA:
2 Corintios 11:1-4

... el Señor, cuyo nombre es Celoso, Dios celoso es
(Éxodo 34:14).

En un perro, los celos parecen conmovedores, pero, en las personas, pueden generar resultados deplorables. Sin embargo, hay otro tipo de celo: el que refleja maravillosamente el corazón de Dios.

Cuando Pablo les escribió a los corintios, declaró: «os celo con celo de Dios» (2 CORINTIOS 11:2). No quería que fueran «de alguna manera extraviados de la sincera fidelidad a Cristo» (V. 3). Esta clase de celo refleja el corazón del Señor, quien le dijo a Moisés al darle los Diez Mandamientos: «Yo soy el Señor tu Dios, fuerte, celoso» (ÉXODO 20:5).

El celo de Dios no es como nuestro amor egoísta, sino que protege a los que son suyos por creación y redención. El Señor nos hizo para que lo conozcamos y disfrutemos de Él para siempre. ¿Qué más podemos pedir para ser felices?

MRD

Padre, que nada me distraiga de ti.

Dios ama a cada persona como si fuera la única que hubiera que amar. —AGUSTÍN

Frases enfurecidas

Es probable que los vecinos no supieran qué pensar cuando me vieron por la ventana un día de invierno, parada frente al garaje con una pala en las manos y golpeando ferozmente un bloque de hielo en la alcantarilla. Con cada golpe, vociferaba frases temáticas: «no puedo hacerlo»; «no esperen que lo haga»; «no tengo suficiente fuerza». Además de cuidar niños y tener otras responsabilidades, debía lidiar con el hielo… ¡no aguantaba más!

LECTURA:
Salmo 86:1-13

El necio da rienda suelta a toda su ira... (Proverbios 29:11).

Mi enojo estaba envuelto en una serie de mentiras: «me merezco algo mejor»; «con Dios, no basta»; «a nadie le importa».

Cuando el enojo nos atrapa, caemos en la amargura y nos estancamos. El único remedio es la verdad, y esta verdad es que Dios, en su misericordia, no nos da lo que merecemos: «Tú, Señor, eres bueno y perdonador, y grande en misericordia para con todos los que te invocan» (SALMO 86:5). Él también es más que suficiente (2 CORINTIOS 12:9). Sin embargo, para descubrir estas verdades, tal vez sea necesario que nos detengamos, dejemos la pala de nuestros esfuerzos personales y tomemos la mano llena de gracia y misericordiosa de Cristo.

Dios es lo suficientemente grande como para escucharnos y, además, amoroso como para mostrarnos, en su momento, hacia dónde ir.

SB

Señor, perdón por mis enojos. Gracias por tu misericordia.

Gracia: recibir lo que no merecemos.
Misericordia: no recibir lo que merecemos.

LA BIBLIA en UN AÑO:
Jeremías 37–39; Hebreos 3

Él adiestra mis manos

Cuando David Wood jugaba para el Taugrés de Baskonia, estuve con él en la final de la Copa de Baloncesto de España. Antes de un partido, leyó el Salmo 144:1: «Bendito sea el Señor, mi roca, quien adiestra mis manos para la batalla, y mis dedos para la guerra». Luego, me miró y dijo: «¿Ves? ¡Es como si Dios hubiese escrito este versículo justo para mí! ¡Él adiestra mis manos para atrapar rebotes y mis dedos para lanzar el balón!». David sintió que el Señor lo llamaba para que jugara basquetbol y aprendió que Él nos capacita para llevar a cabo lo que nos llama a hacer.

LECTURA:
Éxodo 4:10-17

Bendito sea el Señor, mi roca, quien adiestra mis manos... (Salmo 144:1).

A menudo, nos desvalorizamos al pensar que no tenemos nada que ofrecerle a Dios y que somos prácticamente inútiles. Moisés también se sintió incapaz cuando el Señor se le apareció y le asignó la tarea de decirles a los israelitas que los liberaría de la esclavitud en Egipto (ÉXODO 3:16-17). Por eso, respondió: «nunca he sido hombre de fácil palabra [...]; porque soy tardo en el habla y torpe de lengua» (4:10). Es probable que también tuviera miedo, pero Dios compensó la ineptitud del patriarca con su suficiencia, y le dijo: «Ahora pues, ve, y yo estaré con tu boca, y te enseñaré lo que hayas de hablar» (v. 12).

En las manos poderosas del Señor, podemos ser de bendición.

JFG

- *¿Estás respondiendo al llamado de Dios?*

El llamado de Dios para una tarea incluye su poder para cumplirla.

Mencionar el nombre

Un grupo de una iglesia invitó a un orador, y el líder le dijo:

—Hable de Dios, pero no mencione a Jesús.

—¿Por qué —preguntó el hombre, sorprendido.

—Bueno, es que algunos de nuestros miembros destacados se sienten incómodos con Él. Mencione solamente a Dios y saldrá todo bien.

LECTURA:
Hechos 4:5-20

... yo soy en el Padre, y el Padre en mí... (Juan 14:10).

Sin embargo, como al predicador le resultaba problemático aceptar tales instrucciones, respondió: «Sin Jesús, no hay mensaje».

Algo parecido se les pidió a los seguidores de Jesús en los inicios de la Iglesia. Los líderes religiosos se reunieron para advertirles a los discípulos que no hablaran de Jesús (HECHOS 4:17), pero ellos respondieron con convicción: «no podemos dejar de decir lo que hemos visto y oído» (v. 20).

Afirmar creer en Dios y no en su Hijo Jesucristo es una contradicción. En Juan 10:30, Jesús describe claramente la relación singular que existe entre Él y su Padre: «Yo y el Padre uno somos», lo cual confirma su deidad. Por eso, pudo decir: «creéis en Dios, creed también en mí» (JUAN 14:1). Pablo sabía que Jesús es Dios e igual con Él (FILIPENSES 2:6).

No debemos avergonzarnos del nombre Jesús, «porque no hay otro nombre bajo el cielo, dado a los hombres, en que podamos ser salvos» (HECHOS 4:12).

LD

● *Jesús, ayúdanos a contarles a los demás que te conocemos y sobre nuestra experiencia contigo.*

El nombre de Jesús es la esencia de nuestra fe y esperanza.

Guiar a nuestros amigos a Jesús

Durante mi niñez, una de las enfermedades más temidas era la poliomielitis, llamada a menudo «parálisis infantil» porque atacaba mayormente a los niños. Antes de que apareciera la vacuna preventiva, a mediados de la década de 1950, miles de personas se infectaron y murieron en todo el mundo.

LECTURA:
Marcos 2:1-12

... Jesús [...] dijo al paralítico: Hijo, tus pecados te son perdonados (v. 5).

En la antigüedad, la parálisis se consideraba una enfermedad incurable. Sin embargo, un grupo de hombres estaba convencido de que Jesús podía ayudar a su amigo paralítico. Por eso, mientras Jesús predicaba en Capernaum, cuatro de ellos lo llevaron hasta allí. Como la multitud les impedía acercarse al Señor, «quitaron parte del techo donde estaba Jesús, hicieron una abertura, y por ahí bajaron la camilla en la que estaba acostado el paralítico» (MARCOS 2:1-4 RVC).

«Al ver Jesús la fe de ellos, dijo al paralítico: Hijo, tus pecados te son perdonados» (v. 5), y agregó: «Levántate, toma tu lecho, y vete a tu casa» (v. 11). ¡Qué maravilla que, en respuesta a la fe de aquellos hombres que llevaron a su amigo, Jesús le perdonó sus pecados y lo sanó!

Cuando un amigo enfrenta un problema físico grave o una crisis espiritual, tenemos el privilegio de unirnos en oración y guiarlo a Jesús, el único que puede satisfacer las necesidades más profundas.

DCM

• *Señor, hoy traigo a mis amigos ante ti en oración.*

Orar por otros es un privilegio... y una responsabilidad.

Isla de la Caridad

Isla de la Caridad es una de las tantas situadas en la Bahía de Saginaw, en el Lago Hurón, en Estados Unidos. Desde hace varios años, se encuentra allí un faro para ayudar a los navegantes y un puerto seguro para los que recorren esas aguas. Le pusieron ese nombre porque los marineros creían que estaba allí «por la caridad de Dios».

LECTURA:
Salmo 107:23-32

El Señor es bueno, fortaleza en el día de la angustia; y conoce a los que en él confían (Nahum 1:7).

A veces, la vida nos hace atravesar mares de circunstancias difíciles. Al igual que aquellos marineros, necesitamos guía y un lugar seguro; tal vez queramos tener nuestra propia Isla de la Caridad. El salmista entendía que Dios es el único que puede calmar las aguas turbulentas y guiarnos a puertos seguros. Por eso, escribió: «[El Señor] cambia la tempestad en sosiego, y se apaciguan sus ondas. Luego se alegran, porque se apaciguaron; y así los guía al puerto que deseaban (SALMO 107:29-30).

Aunque nadie desea atravesar tormentas en su vida, estas pueden ayudarnos a valorar más la guía y la protección que Dios ofrece mediante la luz del Espíritu y de su Palabra. Lo que más anhelamos es el puerto seguro de su amor. Solo Él puede ser nuestra suprema «Isla de la Caridad». *HDF*

• *Padre, ayúdame a buscar tu luz para que me guíe a través de las tormentas de la vida.*

El Dios vivo será siempre nuestro refugio.

Luces suaves

Wang Xiaoying vive en una zona rural de la provincia china de Yunnan. Por problemas de salud, su esposo no podía conseguir trabajo. Su suegra consideraba que el problema se debía a que Xiaoying creía en Dios. Por eso, la maltrataba y la instaba a que volviera a la religión de sus ancestros.

LECTURA:
1 Pedro 3:13-17

Así alumbre vuestra luz [...], para que [...] glorifiquen a vuestro Padre...

(Mateo 5:16).

Como el esposo había visto el cambio en la vida de su esposa, dijo: «Madre, no basta con que Xiaoying crea en Dios. ¡Nosotros deberíamos hacer lo mismo!». El testimonio de su esposa determinó que él considerara aceptar el evangelio de Jesús.

La gente observa nuestro andar antes de escuchar lo que decimos. El mejor testimonio es una buena conducta acompañada de palabras apropiadas, lo cual refleja el cambio que Cristo produce en nuestra vida.

Así instruyó el apóstol Pedro a los creyentes del primer siglo y a nosotros hoy sobre cómo presentar a Jesús ante un mundo hostil: seguir el bien (1 PEDRO 3:13), obedecer a Cristo, tener buena conciencia y estar preparados para hablar a otros de nuestra esperanza (v. 15). Si lo hacemos, no debemos temer ni avergonzarnos cuando nos maltraten o calumnien por nuestras creencias.

Brillemos para Jesús dondequiera que estemos. Él nos dará la gracia para alcanzar incluso a quienes no concuerdan con nosotros.

PFC

Señor, danos valor y respuestas sabias cuando nos maltraten.

Cuanto más vivamos para Jesús, más atraídos hacia Él serán los demás.

Migajas de tiempo

Un amigo de mi familia venía a nuestra ciudad para participar de unas reuniones importantes. Es un hombre muy ocupado, pero organizó su ajustada agenda para visitarnos durante media hora y cenar con nosotros. Nos encantó verlo, pero recuerdo que miré mi plato y pensé: «Solo tuvimos las migajas de su tiempo».

LECTURA:
Daniel 6:10-23

Daniel [...] se arrodillaba tres veces al día, y oraba y daba gracias delante de su Dios... (v. 10).

Después, reflexioné en la cantidad de ocasiones en que damos a Dios las migajas de nuestro tiempo; a veces, solo los últimos minutos antes de dormir.

Daniel era un hombre sumamente atareado, ya que ocupaba una posición gubernamental elevada en el antiguo reino babilónico. Sin embargo, había desarrollado el hábito de pasar tiempo con Dios: oraba tres veces al día, alababa al Señor y le daba gracias. Esta rutina lo ayudó a fortalecer su fe, la cual no titubeó ante la persecución (DANIEL 6).

Dios desea relacionarse con nosotros. Por la mañana, podemos invitarlo a ser parte de nuestro día; después, alabarlo y darle gracias por su ayuda hasta la noche. Otras veces, podemos reflexionar en su fidelidad. A medida que pasamos tiempo con el Señor en oración y en su Palabra, profundizamos nuestra comunión con Él y aprendemos a imitarlo. Disfrutar cada vez más de su compañía es el resultado de priorizar nuestro tiempo con Dios.

KO

Señor, sé hoy parte de mi día, para profundizar nuestra relación.

Los que esperan en el Señor renovarán sus fuerzas. —ISAÍAS 40:31

Gansos y personas difíciles

Cuando empezamos a vivir en nuestra casa actual, me encantaba ver los gansos en los alrededores. Admiraba la manera en que se cuidaban unos a otros y cómo se desplazaban en línea recta en el agua y en formaciones similares a la letra «V» en el aire. También disfrutaba verlos con sus crías.

LECTURA:
Romanos 12:14-21

... en cuanto dependa de vosotros, estad en paz con todos los hombres (v. 18).

Sin embargo, cuando llegó el verano, descubrí algunas verdades no tan hermosas sobre mis amigos emplumados: les encanta comer hierba y no les importa si te arruinan el césped. Peor aun, lo que dejan convierte en una aventura desagradable caminar por el jardín...

Cuando trato con personas difíciles me acuerdo de esos gansos. A veces, querría simplemente ahuyentarlas de mi vida. Pero es entonces cuando Dios suele recordarme que aun las personas más difíciles tienen algo bello si nos acercamos lo suficiente como para descubrirlo, y que su actitud tal vez refleje una angustia interior. El apóstol Pablo señala en Romanos: «Si es posible, en cuanto dependa de vosotros, estad en paz con todos los hombres» (12:18). Por eso, le pido a Dios que me ayude a ser paciente con el «lado difícil» de los demás. No siempre se logran buenos resultados, pero es asombroso ver cuántas veces el Señor arregla estas relaciones.

Por la gracia de Dios, podemos amar a las personas difíciles.

RKK

Señor, ayúdame a ver si la persona difícil soy yo.

La paz puede llegar si respondemos amablemente.

Mal olor

En agosto de 2013, grandes multitudes se reunieron en el Conservatorio Phipps, en Pittsburgh, Estados Unidos, para ver cómo florecía la planta tropical conocida como flor cadáver. Como es nativa de Indonesia y florece solo una vez en varios años, se ha convertido en un espectáculo. Cuando se abre, la punta enorme, roja y hermosa tiene olor a carne podrida. Ese olor fétido atrae moscas y escarabajos que buscan ese tipo de carne. Sin embargo, no tiene néctar.

LECTURA:
Gén. 3:6-13, 22-24

... el día que comáis de él, [...] seréis como Dios... (v. 5).

Al igual que la flor cadáver, el pecado hace promesas, pero, a la larga, no brinda recompensas. Adán y Eva aprendieron esta verdad a la fuerza. El huerto de Edén era hermoso, hasta que ellos lo arruinaron al hacer lo que Dios les había advertido que no hicieran. Tras ser tentados a dudar de la bondad del Señor, ignoraron la amorosa advertencia de su Creador y perdieron su inocencia. La belleza del árbol del conocimiento del bien y del mal se convirtió para ellos en una flor cadáver. La recompensa por su desobediencia fue la separación, el dolor, la insatisfacción, el trabajo duro y la muerte.

El pecado es atractivo y puede resultar agradable, pero no se compara con la maravilla, la belleza y la fragancia de confiar en Dios y obedecerle. Él nos hizo para compartir con nosotros su vida y su gozo.

MLW

● *¿Qué tentaciones estás enfrentando hoy?*

Los mandamientos de Dios aplastan las sugerencias del diablo.

LA BIBLIA en UN AÑO:
Lamentaciones 3–5; Hebreos 10:19-39

Los poderosos finlandeses

Cientos de tanques y miles de soldados aparecieron frente al reducido ejército finlandés. Ante la inquietante perspectiva, un valiente soldado dijo del enemigo: «¿Dónde encontraremos espacio para sepultar a todos estos?».

Alrededor de 2.600 años antes de esa batalla de la Segunda Guerra Mundial, un ansioso ciudadano judío reaccionó de manera muy diferente ante una situación abrumadora. El ejército asirio había sitiado Jerusalén, y el pueblo enfrentaba la posibilidad de morir de hambre. Ezequías se aterrorizó, pero, luego, oró: «Señor de los ejércitos, Dios de Israel, que moras entre los querubines, sólo tú eres Dios de todos los reinos de la tierra» (ISAÍAS 37:16).

LECTURA:
Isaías 37:30-38

... Dios nuestro, líbranos [...] para que todos [...] conozcan que sólo tú eres el Señor (v. 20).

A través del profeta Isaías, el Señor habló duramente a Senaquerib, el rey asirio: «¿Contra quién has alzado tu voz, y levantado tus ojos en alto? Contra el Santo de Israel» (v. 23). Después, el Señor consoló a Jerusalén: «Yo ampararé a esta ciudad para salvarla, por amor de mí mismo, y por amor de David mi siervo» (v. 35). Entonces, Dios derrotó a Senaquerib y destruyó al ejército asirio (vv. 36-38).

Independientemente de los peligros que puedan aparecer en el horizonte de tu vida, el Dios de Ezequías e Isaías aún sigue reinando. Él anhela escucharnos y mostrarnos su poder. *TG*

- *¿Cómo te ha demostrado Dios su poder en el pasado?*

Dios es más grande que nuestros mayores problemas.

¿Quiénes somos?

En su autobiografía, Corrie ten Boom describió el horror que ella y su hermana Betsie atravesaron en un campo de concentración nazi a principios de la década de 1940. Una vez, las obligaron a quitarse la ropa durante una inspección. Corrie se sentía ultrajada y abandonada. De pronto, recordó que Jesús fue colgado desnudo en la cruz. Con asombro y reverencia, le susurró a su hermana: «Betsie, a Jesús también le quitaron la ropa». Betsie, sacudida ante esa verdad, exclamó: «Ay, Corrie… y yo nunca se lo agradecí».

LECTURA:
Salmo 100

… sois […] pueblo adquirido por Dios, para que anunciéis las virtudes de aquel que os llamó de las tinieblas a su luz admirable
(1 Pedro 2:9).

Es fácil vivir sin ser agradecidos en un mundo repleto de problemas, luchas y aflicciones. Podemos encontrar muchas razones para quejarnos todos los días. Sin embargo, el Salmo 100 exhorta al pueblo de Dios a estar feliz, gozoso y agradecido porque «Él nos hizo, y no nosotros a nosotros mismos; pueblo suyo somos, y ovejas de su prado» (v. 3). Al considerar quiénes somos, debemos responder con gratitud, ya que, aun en el peor de los momentos, podemos recordar el amor de Cristo y su sacrificio por nosotros.

Que la brutalidad de este mundo no te robe la gratitud del corazón. Recuerda que eres hijo de Dios, y que Él te ha mostrado su bondad y misericordia a través de la obra de Cristo en la cruz.

AL

Señor, gracias por tu sacrificio en la cruz por mí.

La alabanza surge naturalmente cuando consideramos nuestras bendiciones.

Luchas compartidas

El 25 de abril de 2015, se celebró el centenario del Día de Anzac, en el cual, Australia y Nueva Zelanda recuerdan a los miembros de sus respectivos ejércitos que lucharon durante la Primera Guerra Mundial. En aquella ocasión, ninguno de los dos países tuvo que enfrentar separadamente los peligros de la guerra, ya que ambas naciones participaron de manera conjunta en la lucha.

LECTURA:
Gálatas 6:1-10

Llevad los unos las cargas de los otros, y cumplid así la ley de Cristo (v. 2).

Una característica fundamental de los seguidores de Cristo es compartir con otros las luchas de la vida. Así nos desafió Pablo: «Sobrellevad los unos las cargas de los otros, y cumplid así la ley de Cristo» (GÁLATAS 6:2). Enfrentar juntos los desafíos de la vida puede ayudar a que nos fortalezcamos y respaldemos unos a otros en los momentos difíciles. Al expresarnos mutuamente el interés y el amor de Cristo, los problemas de la vida deberían acercarnos a Él y entre nosotros, en lugar de aislarnos y sufrir a solas.

Cuando somos partícipes de las luchas de los demás, reflejamos el amor de Jesús. Isaías 53:4 afirma: «Ciertamente llevó él nuestras enfermedades, y sufrió nuestros dolores». Por más grande que sea el conflicto, nunca tenemos que enfrentarlo solos.

WEC

● *Padre, gracias porque no tengo que recorrer el sendero de la vida a solas. Tú siempre estás cerca.*

Podemos lograr mucho más juntos que solos.

Seguro en sus brazos

Acababan de operar a mi hija y yo estaba sentada a su lado en la sala de recuperación. Cuando abrió los ojos, se dio cuenta de que estaba dolorida y empezó a llorar. Le acaricié un brazo, intentando tranquilizarla, pero solo conseguí que estuviera más molesta. Entonces, una enfermera me ayudó y la pusimos en mi regazo. Le sequé las lágrimas y le aseguré que se sentiría cada vez mejor.

LECTURA:
Isaías 66:5-13

Como aquel a quien consuela su madre, así os consolaré yo...
(v. 13).

Por medio de Isaías, Dios les aseguró a los israelitas: «Como aquel a quien consuela su madre, así os consolaré yo a vosotros» (66:13). Prometió darles paz y llevarlos a su lado como lo hace una madre con un hijo. Este tierno mensaje era para aquellos que lo reverenciaban; los que temblaban ante su palabra (v. 5).

El poder de Dios para consolar a su pueblo y su deseo de hacerlo vuelven a verse en la carta de Pablo a los creyentes de Corinto, donde el apóstol dice que el Señor es quien «nos consuela en todas nuestras tribulaciones» (2 CORINTIOS 1:3-4). Cuando estamos en dificultades, Él es bondadoso y compasivo con nosotros.

Un día, todo sufrimiento se acabará. Nuestras lágrimas se secarán por completo y estaremos seguros en los brazos de Dios para siempre (APOCALIPSIS 21:4). Mientras tanto, podemos descansar en que su amor nos sostendrá cuando suframos.

JBS

● *Señor, que sienta hoy tu protección.*

Dios consuela a su pueblo

LA BIBLIA en UN AÑO:
Ezequiel 8–10; Hebreos 13

Reflejar al Hijo

Por estar ubicada entre montañas elevadas y muy al norte del planeta, la ciudad de Rjukan, en Noruega, no recibe directamente la luz del sol desde octubre hasta marzo. Por eso, los habitantes del lugar colocaron espejos enormes en la cima de los montes para reflejar los rayos solares e iluminar la plaza central. Este reflejo se consigue porque los espejos giran siguiendo al astro desde el alba hasta el atardecer.

LECTURA:
Mateo 5:14-16

La luz en las tinieblas resplandece...
(Juan 1:5).

Me gusta comparar esa escena con la vida cristiana. Jesús dijo que sus seguidores son «la luz del mundo» (MATEO 5:14). El apóstol Juan escribió que Cristo es la luz verdadera que «en las tinieblas resplandece» (JUAN 1:5). Asimismo, el Señor nos invita a hacer brillar nuestra luz en medio de la oscuridad que nos rodea: «Así alumbre vuestra luz delante de los hombres, para que vean vuestras buenas obras, y glorifiquen a vuestro Padre que está en los cielos» (MATEO 5:16); a mostrar amor frente al odio, paciencia ante los problemas, paz en los conflictos. Pablo también nos recuerda: «Porque en otro tiempo erais tinieblas, mas ahora sois luz en el Señor; andad como hijos de luz» (EFESIOS 5:8).

Nuestra luz es un reflejo del Señor Jesús. Sin Él, es imposible iluminar este mundo.

LD

● *Señor, cuando las exigencias de la vida nos tientan a ser egoístas, ayúdanos a resistir y reflejar tu luz.*

Refleja a Cristo y brilla para Él.

LA BIBLIA en **UN AÑO:**
Ezequiel 11–13; Santiago 1

Como está escrito

Mi hijo y yo tenemos diferentes enfoques para ensamblar artefactos electrónicos, muebles y cosas así. Él es más práctico y tiende a dejar de lado las instrucciones, pero yo voy por la mitad del manual cuando él ya terminó.

A veces, las cosas salen bien aunque no sigamos las indicaciones, pero, cuando se trata de ensamblar la vida para que refleje la bondad y la sabiduría de Dios, no podemos permitirnos ignorar las instrucciones que Él nos ha dejado en la Biblia.

LECTURA:
Esdras 3:1-6

... edificaron el altar [...] para ofrecer sobre él holocaustos, como está escrito... (v. 2).

Los israelitas que volvieron del cautiverio babilónico son un buen ejemplo de esto, ya que, cuando comenzaron a restablecer la adoración, lo hicieron «como [estaba] escrito en la ley de Moisés» (ESDRAS 3:2), y siguieron exactamente las instrucciones de Dios en Levítico 23:33-43 para edificar un altar adecuado y celebrar la fiesta de los tabernáculos.

Cristo también les dejó algunas instrucciones a sus seguidores: «Amarás al Señor tu Dios con todo tu corazón, y con toda tu alma, y con toda tu mente» y «amarás a tu prójimo como a ti mismo» (MATEO 22:37, 39). Cuando creemos en Jesús, Él nos muestra cómo debemos vivir. Dios nos hizo y sabe mucho mejor que nosotros de qué manera funciona correctamente la vida. *JDB*

Señor, que leamos todos los días las instrucciones que nos dejaste en tu Palabra y sigamos tu ejemplo de cómo vivir.

Si queremos que Dios nos guíe, debemos estar dispuestos a seguirlo.

Nuestro interés principal

La presión social forma parte de la vida diaria. A veces, basamos nuestras decisiones en lo que piensan o dicen otras personas, en lugar de considerar nuestras convicciones o lo que le agrada a Dios. Tememos que nos juzguen o se burlen de nosotros.

LECTURA:
Gálatas 1:6-10

... si todavía agradara a los hombres, no sería siervo de Cristo (v. 10).

El apóstol Pablo también experimentó este tipo de presión. Algunos judíos cristianos creían que los gentiles debían circuncidarse para ser salvos (GÁLATAS 1:7; VER 6:12-15), pero él se mantuvo firme y siguió predicando que la salvación era solo por gracia por medio de la fe, y que no se requerían obras. Por eso, lo acusaron de autodenominarse apóstol y de que su versión del evangelio nunca había sido aprobada por los otros apóstoles (2:1-10).

A pesar de la presión, Pablo fue claro en que su meta era servir a Cristo y que la aprobación de Dios, no la de los hombres, era lo más importante (1:10).

Nosotros también servimos a Dios, ya sea que la gente nos estime o nos desprecie, nos elogie o nos calumnie. Un día, «cada uno de nosotros dará a Dios cuenta de sí» (ROMANOS 14:12). Esto no significa que debemos ignorar lo que dicen o piensan los demás, sino que, en definitiva, nuestro interés principal debe ser agradar al Señor y que Él nos diga: «Bien, buen siervo y fiel» (MATEO 25:23).

JFG

● *Señor, dame valor para ser fiel a ti siempre.*

No dejes de seguir a Jesús.

El premio mayor

En todas las actividades, hay un premio que se considera el epítome del reconocimiento y el éxito. Entre «los grandes premios», se encuentran una medalla de oro olímpica, un Grammy, un Oscar o un Premio Nobel. Sin embargo, hay un premio mayor que toda persona puede obtener.

LECTURA:
Filipenses 3:7-14

Prosigo […] al premio del supremo llamamiento de Dios... (v. 14).

El apóstol Pablo estaba familiarizado con los juegos de atletismo del siglo I, donde los competidores se esforzaban al máximo para ganar el premio. Con eso en mente, le escribió a un grupo de seguidores de Cristo en Filipos: «Pero cuantas cosas eran para mí ganancia, las he estimado como pérdida por amor de Cristo» (FILIPENSES 3:7). ¿Por qué? Porque tenía su corazón enfocado en un nuevo objetivo: «a fin de conocer a Cristo y el poder de su resurrección, y de participar de sus padecimientos» (V. 10 RVC). Por eso, agregó: «prosigo, por ver si logro asir aquello para lo cual fui también asido por Cristo Jesús» (V. 12). Su trofeo por haber completado la carrera sería la «corona de justicia» (2 TIMOTEO 4:8).

Cada uno de nosotros puede aspirar al mismo premio, sabiendo que, cuando procuramos obtenerlo, honramos al Señor. En nuestras obligaciones diarias habituales, vamos camino hacia «el premio mayor»: el «premio del supremo llamamiento de Dios en Cristo Jesús» (FILIPENSES 3:14).

DCM

● *Señor, dame ánimo para seguir sirviéndote.*

Lo que se haga por Cristo en esta vida tendrá su recompensa en la vida venidera.

LA BIBLIA en UN AÑO:
Ezequiel 18–19; Santiago 4

El evento principal

Mientras miraba una exhibición de fuegos artificiales durante una celebración en la ciudad donde vivo, me distraje. Hacia ambos lados del evento principal, se veían ocasionalmente destellos de fuegos más pequeños. Eran bonitos, pero hicieron que me perdiera de disfrutar la exhibición más espectacular que estaba justo arriba de mi cabeza.

LECTURA:
Lucas 10:38-42

... sólo una cosa es necesaria; y María ha escogido la buena parte... (v. 42).

A veces, las cosas buenas nos privan de algo mejor. A Marta, cuya historia se registra en Lucas 10:38-42, le sucedió lo mismo. Cuando Jesús y sus discípulos llegaron a la aldea de Betania, ella los recibió en su casa. Ser una buena anfitriona implicaba que alguien preparara la comida para los huéspedes; por eso, no debemos ser demasiado duros con ella.

Cuando Marta se quejó de que su hermana María no la ayudaba, Jesús defendió la elección de esta de sentarse a sus pies. Sin embargo, el Señor no estaba diciendo que María era más espiritual. En realidad, hubo una ocasión en la que Marta pareció mostrar más confianza en Jesús que María (JUAN 11:19-20). El Señor tampoco criticaba el deseo de Marta de ocuparse de las necesidades físicas de ellos, sino que quería que entendiera que lo más importante en el servicio a Dios es que escuchemos lo que Él quiere decirnos.

AMC

- *Señor, que el servicio a ti no se interponga en mi comunión contigo.*

Jesús anhela tener comunión con nosotros.

Oídos y boca

Es muy probable que conozcas esta frase: «Dios nos hizo con dos oídos y una boca, para que oigamos el doble de lo que hablamos». Puede resultar gracioso, pero, detrás del chiste, se esconde una gran verdad. Además, hay una gran diferencia entre «oír» y «escuchar». Al oír, simplemente percibimos los sonidos, mientras que, al escuchar, prestamos atención a lo que oímos.

LECTURA:
Proverbios 10:19-21

Los labios del justo apacientan a muchos... (v. 21).

En Eclesiastés 3:7, leemos que hay «tiempo de callar, y tiempo de hablar». Aprender a callarse es una manera de adquirir humildad para saber escuchar. A su vez, esto aumenta nuestra empatía y nos ayuda a decir las palabras correctas. Proverbios 20:5 afirma: «Para la mente humana, los consejos son tan profundos como el océano; alcanzables sólo para quien es entendido» (RVC). Es necesario escuchar con mucha atención para llegar hasta lo profundo.

Además, mientras escuchamos a los demás, también debemos prestar atención a lo que Dios quiere decirnos. ¿Qué hacía Jesús cuando escribió en el suelo mientras los fariseos acusaban a la mujer adúltera? (VER JUAN 8:1-11). Me atrevo a sugerir que, simplemente, escuchaba la voz de su Padre y le preguntaba: «¿Qué diremos a esta multitud y a la mujer?». Su respuesta sigue oyéndose hoy en todo el mundo.

DHR

Padre, enséñanos cuándo debemos hablar y cuándo permanecer callados. Que escuchemos hoy tu voz.

El silencio oportuno puede ser más elocuente que las palabras.

LA BIBLIA en **UN AÑO:**
Ezequiel 22–23; 1 Pedro 1

Más allá de la decepción

Un video gracioso muestra a un niño que se entera de que va a tener una hermana. En medio de su decepción, se lamenta: «¡Siempre nenas, nenas y más nenas!».

Este enfoque cómico sobre las expectativas humanas está muy lejos de la realidad, ya que a nadie le gusta decepcionarse. Jacob, el personaje de la Biblia, conoció bien este sentimiento: acordó trabajar siete años para casarse con Raquel, una hija de su jefe. Sin embargo, tras la noche de bodas, se llevó la sorpresa de descubrir que estaba con Lea, la otra hija.

LECTURA:
Génesis 29:14-30

Espera en el Señor, y guarda su camino, y él te exaltará...
(Salmo 37:34).

Pensamos en la decepción de Jacob, pero ¿te imaginas cómo se habrá sentido Lea al ser forzada a casarse con un hombre que no la amaba?

El Salmo 37:4 declara: «Deléitate asimismo en el Señor, y él te concederá las peticiones de tu corazón». Los que temen a Dios, ¿nunca se desilusionan? Sí, pero, aunque las injusticias nos rodeen, debemos adoptar la perspectiva a largo plazo del salmista: «Guarda silencio ante el Señor, y espera en él» (v. 7), ya que «los mansos heredarán la tierra» (v. 11).

Al final, fue Lea a quien Jacob honró y sepultó con sus ancestros (GÉNESIS 49:31), y fue a través del linaje de ella (que pensó que no la amaban) que Dios bendijo al mundo con nuestro Salvador.

TG

Señor, es difícil esperar con paciencia lo bueno. Ayúdame a entender hoy tus caminos.

Jesús es el único amigo que nunca decepciona.

LA BIBLIA en **UN AÑO:**
Ezequiel 24–26; 1 Pedro 2

Con y en nosotros

Mi hijo acababa de empezar la guardería infantil. El primer día, lloró y dijo: «No me gusta la guardería». Mi esposo y yo hablamos del tema con él y le dijimos: «Quizá nosotros no estemos allí físicamente, pero estamos orando por ti. Además, Jesús está siempre contigo».

«¡Pero yo no lo veo!», razonó. Mi esposo lo abrazó y le dijo: «Él vive en ti y nunca te dejará solo». La respuesta de mi hijo lo conmovió: «Sí, Jesús vive en mí».

LECTURA:
Juan 14:15-21

[El] Padre [...] os dará otro Consolador, para que esté con vosotros para siempre (v. 16).

Los niños no son los únicos que experimentan ansiedad ante las separaciones. En cada etapa de la vida, enfrentamos momentos en que nos separamos de los seres queridos; algunas veces, por distancias geográficas, y otras, como resultado de la muerte. No obstante, debemos recordar que, aunque nos sintamos abandonados por los demás, Dios siempre está con nosotros, ya que prometió enviar el Espíritu de verdad (nuestro Abogado y Ayudador) para que more con y en nosotros (JUAN 14:15-18). Somos sus hijos amados.

Mi hijo está aprendiendo a tener confianza, y yo también. Como él, no puedo ver al Espíritu, pero siento su poder todos los días, mientras me anima y me guía cuando leo la Palabra de Dios. Demos gracias al Señor por su provisión maravillosa: el Espíritu de Cristo que está con y en nosotros. Sin duda, ¡no estamos solos!

KO

● *Espíritu Santo, gracias por vivir en mí.*

Nunca estamos solos.

LA BIBLIA en UN AÑO:
Ezequiel 27–29; 1 Pedro 3

¡No quiero!

Cuando nuestros hijos eran pequeños, uno de ellos dijo rotundamente que no cuando le pasamos unas arvejas en la cena. Ante eso, replicamos: «¿No qué?». Esperábamos que dijera: «No, gracias», pero su respuesta fue: «¡No quiero arvejas!». Eso nos llevó a hablar de la importancia de los buenos modales. En realidad, tuvimos conversaciones similares en varias ocasiones...

LECTURA:
Salmo 118:1-14

... sean conocidas vuestras peticiones delante de Dios [...] con acción de gracias (Filipenses 4:6).

Más allá de los buenos modales, que son externos, nuestro Señor nos recuerda que debemos tener un corazón agradecido. La Palabra de Dios contiene decenas de recordatorios que nos enseñan que dar gracias es de suma importancia en nuestra relación con Dios. El Salmo 118 comienza y termina con esta exhortación: «Dad gracias al Señor, porque Él es bueno» (vv. 1, 29 LBLA). Debemos dar gracias cuando entramos en su presencia (100:4). Además, las peticiones que le hacemos deben estar rodeadas de un espíritu de gratitud (FILIPENSES 4:6). Esta clase de actitud nos ayudará a recordar las abundantes bendiciones que recibimos. Aun en medio de los problemas y la desesperación, la presencia de Dios y su amor nos acompañan permanentemente.

Con razón el salmista nos recuerda: «Dad gracias al Señor, porque Él es bueno; porque para siempre es su misericordia» (SALMO 118:1 LBLA).

JMS

Señor, enséñame a tener un corazón agradecido.

«Solo con la gratitud, la vida se enriquece». —DIETRICH BONHOEFFER

Ayuda de afuera

Durante un viaje de negocios, mi esposo acababa de instalarse en la habitación del hotel, cuando oyó un ruido extraño. Salió al pasillo para averiguar qué pasaba y escuchó que alguien gritaba desde otro cuarto cercano. Le pidió ayuda a un empleado, y descubrieron que un hombre había quedado encerrado en el baño. La puerta se había trabado, y el hombre entró en pánico. Como sentía que no podía respirar, empezó a gritar para que lo ayudaran.

LECTURA:
Jeremías 17:7-13

... mayor que nuestro corazón es Dios, y él sabe todas las cosas.
(1 Juan 3:20).

En la vida, a veces nos sentimos atrapados. Empezamos a golpear la puerta, tiramos del picaporte, pero no podemos salir. Necesitamos que alguien nos ayude desde afuera, tal como aquel hombre en el hotel.

No obstante, para recibir ese tipo de ayuda, debemos admitir que no podemos hacer las cosas solos. En ciertas ocasiones, nos miramos interiormente para resolver los problemas, pero la Biblia afirma que el corazón es engañoso (JEREMÍAS 17:9). En realidad, a menudo somos nosotros mismos los que generamos esos problemas.

Lo bueno es que «mayor que nuestro corazón es Dios, y él sabe todas las cosas» (1 JUAN 3:20); incluso, cuál es la mejor manera de ayudarnos. Si confiamos en Él y vivimos para agradarlo, progresaremos y seremos verdaderamente libres.

JBS

● *Padre, me humillo ante ti. No puedo solucionar mis problemas solo. Te ruego que me ayudes.*

Dios ayuda a quienes se reconocen incapaces.

LA BIBLIA en **UN AÑO:**
Ezequiel 33–34; 1 Pedro 5

Vernos a nosotros mismos

Antes de que se inventaran los espejos o las superficies pulidas, las personas rara vez se veían a sí mismas. Una de las únicas manera de hacerlo era reflejándose en pozos de agua o en ríos calmos. Sin embargo, los espejos cambiaron todo. Más tarde, la invención de las cámaras fotográficas otorgó una dimensión completamente nueva al aspecto exterior. Ahora, tenemos imágenes nuestras de un determinado momento, que nos acompañan durante toda la vida. Pero todo esto puede llegar a perjudicar nuestro bienestar espiritual, al preocuparnos más por la apariencia y dejar de lado nuestro interior.

LECTURA:
1 Corintios 11:23-34

... pruébese cada uno a sí mismo...
(v. 28).

Analizarnos interiormente es fundamental para una vida espiritual saludable. Esto es tan importante que las Escrituras enseñan que no debemos participar de la Cena del Señor si no nos examinamos antes (1 CORINTIOS 11:28). El objetivo no es arreglar las cosas con Dios solamente, sino también asegurarnos de que estamos bien con los demás. En la Cena del Señor, recordamos el cuerpo y la sangre de Cristo, y no podemos celebrarla adecuadamente si no vivimos en armonía con los otros creyentes.

Admitir y confesar nuestros pecados promueve la unidad fraternal y beneficia nuestra relación con Dios.

JAL

Señor, ayúdame a interesarme más en mi corazón que en mi aspecto exterior. Cámbiame con el poder de tu Espíritu.

Al mirarnos en el espejo de la Palabra de Dios, nos vemos con más nitidez.

El peor momento

LECTURA:
Salmo 40

... Mi ayuda y mi libertador eres tú...
(v. 17).

C. S. Lewis y su hermano Warren estudiaron varios años en un internado para niños en Inglaterra. El director era un hombre cruel, quien hacía que la vida fuera insoportable para todos. Mucho tiempo después, Warren escribió con su humor sencillo y sarcástico: «Ahora tengo poco más de 64 años, y hasta ahora, nunca he estado en una situación en la que no me haya consolado pensar que, por peor que fuera, siempre era mejor que lo que viví en el internado». Casi todos podemos recordar situaciones difíciles y dar gracias porque estamos mejor ahora que entonces.

El Salmo 40:1-5 recuerda un momento crítico en la vida de David, cuando le rogó al Señor que lo rescatara. Dios lo sacó «del pozo cenagoso» y colocó sus pies sobre una roca (v. 2). Entonces, David declara: «Puso luego en mi boca cántico nuevo, alabanza a nuestro Dios» (v. 3).

Aun así, ser liberado de la depresión y la desesperanza no sucede instantáneamente. Por eso, el salmista sigue clamando para que la misericordia, la bondad y la verdad del Señor lo libren de su pecado y de la amenaza de sus enemigos (vv. 11-14).

En nuestros peores momentos, también podemos decir: «Aunque afligido yo y necesitado, el Señor pensará en mí. Mi ayuda y mi libertador eres tú» (v. 17).

DCM

● *¿Recordar momentos difíciles te ayuda a confiar hoy en Dios?*

Aquel que sostiene el universo nunca te abandonará.

LA BIBLIA en **UN AÑO:**
Ezequiel 37–39; 2 Pedro 2

Manifiesto celestial

Cuando presenté mi pasaporte en el mostrador de Kenya Airways, buscaron mi nombre en el manifiesto de pasajeros (la lista de los que viajan) y no estaba. ¿Cuál era el problema? Sobreventa y falta de confirmación. Mi esperanza de llegar a casa ese día se frustró.

LECTURA:
Lucas 10:17-24

... regocijaos de que vuestros nombres están escritos en los cielos (v. 20).

Aquel episodio me recordó otro tipo de manifiesto: el libro de la vida. En Lucas 10, Jesús envió a sus discípulos a evangelizar. Cuando volvieron, le informaron alegremente sobre los resultados, pero el Señor les dijo: «no os regocijéis de que los espíritus se os sujetan, sino regocijaos de que vuestros nombres están escritos en los cielos» (v. 20). No solo debe alegrarnos el éxito, sino que nuestro nombre está escrito en el libro de Dios.

Pero ¿cómo podemos estar seguros de que aparezca? La Palabra de Dios afirma: «si confesares con tu boca que Jesús es el Señor, y creyeres en tu corazón que Dios le levantó de los muertos, serás salvo» (ROMANOS 10:9).

En Apocalipsis 21, Juan hace una descripción asombrosa de la ciudad santa que les aguarda a quienes confían en Cristo, pero agrega: «No entrará en ella ninguna cosa inmunda [...], sino solamente los que están inscritos en el libro de la vida del Cordero» (v. 27).

El libro de la vida es el manifiesto celestial divino. ¿Tu nombre está allí?

LD

Dios, creo en Jesús. Escribe mi nombre en tu libro.

Dios abre las puertas del cielo a aquellos que abren su corazón a Él.

Significado del nombre

Según un artículo del *New York Times*, en muchos países africanos, a los niños suelen ponerles nombre en honor a una visita famosa o un evento especial e importante para los padres. Cuando los médicos les comunicaron a los padres de un niño que no podían curarlo y que solo Dios sabía si viviría, lo llamaron «Dios sabe». Otro hombre dijo que se llamaba «Basta», porque su madre tenía trece hijos y ¡él era el último! Todo nombre tiene su razón, y, en algunos casos, expresa un significado especial.

LECTURA:
Mateo 1:18-25

... llamarás su nombre Jesús...

(v. 21).

Antes de que Jesús naciera, un ángel le dijo a José: «[María] dará a luz un hijo, y llamarás su nombre Jesús, porque él salvará a su pueblo de sus pecados» (MATEO 1:21). Jesús es la forma griega de Josué, que quiere decir «el Señor salva». En aquella época, es probable que muchos niños se llamaran Jesús, pero solo uno vino a este mundo a morir para que todo aquel que lo recibe tenga vida, perdón y liberación del poder del pecado eternamente.

Como expresa la incomparable y mundialmente conocida canción «¡Cuán grande es Él!»: *Cuando recuerdo del amor divino que desde el cielo al Salvador envió. Aquel Jesús que por salvarme vino y en una cruz sufrió por mí y murió.*

Jesús vino para convertir nuestra oscuridad en luz, darnos esperanza y salvarnos.

DCM

● *Dios, reconozco que Jesús vino al mundo para salvarme.*

El nombre y la misión de Jesús coinciden: Él vino para salvarnos.

LA BIBLIA en **UN AÑO:**
Ezequiel 42–44; 1 Juan 1

Playa de vidrio

A principios del siglo xx, los residentes de Fort Bragg, una ciudad ubicada a orillas del mar en Estados Unidos, desechaban la basura arrojándola desde un acantilado a una playa cercana. Latas, botellas, vajilla y residuos en general se acumulaban en pilas enormes y desagradables. Aunque después dejaron de hacerlo, siguió siendo una vergüenza: un basurero aparentemente imposible de reciclar.

LECTURA:
1 Tes. 5:32-24

Y serán para mí especial tesoro, ha dicho el Señor...
(Malaquías 3:17).

Sin embargo, con los años, la acción de las olas rompió los vidrios y la loza, y llevó la basura al mar. El oleaje fue revolcando los trozos de vidrio y suavizando su superficie en la arena debajo del agua, hasta crear una especie de «mar de vidrio» que se volvió a depositar en la playa. Actualmente, la Playa de Vidrio es una belleza caleidoscópica que atrae a miles de turistas.

Quizá sientas que tu vida se ha convertido en un basurero; un lío sin esperanza. Si es así, debes saber que hay alguien que te ama y desea liberarte y hacerte suyo. Entrégale tu corazón a Jesús y pídele que te limpie. Tal vez el Señor te «revuelque» y lleve tiempo suavizar tus bordes ásperos, pero Él nunca te abandonará, ¡sino que te que convertirá en una de sus joyas! *DHR*

Señor, tú eres el único a quien recurrir, ya que puedes utilizar cualquier situación para tu gloria y para mejorarme. Ayúdame a descansar en tu amor.

Dios nos ama demasiado como para dejar que sigamos como somos.

¿Regocijarse siempre?

El pueblo akan, en Ghana, tiene un dicho: «¡La lagartija es más agresiva con los niños que se detienen y se regocijan en su final que con los que le arrojan piedras!». Regocijarse en la ruina de alguien es como si uno mismo la provocara o le deseara un mal peor.

LECTURA:
Ez. 25:1-7; Mt. 5:43-48

Cuando cayere tu enemigo, no te regocijes...
(Proverbios 24:17).

Así sucedió con los amonitas que se regocijaron maliciosamente cuando el templo de Jerusalén «era profanado, y la tierra de Israel era asolada, y llevada en cautiverio la casa de Judá» (EZEQUIEL 25:3). Esta actitud vengativa los convirtió en objeto del desagrado de Dios, lo cual les generó consecuencias nefastas (vv. 4-7).

¿Cómo reaccionamos cuando nuestro prójimo enfrenta tragedias o dificultades? Si es alguien agradable, nos compadecemos y lo ayudamos. Pero ¿qué sucede si no nos gusta o es una persona problemática? Nuestra tendencia natural es ignorarlo o, incluso, disfrutar de su adversidad.

Proverbios advierte: «Cuando cayere tu enemigo, no te regocijes, y cuando tropezare, no se alegre tu corazón» (24:17). Además, Jesús afirma que mostramos su amor al amar a nuestros enemigos y orar por quienes nos persiguen (MATEO 5:44). De este modo, imitamos el amor perfecto de nuestro Señor (5:48). *LD*

● *¿Qué actitud tengo hacia los que son desagradables o injustos conmigo? Señor, llena mi corazón de tu amor y ayúdame a orar por ellos.*

Ama a tu prójimo como a ti mismo.

Libre de preocupaciones

Tratar de estar enterado de los acontecimientos actuales tiene su lado negativo, porque las malas noticias venden más que las buenas. Es fácil preocuparse excesivamente por delitos que están fuera de nuestro control.

El Salmo 37 ofrece una perspectiva alentadora en cuanto a las noticias diarias. David comienza diciendo: «No te impacientes a causa de los malignos» (v. 1). Luego, bosqueja algunas alternativas para que la ansiedad no nos abrume. Sugiere, en esencia, aplicar un mejor análisis mental frente a las noticias negativas del mundo.

LECTURA:
Salmo 37:1-9

No te impacientes a causa de los malignos... (v. 1).

¿Qué sucedería si, en lugar de preocuparnos, decidiéramos confiar en el Señor? (v. 3). ¿No sería mejor deleitarnos en Él (v. 4), en vez de angustiarnos tanto? Imagina lo libre de preocupaciones que estaríamos si le encomendáramos al Señor nuestro camino (v. 5), ¡y la tranquilidad que tendríamos si aprendiéramos a guardar silencio ante Él y esperar que actúe! (v. 7).

Las noticias sobre situaciones que no podemos cambiar nos brindan una oportunidad de poner límite a nuestra preocupación. Nuestra perspectiva se aclara cuando confiamos en Dios, ponemos nuestros caminos en sus manos y descansamos en Él. Aunque las luchas y las pruebas no desaparezcan, descubriremos que el Señor nos da paz en medio de ellas.

JDB

● *Señor, ayúdame a confiar y descansar en ti.*

Los obstáculos nos dan oportunidad de confiar en Dios.

¿De qué se trata la Navidad?

Hace 50 años, se televisó por primera vez el musical *La Navidad de Charlie Brown*. Algunos ejecutivos del canal pensaron que nadie la vería, y otros temían que los televidentes se ofendieran si se citaba la Biblia. Por eso, le pidieron al autor que omitiera la escena de la Navidad, pero se negó. Poco después, el programa era un éxito, y todavía sigue emitiéndose cada año.

LECTURA:
Lucas 2:8-14

Había pastores [...] que velaban y guardaban [...] su rebaño (v. 8).

Cuando Charlie Brown, el frustrado director de una obra infantil navideña, se desanima ante la atmósfera comercial de la celebración, pide que alguien le explique el verdadero significado de la Navidad. Linus recita Lucas 2:8-14, que incluye este pasaje: «que os ha nacido hoy, en la ciudad de David, un Salvador, que es Cristo el Señor. Esto os servirá de señal: Hallaréis al niño envuelto en pañales, acostado en un pesebre. Y repentinamente apareció con el ángel una multitud de las huestes celestiales, que alababan a Dios, y decían: ¡Gloria a Dios en las alturas, y en la tierra paz, buena voluntad para con los hombres!» (vv. 11-14). Y agrega: «De eso se trata la Navidad».

En medio de las dudas y los sueños que tenemos en esta época, es bueno volver a meditar en el gran amor de Dios manifestado en la conocida historia del nacimiento de Jesús, el Salvador.

DCM

- *Señor, ayúdame a apreciar más tu asombroso regalo en Cristo.*

¡Dios irrumpió en la historia humana para ofrecernos el regalo de la salvación!

LA BIBLIA en UN AÑO:
Daniel 3–4; 1 Juan 5

El comienzo de la Navidad

Cuando el ángel Gabriel se le apareció a María y, más tarde, a los pastores para darles la buena nueva para el mundo (LUCAS 1:26-27; 2:10), ¿esa noticia fue buena para aquella jovencita? Quizá María pensó: *¿Cómo le explico a mi familia que estoy embarazada? ¿Mi novio, José, romperá el compromiso? ¿Qué dirá la gente del pueblo? Aunque me perdonen la vida, ¿cómo voy a sobrevivir siendo madre soltera?*

LECTURA:
Lucas 1:26-38

Y despertando José del sueño, hizo como el ángel del Señor le había mandado... (Mateo 1:24).

Cuando José se enteró del embarazo de María, se perturbó. Tenía tres opciones: seguir adelante con el matrimonio, divorciarse públicamente y dejar que la gente se burlara de ella o romper en secreto el compromiso. Escogió la tercera, pero Dios intervino diciéndole en un sueño: «no temas recibir a María tu mujer, porque lo que en ella es engendrado, del Espíritu Santo es» (MATEO 1:20).

Para María y José, el comienzo de la Navidad significó someterse a Dios a pesar de los impensables desafíos emocionales que implicó. Al confiar en el Señor, fueron un ejemplo de la promesa de 1 Juan 2:5: «el que guarda su palabra, en éste verdaderamente el amor de Dios se ha perfeccionado».

Que el amor de Dios no solo llene nuestro corazón en esta temporada navideña, sino cada día de nuestra vida. *AL*

Señor, llena mi corazón al disfrutar el regalo de tu amor y perdón en tu Hijo Jesucristo.

La obediencia a Dios fluye en abundancia de un corazón lleno de amor.

LA BIBLIA en UN AÑO:
Daniel 5–7; 2 Juan

Un siervo fiel

Madaleno es albañil. De lunes a jueves, construye paredes y repara techos. Es callado, confiable y trabajador. Después, de viernes a domingo, sube a las montañas a enseñar la Palabra de Dios. Habla náhuatl, un dialecto mejicano, lo que le permite comunicar sin problema la buena noticia de Jesús a la gente de esa región. Con 70 años, sigue construyendo casas, pero también edifica a la familia de Dios.

LECTURA:
Josué 14:6-15

... el que sirve, que lo haga por la fortaleza que Dios da... (1 Pedro 4:11 LBLA).

Lo han amenazado varias veces, ha dormido al aire libre y casi muere en accidentes automovilísticos y caídas. También lo han echado de algunos pueblos, pero él afirma que Dios lo ha llamado a esa actividad, y sirve con alegría. Como cree que la gente necesita conocer al Señor, confía en que Dios lo fortalecerá.

La fidelidad de Madaleno me recuerda la de Josué y Caleb, dos de los hombres que Moisés envió a explorar la tierra prometida para informar a los israelitas (NÚMEROS 13; JOSUÉ 14:6-13). Sus compañeros regresaron atemorizados, pero ellos confiaban en Dios y estaban convencidos de que Él los ayudaría a conquistar la tierra.

La obra que se nos ha encomendado quizá sea diferente a la de Madaleno o la de Josué y Caleb, pero nuestra confianza puede ser igual. Para alcanzar a otros, no dependemos de nosotros mismos, sino del poder de nuestro Dios.

KO

- *¿Eres fiel donde Dios te ha colocado para que lo sirvas?*

A medida que servimos a Dios, nuestra fuerza aumenta.

El regalo perfecto

Todos los años, el jardín botánico local realiza una exposición sobre la Navidad en el mundo. Lo que más me gusta es una escena francesa. En lugar del cuadro tradicional con pastores y magos con regalos de oro, incienso y mirra, hay aldeanos franceses que le llevan de regalo a Jesús lo que Dios les dio a ellos la capacidad de producir: pan, vino, queso, flores y otras cosas. Esto me recuerda el mandato del Antiguo Testamento de entregarle al Señor las primicias de nuestro trabajo (ÉXODO 23:16-19). Esta escena navideña ilustra que todo lo que tenemos proviene del Señor, así que lo único que tenemos para darle es aquello que recibimos de su mano.

LECTURA:
Romanos 12:1-8

Dad al Señor la honra debida a su nombre; traed ofrendas, y venid a sus atrios (Salmo 96:8).

Cuando Pablo instruyó a los romanos a presentar sus cuerpos en sacrificio vivo, estaba diciéndoles que le devolvieran a Dios lo que Él les había dado: la vida entera (ROMANOS 12:1). Esto incluye las dádivas divinas, incluido el trabajo con que se ganaban la vida. Sabemos que el Señor concede habilidades especiales: David era un músico talentoso (1 SAMUEL 16:18); Bezaleel y Aholiab tenían habilidad para tareas artísticas (ÉXODO 35:30-35); y algunos son dotados para la escritura, la enseñanza, la jardinería y otras actividades.

Devolverle a Dios lo que Él nos dio primero es el regalo perfecto: todo nuestro ser.

JAL

- *¿Qué puedes ofrecerle a Jesús?*

Dale todo a Cristo, quien dio todo por ti.

LA BIBLIA en UN AÑO:
Daniel 11–12; Judas

Una multa singular

Un policía detuvo a una mujer mientras conducía porque su hijita no iba sentada en el asiento especial para niños. Podría haberle aplicado una multa de tránsito, pero, en lugar de eso, les pidió a ambas que lo acompañaran a una tienda cercana, donde él mismo compró el asiento requerido. La mujer tenía problemas financieros y carecía de recursos para comprarlo.

LECTURA:
Efesios 1:1-10

En quien tenemos [...] el perdón de pecados según las riquezas de su gracia (v. 7).

En lugar de recibir una multa por su infracción, se fue con un regalo. Los que conocen a Cristo han experimentado algo similar. Todos merecemos ser castigados por quebrantar las leyes de Dios (ECLESIASTÉS 7:20); pero, en su gracia, el Señor envió a Jesús para que no tengamos que sufrir las consecuencias de nuestro pecado y vivir separados de Él para siempre (ROMANOS 6:23). «En [Jesús] tenemos redención por su sangre, el perdón de pecados según las riquezas de su gracia» (EFESIOS 1:7).

Algunos dicen que la gracia es «amor en acción». Después de atravesar esa situación, aquella madre señaló: «¡Estaré agradecida de por vida! Además, en cuanto pueda, le devolveré el dinero». ¡Esta agradecida respuesta de corazón es un ejemplo inspirador para quienes hemos recibido el regalo de la gracia de Dios!

JBS

Padre, gracias por entregar a tu Hijo para que muriera en la cruz para pagar por mi pecado. Por fe, recibo el regalo de la vida eterna en Él.

El regalo de Dios es la gracia.

LA BIBLIA en UN AÑO:
Oseas 1–4; Apocalipsis 1

Dispararle a una mosca

La habilidad de Macarena Valdés para localizar minas subterráneas fue vital para rescatar a los 33 mineros chilenos que quedaron atrapados tras una explosión en octubre de 2010. Perforar el suelo para encontrar el lugar exacto fue como «tratar de pegarle un tiro a una mosca a 700 metros de distancia», declaró. Su experiencia le permitió dirigir la sonda hasta donde estaban enterrados aquellos hombres, lo cual hizo posible el dramático rescate.

LECTURA:
2 Corintios 4:1-6

El amor de Cristo nos lleva a actuar así...
(2 Corintios 5:14 RVC).

Es fácil desanimarse cuando uno se esfuerza para rescatar espiritualmente a las personas. Aunque el apóstol Pablo enfrentó obstáculos mayores, afirmó: «no desmayamos» (2 CORINTIOS 4:1). Si bien «el dios de este siglo [cegaba] el entendimiento de los incrédulos, para que no les [resplandeciera] la luz del evangelio», él seguía proclamando la buena noticia de la salvación (vv. 4-5). Pablo sabía que Dios, en su amor, podía iluminar a los demás con la misma luz que había disipado su propia oscuridad (v. 6).

Tú y yo podemos tener historias similares: impulsados por el amor de Dios, también tenemos una razón para no desanimarnos. Tal como Macarena ayudó a rescatar a los mineros, el Espíritu Santo puede trasmitir la luz de nuestro amor y testimonio a quienes tal vez no sepan que necesitan ser rescatados.

CPH

Señor, ayúdanos a rescatar a los atrapados en el pecado.

Cuando te han rescatado, quieres rescatar a otros.

Perros paracaidistas

Me asombra la historia de los perros paracaidistas de la Segunda Guerra Mundial. Mientras las tropas aliadas se preparaban para el Día D, usaban la agudeza sensorial de los perros, los cuales, a través de su olfato, advertían del peligro de los campos minados y las guiaban por lugares seguros. Sin embargo, la única manera de hacer que los soldados ubicados detrás del frente enemigo dispusieran de esos perros era lanzándolos en paracaídas. Por instinto, a los perros eso les da miedo… y para ser sinceros, no son los únicos. De todos modos, después de semanas de entrenamiento, aquellos animales aprendían a confiar en sus amos lo suficiente como para saltar cuando se lo indicaban.

LECTURA:
Salmo 143:7-12

... porque en ti he confiado; hazme saber el camino por donde ande... (v. 8).

Me pregunto si nosotros confiamos tanto en el Señor como para hacer cosas que, instintivamente, no haríamos nunca o nos darían miedo. Por naturaleza, tal vez no seamos generosos, perdonadores o pacientes con quienes nos desagradan. Sin embargo, Jesús manda que confiemos en Él para hacer cosas potencialmente difíciles, pero que serán de beneficio para su obra, y que digamos: «Porque en ti he confiado; hazme saber el camino por donde ande» (SALMO 143:8).

Así como aquellos perros recibían medallas por su valentía, el Señor también nos recompensará por nuestra obediencia.

JMS

- *¿Qué te pide Dios que hagas hoy? Confía en Él.*

Confía en que Jesús te mostrará cómo puede utilizarte.

Hambre de Dios

Apoulapi es un anciano de los akha, una tribu que vive en las cordilleras de la provincia de Yunnan, en China. Hace poco, hicimos un viaje misionero y fuimos a visitarlo. Dijo que, debido a las lluvias, no había podido asistir al estudio bíblico semanal, y nos imploró: «¿Podrían compartir la Palabra de Dios conmigo?».

LECTURA:
Deuteronomio 4:9-14

Toda la Escritura es inspirada por Dios, y útil...
(2 Timoteo 3:16).

Apoulapi no sabe leer, así que la reunión semanal es vital para Él. Mientras le leíamos la Biblia, prestaba muchísima atención. Su actitud me hizo pensar que, cuando escuchamos detenidamente el relato de las Escrituras inspiradas, honramos al Señor.

En Deuteronomio 4, Moisés exhortó a los israelitas a escuchar atentamente las normas y reglamentos que estaba enseñándoles (v. 1). Les recordó que la fuente inspiradora de esas instrucciones era Dios mismo, quien les había hablado «de en medio del fuego» en Sinaí (v. 12). Declaró: «[El Señor] os anunció su pacto, el cual os mandó poner por obra» (v. 13).

El anhelo de aquel anciano por escuchar la Palabra de Dios nos insta a tener un deseo similar. Como nos recuerda el apóstol Pablo en 2 Timoteo 3:15-16, la Escritura inspirada se nos dio para que crezcamos espiritualmente y nos vaya bien; para hacernos sabios en la salvación y los caminos de Dios. PFC

● *Señor, dame ansias de oír y entender las verdades de tu Palabra.*

Conocer a Cristo, la Palabra viviente, es amar la Biblia, la Palabra escrita.

Cómo ser perfecto

En la temporada navideña, la búsqueda de la perfección se intensifica: imaginamos una celebración perfecta y nos esforzamos al máximo para lograrla, compramos los regalos perfectos, organizamos la comida familiar perfecta y elegimos la tarjeta de Navidad perfecta. Sin embargo, nuestros esfuerzos nos dejan desanimados y decepcionados cuando no podemos concretar lo imaginado: un desganado «gracias» por el regalo escogido, parte de la comida que se quema, un error tipográfico en las tarjetas que enviamos, niños que se pelean por los juguetes y adultos que reviven antiguas discusiones.

LECTURA:
Romanos 3:20-26

... una sola ofrenda hizo perfectos para siempre a los santificados
(Hebreos 10:14).

No obstante, estas desilusiones deberían hacernos recordar el verdadero sentido y la gran importancia de la Navidad: el nacimiento de Jesús, el perfecto Hijo de Dios y Salvador, el único en quien podemos ser perfeccionados y justificados (ROMANOS 3:22).

La Navidad es necesaria porque, sin ella, nadie es ni puede ser todo lo que desea; ni siquiera por un mes, una semana o un día.

Si este año, tu celebración de Navidad está lejos de lo ideal, no te preocupes; deja que se convierta en un recordatorio de que la única manera de poder ser hechos «perfectos para siempre» (HEBREOS 10:14) es vivir por fe en la justicia de Cristo. *JAL*

● *¿Qué esperas de esta Navidad? Concéntrate en el Señor Jesús.*

«Vestido de su justicia; impecable para presentarme delante de su trono». —EDWARD MOTE

LA BIBLIA en **UN AÑO:**
Joel 1–3; Apocalipsis 5

Celebremos

Después del gol que Asamoah Gyan, de la selección de fútbol de Ghana, le marcó a Alemania en el Mundial de 2014, todo el equipo lo festejó con un esquema coordinado de pasos de baile. Cuando el alemán Miroslav Klose marcó su gol a los pocos minutos, hizo una voltereta en el aire. «Los festejos en el fútbol son espectaculares porque revelan la personalidad, los valores y las pasiones de los jugadores», afirma Clint Mathis, un jugador que participó en el Mundial de 2002.

LECTURA:
Salmo 150

¡Alabado sea [el Señor] con flautas e instrumentos de cuerda! (v. 4 RVC).

En el Salmo 150, el salmista invita a «todo lo que respira» a alabar al Señor de diferentes maneras. Sugiere que usemos trompetas y arpas, instrumentos de cuerdas y flautas, y que lo hagamos al ritmo del pandero. Nos insta a alabar, honrar y adorar a Dios de manera creativa y apasionada, porque Él es grande y ha hecho obras poderosas por su pueblo. Estas manifestaciones externas brotan de un gozo interior incontenible. «Todo lo que respira alabe al Señor. Aleluya» (v. 6), declara el salmista.

Nuestra alabanza a Dios debe ser siempre significativa y de corazón. Cuando pensamos en los atributos del Señor y en su obra a nuestro favor, no podemos evitar honrar su Nombre y su Persona con nuestra alabanza y nuestra adoración. *MLW*

- *¿Cómo te ha motivado la lectura de este salmo a expresar tu alabanza y adoración al Señor?*

La alabanza es la canción de un alma que ha sido liberada.

LA BIBLIA en UN AÑO:
Amós 1–3; Apocalipsis 6

La importancia de la forma

Mientras estudiábamos en el instituto bíblico, un amigo y yo trabajábamos en una mueblería. A menudo, cuando entregábamos materiales, nos acompañaba una decoradora de interiores, la cual hablaba con los compradores mientras nosotros llevábamos el mueble del camión a la casa. A veces, teníamos que subirlos varios pisos... ¡y cuánto deseábamos hacer la tarea de la decoradora en lugar de la nuestra!

LECTURA:
Números 4:17-32

... pondrán a cada uno en su oficio y en su cargo (v. 19).

Durante los 40 años de peregrinación de Israel en el desierto, a tres familias de la tribu sacerdotal de Leví se les asignó la tarea de transportar el tabernáculo. Lo armaban, lo desarmaban y lo llevaban al siguiente lugar; y repetían el proceso una y otra vez. La descripción de su tarea era sencilla: «los utensilios que ellos tienen que transportar» (VER NÚMEROS 4:32).

Me pregunto si estos «custodios» envidiaron alguna vez al «sacerdote» que ofrecía sacrificios e incienso con esos utensilios santos (vv. 4-5, 15). Seguramente, esa tarea parecía mucho más fácil y prestigiosa. Sin embargo, ambas asignaciones eran importantes y procedían del Señor.

Muchas veces, no elegimos el trabajo que hacemos, pero sí podemos determinar con qué actitud lo llevaremos a cabo. La medida de nuestro servicio a Dios es cómo lo hacemos. DCM

Señor, ayúdanos a ver cuán importante es la tarea que nos has encomendado.

El trabajo realizado con humildad se convierte en santo cuando se hace para Dios.

LA BIBLIA en **UN AÑO:**
Amós 4–6; Apocalipsis 7

Santo es tu nombre

Una tarde, estaba conversando con un amigo a quien consideraba mi consejero espiritual, sobre usar en vano el nombre de Dios. «No tomarás el nombre del Señor tu Dios en vano», dice el tercer mandamiento (ÉXODO 20:7). Tal vez suponemos que se refiere solamente a agregar el nombre de Dios a un insulto o usarlo de manera irreverente o poco seria. Pero mi consejero casi nunca perdía la oportunidad de enseñarme sobre la fe verdadera; entonces, me desafió a pensar en otras formas de profanar el nombre del Señor.

LECTURA:
Éxodo 20:1-7

No pronuncies el nombre del Señor tu Dios a la ligera... (V. 7 NVI).

Cuando rechazo un consejo, diciendo: «Dios me dijo que lo hiciera así», uso en vano su nombre si lo que busco es hacer lo que yo quiero. También lo uso en vano cuando quito de contexto la Escritura para respaldar mis propias ideas. Otra manera de hacerlo es enseñar, escribir o hablar de la Palabra de Dios irresponsablemente.

El escritor John Piper sugiere esta definición de usar el nombre de Dios en vano: «La idea es [...] "no vaciar el nombre". [...] No vaciar a Dios de su peso y gloria». Y agrega que usamos en vano su nombre cuando «hablamos de Dios de una manera que disminuye su valía».

Mi amigo me desafió a valorar el nombre del Señor y a usar su Palabra con cuidado y precisión. No hacerlo es deshonrarlo.

RKK

Señor, ayúdame a honrar tu nombre con mis palabras y acciones.

Usa con cuidado el nombre de Dios.

LA BIBLIA en UN AÑO:
Amós 7–9; Apocalipsis 8

Descanso navideño

Cuando era niño, repartía periódicos para ganar dinero. Tenía que levantarme a las tres de la madrugada, los siete días de la semana, para que los 140 ejemplares estuvieran en el domicilio correspondiente antes de las seis de la mañana.

Sin embargo, un día del año era diferente. El periódico de Navidad lo entregábamos el día anterior, lo cual significaba que la mañana del 25 de diciembre era la única del año en que podía dormir y descansar como una persona normal.

LECTURA:
Mateo 11:28–12:8

Venid a mí todos los que estáis trabajados y cargados... (v. 28).

Con el paso de los años, he llegado a apreciar la Navidad por muchas razones, pero, en aquellos tiempos, lo que la hacía especial era lo que la diferenciaba de las demás jornadas del año: era un día de descanso.

En aquel entonces, no entendía por completo el significado del verdadero descanso que produce la Navidad; es decir, que Cristo vino para que todos los que están agobiados por el peso de una ley que nunca puede cumplirse totalmente puedan encontrar descanso a través del perdón que Él ofrece. Jesús declaró: «Venid a mí todos los que estáis trabajados y cargados, y yo os haré descansar» (MATEO 11:28). En un mundo que presiona más allá de lo que podemos soportar solos, el Señor nos invita a comenzar una relación con Él por fe para encontrar el verdadero descanso.

WEC

● *Señor, pongo en tus manos lo que hoy me pesa.*

Nuestra alma encuentra reposo cuando descansa en Dios.

Ayuda en la oscuridad

Nuestra vieja perra, una terrier blanca, duerme acurrucada al pie de nuestra cama. Ese ha sido su lugar durante trece años.

Normalmente, no se mueve ni hace ruido; pero, en los últimos tiempos, nos toca con la pata en medio de la noche. Al principio, pensábamos que quería salir, y tratábamos de tranquilizarla. Sin embargo, después nos dimos cuenta de que, simplemente, quería saber si estábamos allí. Como está casi ciega y oye poco, no puede ver en la oscuridad ni escuchar si respiramos. Entonces, se inquieta y busca seguridad. Yo estiro el brazo y le acaricio la cabeza para mostrarle que estoy. Es lo único que necesita. Después, da un par de vueltas y se duerme otra vez.

LECTURA:
Salmo 139:7-12

... lo mismo te son las tinieblas que la luz (v. 12).

«¿Y a dónde huiré de tu presencia?», le preguntó David a Dios (SALMO 139:7), y, consolado, agregó: «Si [...] habitare en el extremo del mar, aun allí me guiará tu mano [...]. Aun las tinieblas no encubren de ti...» (vv. 9-12).

¿Estás perdido en la oscuridad? ¿Triste y desanimado? ¿Con miedo o culpa? ¿Dudando de Dios? Para Él, la oscuridad no existe. Aunque no lo veas, está a tu lado, ya que prometió: «Nunca te dejaré ni te desampararé» (HEBREOS 13:5). Extiende tu mano. El Señor está allí.

DHR

Señor, cuando las exigencias de la vida nos tientan a ser egoístas, ayúdanos a resistir y reflejar tu luz.

Los miedos tenebrosos huyen ante la luz de la presencia de Dios.

Las realidades de la vida

Al parecer, la mayoría de nuestras luchas giran alrededor de querer algo que no tenemos o de tener algo que no queremos. Los anhelos más profundos y los desafíos más grandes se relacionan con tratar de ver la mano de Dios en estas dos realidades de la vida. Así comienza el relato de Lucas del nacimiento de Jesús.

LECTURA:
Lucas 1:24-38

Entonces María dijo: […] hágase conmigo conforme a tu palabra (v. 38).

La anciana Elisabet anhelaba tener un hijo; pero, para la joven María, que estaba comprometida para casarse, el embarazo quizá era una desgracia. Sin embargo, cuando ambas supieron que iban a tener un bebé, aceptaron la noticia con fe en el Dios cuyo tiempo es perfecto y para quien nada es imposible (LUCAS 1:24-25, 37-38).

Al leer la historia de la Navidad, tal vez nos llame la atención el trasfondo de las personas cuyos nombres resultan tan familiares. Aun cuando Zacarías y Elisabet sufrían el estigma de la esterilidad, se los describió como «justos delante de Dios, […] irreprensibles en todos los mandamientos y ordenanzas del Señor» (v. 6). Y a María, el ángel le dijo que ella había encontrado el favor de Dios (v. 30).

Sus ejemplos nos muestran el valor de un corazón confiado que acepta los caminos misteriosos de Dios, sin importar cuán extrañas puedan ser nuestras circunstancias.

DCM

• *¿Estás atravesando alguna situación incomprensible? Confía en los sabios propósitos de Dios.*

Para el creyente, las pruebas no pueden ir separadas de la confianza.

Pax Romana

Nadie puede afrontar el precio de la guerra. Un sitio de Internet informa que, actualmente, 64 naciones están involucradas en conflictos armados. ¿Cuándo y cómo terminarán? Deseamos tener paz, pero no a expensas de la justicia.

Jesús nació durante una época de «paz», pero esta se había instalado tras una intensa opresión. La *Pax Romana* existía solo porque Roma había aplastado a todos los opositores.

LECTURA:
Isaías 9:1-7

Porque un niño nos es nacido, hijo nos es dado... (V. 6).

Setecientos años antes de aquella época de relativa paz, los ejércitos enemigos se preparaban para invadir Jerusalén. Desde la oscuridad de la guerra, Dios hizo una declaración asombrosa: «los que moraban en tierra de sombra de muerte, luz resplandeció sobre ellos» (ISAÍAS 9:2), porque «un niño nos es nacido, hijo nos es dado [...]. Lo dilatado de su imperio y la paz no tendrán límite (VV. 6-7).

Mateo afirma que la profecía de Isaías se cumplió en el niño Cristo (MATEO 1:22-23; VER TAMBIÉN ISAÍAS 7:14).

Ese bebé del pesebre, a quien adoramos, es también el Señor Todopoderoso, «el Señor de los Ejércitos Celestiales» (ISAÍAS 13:13 NTV). Un día, Él reinará «sobre el trono de David y sobre su reino, disponiéndolo y confirmándolo en juicio y en justicia» (9:7), pero ese régimen no será la opresora *Pax Romana*, sino el gobierno del Príncipe de paz.

TG

● *Señor, ayúdame a contribuir con mi vida a la justicia y la paz.*

El Cordero de Dios es también el León de Judá.

Amor sublime

Poco antes de la Navidad siguiente a la muerte de su esposo, una amiga nuestra escribió una carta asombrosa en la que describía cómo podría haber sido el cielo cuando Jesús nació. Decía: «Fue lo que Dios siempre supo que sucedería. Los tres eran uno, pero habían acordado permitir que su preciosa unidad se fracturara para beneficiarnos a nosotros. El cielo quedó sin Dios el Hijo».

LECTURA:
Juan 6:32-40

... he descendido del cielo [...] para hacer [...] la voluntad del que me envió (v. 38).

Cuando Jesús estaba en la Tierra, enseñando y sanando, declaró: «he descendido del cielo, no para hacer mi voluntad, sino [...] la voluntad del Padre, el que me envió: [...] Que todo aquél que ve al Hijo, y cree en él, tenga vida eterna; y yo le resucitaré en el día postrero (JUAN 6:38-40).

El nacimiento de Jesús en Belén fue el comienzo de su misión en la Tierra para demostrar el amor de Dios y dar su vida en la cruz para libertarnos de la pena y el poder del pecado.

Esa carta terminaba diciendo: «No puedo pensar en dejar que, por el bien de otros, se vaya el hombre a quien amo y con quien éramos uno. Pero Dios lo hizo: se encontró con una casa mucho más vacía que la mía, para que yo pudiera vivir allí con Él para siempre».

«Porque de tal manera amó Dios al mundo, que ha dado a su Hijo unigénito» (JUAN 3:16).

DCM

● *Padre celestial, tu amor hacia nosotros es tan sublime. Gracias por dar a tu Hijo para salvarnos.*

El nacimiento de Cristo trajo a Dios al hombre; la cruz de Cristo lleva al hombre a Dios.

El tamborilero

El tamborilero es una canción popular de Navidad escrita en 1941. Originariamente, se conoció como *Villancico del tambor*, y se basa en una tradicional canción navideña checa. Aunque los relatos de Mateo 1–2 y Lucas 2 no hacen referencia a ningún niño que toque el tambor, la esencia de la letra alude directamente al significado de adorar. Habla de un mago que invita a un muchacho a la escena del nacimiento de Cristo; pero, a diferencia de los otros magos, como el chico no lleva ningún regalo, le da lo que tiene. Entonces, toca su tambor, mientras dice: «Interpreté para Él mejor que nunca».

LECTURA:
Lucas 21:1-4

... de su pobreza echó todo el sustento que tenía
(v. 4).

Esto evoca la clase de adoración que describió Jesús al referirse a la viuda y sus dos monedas: «En verdad os digo, que esta viuda pobre echó más que todos. Porque todos aquéllos echaron para las ofrendas de Dios de lo que les sobra; mas ésta, de su pobreza echó todo el sustento que tenía» (LUCAS 21:3-4).

Lo único que tenía el chico del tambor era su instrumento, y la viuda, sus dos monedas, pero el Dios a quien adoraban era digno de recibir todo lo que tenían. El Señor es digno de todo lo nuestro también, ya que Él dio todo por nosotros.

WEC

Señor, aquí estoy a tus pies para consagrar a ti todo lo que soy, lo que tengo y lo que espero ser: mi vida entera.

Lo poco que tienes es mucho cuando lo entregas todo.

Talla única

Como a la mayoría de los niños, me encantaba la Navidad. Solía husmear ansiosamente alrededor del árbol para ver qué juguetes me regalarían. Pero me desilusionaba cuando empezaban a darme camisas y pantalones. ¡Los regalos para adultos eran aburridos! La Navidad pasada, mis hijos me regalaron unas medias geniales, con dibujos y colores brillantes. ¡Me sentí joven otra vez! Aun los grandes pueden usar esas medias, que, como indicaba la etiqueta, eran «talla única».

LECTURA:
Juan 3:10-21

... para que todo aquel que en él cree [...] tenga vida eterna (v. 16).

Esta agradable frase me hace pensar en el mejor regalo de Navidad: la buena noticia de que la salvación en Jesús les cabe a todos; desde los humildes pastores que recibieron la invitación del coro de ángeles hasta los ricos y poderosos magos de oriente, quienes siguieron la estrella para ir a adorar al Mesías recién nacido.

Si Jesús fuera solo para los pobres y marginados o para los ricos y famosos, muchos no entraríamos en esas categorías. Sin embargo, Él es para todos, independientemente de la condición social o la situación financiera. Tal como lo explicó: «de tal manera amó Dios al mundo, que ha dado a su Hijo unigénito, para que todo aquel que en él cree, no se pierda, mas tenga vida eterna» (JUAN 3:16). Jesucristo es para todos, como la «talla única». *JMS*

● *Señor, esta Navidad, quiero compartir tu amor con todos.*

El regalo de Dios para un mundo moribundo es el Salvador que da vida.

LA BIBLIA en UN AÑO:
Habacuc 1–3; Apocalipsis 15

Misterios de Navidad

El cuento de Charles Dickens, *Canción de Navidad*, empieza con un misterio que rodea a Ebenezer Scrooge. ¿Por qué es tan malo este hombre? ¿Cómo se volvió tan egoísta? Luego, a medida que los fantasmas de la Navidad lo hacen recorrer la historia de su vida, las cosas se van aclarando. Vemos qué lo convirtió de un joven feliz en un tacaño miserable, y lo llevó al aislamiento y la angustia. Mientras se resuelve el misterio, también vislumbramos el sendero hacia la restauración. El interés por los demás saca a Scrooge de la oscuridad que lo envolvía, para rodearlo de un gozo desconocido.

LECTURA:
1 Timoteo 3:14-16

... grande es el misterio de la piedad... (v. 16).

Un misterio mucho más importante y difícil de explicar es el que Pablo menciona en 1 Timoteo 3:16: «E indiscutiblemente, grande es el misterio de la piedad: Dios fue manifestado en carne, justificado en el Espíritu, visto de los ángeles, predicado a los gentiles, creído en el mundo, recibido arriba en gloria». ¡Extraordinario! Dios «fue manifestado en carne».

El misterio de la Navidad es que Dios pudo convertirse en hombre sin dejar de ser plenamente Dios. Esto desafía toda explicación humana; pero, en la sabiduría perfecta de Dios, fue el plan de los siglos.

«¿Qué Niño es este?». Es Jesucristo, Dios revelado en carne.

WEC

Este es el Cristo, el Rey [...]. Venid, venid a Él, al hijo de María.

Dios habitó con nosotros para que nosotros pudiéramos habitar con Él.

Regalo frágil

Cuando regalamos algo que puede romperse, nos aseguramos de que la caja lleve impresa en letras grandes la palabra FRÁGIL, ya que queremos que la traten con cuidado.

El regalo de Dios para nosotros vino en el paquete más frágil de todos: un bebé. A veces, imaginamos que el día de Navidad fue una escena hermosa como la de las tarjetas, pero cualquier madre puede decirte que no fue así. María estaba cansada y, probablemente, se sentía insegura. Era su primer hijo, y este había nacido en un lugar totalmente antihigiénico. Ella «lo envolvió en pañales, y lo acostó en un pesebre, porque no había lugar para ellos en el mesón» (LUCAS 2:7).

LECTURA:
Lucas 2:1-7

¡Gracias a Dios por su don inefable!

(2 Corintios 9:15).

Un bebé necesita cuidados permanentes. Llora, come, duerme y depende de quienes lo cuidan. Tampoco puede tomar decisiones. En la época de María, la mortalidad infantil era elevada, y, a menudo, las madres morían al dar a luz.

¿Por qué escogió Dios una manera tan frágil de enviar a su Hijo al mundo? Porque tenía que ser como nosotros para poder salvarnos. El mayor regalo del cielo vino en el frágil cuerpo de un bebé, pero Dios asumió ese riesgo porque nos ama. ¡Estemos hoy agradecidos por semejante regalo!

KO

Señor fuerte y poderoso, gracias por volverte pequeño y frágil aquel día hace tantos años. Me asombra lo que hiciste por mí y por el resto del mundo.

Que la paz de la Navidad te acompañe cada día del año.

LA BIBLIA en **UN AÑO:**
Hageo 1–2; Apocalipsis 17

Sacrificio de Navidad

El clásico cuento de O. Henry, *El regalo de los reyes magos,* narra la historia de Jim y Delia, un matrimonio que atravesaba problemas financieros. La Navidad se acercaba y querían hacerse regalos especiales, pero la falta de dinero los llevó a tomar medidas drásticas. El bien más preciado de Jim era un reloj de oro, y el de Delia, su cabello largo y hermoso. Entonces, Jim vendió su reloj para comprarle unas peinetas a su esposa, mientras que ella vendió su cabello y compró una cadena para el reloj de su marido.

LECTURA:
Gálatas 4:1-7

... cuando vino el cumplimiento del tiempo, Dios envió a su Hijo... (v. 4).

Merecidamente, esta historia se ha vuelto muy preciada, ya que señala que la esencia y la medida del amor verdadero es el sacrificio. Este concepto se aplica particularmente a la Navidad, porque el sacrificio es la clave de la historia del nacimiento de Cristo: nació para morir, y para morir por nosotros. Por eso, el ángel dijo a José: «llamarás su nombre Jesús, porque él salvará a su pueblo de sus pecados» (MATEO 1:21).

Mucho antes de que Jesús naciera, se había determinado que viniera a rescatarnos del pecado en que habíamos caído. Así que, jamás podremos apreciar en plenitud el pesebre a menos que lo veamos a la sombra de la cruz. La Navidad se trata del amor de Cristo, el cual destella con total intensidad en su sacrificio por nosotros.

WEC

- *¿Cómo agradecerás el amor de Dios?*

«La verdad esencial del cristianismo es que Dios consideró a la humanidad digna del sacrificio de su Hijo». —WILLIAM BARCLAY

Polvo de diamantes

Durante un helado invierno en la zona donde vivimos, había sentimientos encontrados respecto al clima. A medida que las nevadas se agudizaban, muchos ya se habían cansado de la nieve y se quejaban de las bajas temperaturas pronosticadas.

Sin embargo, yo seguía maravillándome ante la majestuosa belleza de la nieve. Aunque no dejaba de quitarla de la entrada a mi garaje y amontonarla en pilas más altas que yo, esa cosa blanca me cautivaba. Un día, cristales de hielo cayeron sobre la nieve ya vieja, y parecía como si el paisaje hubiese sido rociado con polvo de diamantes.

LECTURA:
Isa. 1:18-20; Sal. 51:7

... Lávame, y seré más blanco que la nieve (Salmo 51:7).

En la Escritura, la nieve tiene diversos propósitos. Dios la envía como una muestra de su majestad creadora (JOB 37:6; 38:22-23). Los montes nevados irrigan los áridos valles. Sin embargo, lo más importante es que Dios emplea la nieve como una imagen del perdón. El evangelio de Jesús ofrece la manera de ser limpiados de nuestros pecados y que nuestro corazón se vuelva «más blanco que la nieve» (SALMO 51:7; ISAÍAS 1:18).

La próxima vez que veas nieve, directamente o en fotos, da gracias a Dios por el perdón y la liberación del castigo del pecado que este hermoso regalo de la naturaleza representa para todos los que hemos puesto nuestra fe en Cristo para ser salvos. *JDB*

● *Señor, ayúdame a compartir con otros la belleza de tu perdón.*

Cuando Dios nos perdona, nuestro corazón es tan blanco como la nieve recién caída.

LA BIBLIA en **UN AÑO:**
Zacarías 5–8; Apocalipsis 19

Lugar para refugiarse

Los vagabundos de Vancouver han descubierto una manera de dormir protegidos durante la noche. Un centro de caridad fabricó bancos especiales que se convierten en refugios temporales. La parte posterior del asiento se levanta para formar un techo que protege a la persona del viento y la lluvia. De noche, estos lugares para dormir son fáciles de encontrar porque tienen un mensaje luminoso que dice: ESTA ES UNA HABITACIÓN.

LECTURA:
Salmo 61

... Estaré seguro bajo la cubierta de tus alas (v. 4).

La necesidad de refugio puede ser tanto física como espiritual. Dios es un refugio para el alma cuando estamos angustiados. El rey David escribió: «clamaré a ti, cuando mi corazón desmayare. Llévame a la roca que es más alta que yo» (SALMO 61:2). Las cargas emocionales nos hacen más vulnerables a las tácticas del enemigo; el temor, la culpa y los deseos están entre sus preferidas. Por eso, necesitamos estabilidad y seguridad. Como expresó el salmista: «tú has sido mi refugio, y torre fuerte delante del enemigo. [...] Estaré seguro bajo la cubierta de tus alas» (vv. 3-4).

Cuando estamos agobiados, Jesucristo, el Hijo de Dios, nos ofrece paz y protección: «Estas cosas os he hablado para que en mí tengáis paz. En el mundo tendréis aflicción; pero confiad, yo he vencido al mundo» (JUAN 16:33).

JBS

● *Señor, ayúdame a encontrar paz y descanso en ti cuando estoy angustiado.*

Dios es nuestro refugio.

LA BIBLIA en UN AÑO:
Zacarías 9–12; Apocalipsis 20

No seas apático

El salón estaba inundado de una gama de colores mientras las mujeres indias en hermosos saris iban de un lado a otro dando los últimos toques para el evento. Aunque ahora viven en otro país, con muchas comodidades, estas mujeres siguen interesadas en tu tierra natal. Tras oír sobre las necesidades financieras de una escuela cristiana para niños autistas en India, pusieron manos a la obra y organizaron una actividad para reunir fondos y ayudarlos.

LECTURA:
Nehemías 1:1-10

... lo hicisteis a uno de estos mis hermanos más pequeños, a mí lo hicisteis (Mateo 25:40).

Nehemías tampoco permitió que su posición como copero y consejero del hombre más poderoso de su época le hiciera perder el interés en sus conciudadanos. Cuando preguntó cómo estaban ellos y la ciudad de Jerusalén (NEHEMÍAS 1:2), se enteró de que «los que quedaron de la cautividad, allí en la provincia, [estaban] en gran mal y afrenta, y el muro de Jerusalén derribado, y sus puertas quemadas a fuego» (v. 3).

La noticia le rompió el corazón. Entonces, hizo luto, ayunó, y oró pidiéndole a Dios que hiciera algo ante semejante tragedia (v. 4). El Señor le permitió volver a Jerusalén para liderar la reconstrucción (2:1-8).

Nehemías tuvo grandes logros porque actuó dependiendo de un Dios grande. Que abramos nuestros ojos a las necesidades de otros y procuremos resolver sus problemas con la ayuda del Señor.

PFC

• *Señor, ayúdame a no desanimarme ni ser apático.*

Los que caminan con Dios no ignoran las necesidades de los demás.

LA BIBLIA en **UN AÑO:**
Zacarías 13–14; Apocalipsis 21

Invitación a descansar

Los gemidos de los otros pacientes me conmovieron mientras acompañaba a un amigo mío en la sala de emergencias de un hospital. Al orar interiormente por todos ellos, volví a reflexionar sobre la brevedad de nuestra vida en la Tierra, y me vino a la mente una antigua canción que habla de que el mundo no es nuestro hogar y de que «soy peregrino aquí».

LECTURA:
Apocalipsis 21:1-5

... yo os haré descansar
(Mateo 11:28).

Nos rodea el agotamiento, la angustia, el hambre, las deudas, la pobreza, la enfermedad y la muerte. Como estamos obligados a ser peregrinos en este mundo, la invitación de Jesús es oportuna y bienvenida: «Venid a mí todos los que estáis trabajados y cargados, y yo os haré descansar» (MATEO 11:28). Necesitamos este descanso.

En casi todos los funerales a los que he asistido, se habló de la visión de Juan de «un cielo nuevo y una tierra nueva» (APOCALIPSIS 21:1-5), lo cual es, sin duda, importante en tales situaciones.

Sin embargo, me parece que ese pasaje es más para los vivos que para los muertos. El momento de escuchar la invitación de Jesús a descansar en Él es mientras vivimos. Solo entonces podemos apropiarnos de las promesas celestiales de Apocalipsis: Dios morará entre nosotros (v. 3) y secará toda lágrima (v. 4), y «ya no habrá muerte, ni habrá más llanto, ni clamor, ni dolor» (v. 4).

LD

- *¡Acepta la invitación de Jesús y descansa en Él!*

En el ajetreo de la vida, busca descanso en el Señor.

En vuelo

En su libro *On the Wing* [En Vuelo], Alan Tennant registra sus esfuerzos para rastrear la migración del halcón peregrino. Valoradas por su belleza, rapidez y fortaleza, estas asombrosas aves de rapiña eran compañeras favoritas de emperadores y miembros de la nobleza durante las cacerías. Lamentablemente, el amplio uso del pesticida DDT, en la década de 1950, afectó su ciclo reproductivo y las colocó en la lista de especies en peligro de extinción.

LECTURA:
Mateo 10:27-31

... no temáis; más valéis vosotros que muchos pajarillos
(v. 31).

Interesado en la recuperación de esta especie, Tennant sujetó transmisores a un número de halcones para rastrear sus patrones de migración. Pero, cuando él y su piloto volaban detrás de las aves, perdían repetidamente la señal. A pesar de su avanzada tecnología, no siempre podían rastrearlas.

Es bueno saber que el Dios que cuida de nosotros jamás nos pierde de vista. Jesús dijo que «ni [un pajarillo] caerá a tierra sin permitirlo vuestro Padre. Así que no temáis; vosotros valéis más que muchos pajarillos» (MATEO 10:29, 31 LBLA).

Cuando enfrentamos circunstancias difíciles, quizá el temor haga que nos preguntemos si Dios está al tanto de nuestra situación. La enseñanza de Jesús nos asegura que Dios se preocupa profundamente y que tiene el control. Su capacidad para rastrear nuestra vida jamás fallará.

HDF

Señor, gracias por cuidarme siempre.

Si Dios cuida las aves, ¿no cuidará a sus hijos?

Cristo en mí

N**ací y me crié en Ruanda.** Éramos seis hermanos, y nuestros maravillosos padres eran muy devotos y asistían a la iglesia en forma habitual. Leíamos la Biblia y orábamos juntos en familia todas las noches. Aprendimos a amar y a tratar a otros como familia también. Cuando pensaba en el cielo, me imaginaba a mi familia parada frente a Dios, y a mi papá presentándonos a nosotros y a mi mamá al Señor. Luego, Dios nos saludaba y nos daba la bienvenida al cielo. No podía imaginar las cosas de otra manera.

Sin embargo, el 6 de abril de 1994, alrededor de las 8 de la noche, el avión presidencial fue derribado mientras descendía en Kigali. En pocos segundos, comenzó el genocidio de Ruanda. Las estadísticas estiman que alrededor de un millón de personas fueron asesinadas en 100 días, y entre ellas, se encontraban mis padres y dos de mis hermanos. Por gracia de Dios, yo sobreviví, junto con mis tres hermanos menores, todos menores de diez años. Yo solo tenía trece años de edad.

Pronto entendí que las alas imaginarias que me llevarían al cielo se habían roto para siempre...

Aunque estaba agradecida de haber sobrevivido, mi mundo había cambiado para siempre. Pronto entendí que las alas imaginarias que me llevarían al cielo se habían roto para siempre, así que tenía que encontrar otro camino. Me habían privado de mi juventud, y me sentía herida y atribulada. Lo único que anhelaba era algo que borrara mi dolor.

Un día, mientras estaba en la escuela, escuché una voz potente a la distancia. Quise ir a ver de qué se trataba, y descubrí que era un pastor. Le estaba asegurando a la audiencia que hay Alguien que puede ser un padre para los huérfanos y aliviar su dolor. Pensé que, seguramente, le habían hablado sobre mí.

Cuando convocaron a las personas que necesitaban oración, me arrodillé y, sollozando, le pedí a Dios que fuera mi Padre celestial. Él se volvió una realidad en mi vida a través de Proverbios 23:10-11 e Isaías 43:2-4. De una manera muy real, caminó conmigo «por el fuego» y proveyó todo lo que necesitábamos mis hermanos y yo.

> *Cuando pases por las aguas, yo estaré contigo; y si por los ríos, no te anegarán. Cuando pases por el fuego, no te quemarás, ni la llama arderá en ti. Porque yo el Señor, Dios tuyo, el Santo de Israel, soy tu Salvador; a Egipto he dado por tu rescate, a Etiopía y a Seba por ti. Porque a mis ojos fuiste de gran estima, fuiste honorable, y yo te amé; daré, pues, hombres por ti, y naciones por tu vida* (ISAÍAS 43:2-4).

Me llevó mucho tiempo perdonar a los que nos dañaron. A veces, todavía me cuesta. Pero un pensamiento que evita que caiga en el odio es que yo también necesito que me perdonen. Si Dios tomara en cuenta todos mis errores, quedaría avergonzada. Todos necesitamos perdón, esperanza y amor, los cuales vienen de Dios, quien, algún día, restaurará todas las cosas.

*—**Alphonsine Imaniraguha**, sobreviviente del genocidio de Ruanda de 1994 y fundadora del ministerio* Rising Above the Storms

El riesgo del perdón

El perdón es uno de los temas más malinterpretados de la Biblia. Se ha transformado en poco más que una manera terapéutica de desprendernos de aquellos que nos han herido. Sin embargo, el perdón tiene mucha más riqueza de la que quizá entendamos.

Los investigadores han dedicado mucha atención al tema del perdón. Las personas que no perdonan ni reciben perdón tienen tasas más altas de enfermedades relacionadas con el estrés, la depresión clínica y el divorcio. El perdón contribuye a una vida saludable.

Pero ¿qué es el perdón? ¿Es un acto único o un proceso? ¿Esperamos hasta sentirnos listos para perdonar? ¿Exigimos que la otra persona se arrepienta, o el perdón es algo que hacemos por nuestra cuenta? Si perdonamos, ¿eso significa que debemos regresar de inmediato a una relación donde hay abuso permanente? Las respuestas vienen de un hombre llamado Jesús: el perdonador por excelencia.

¿Qué es el perdón?

La declaración más sucinta de Jesús sobre el perdón se registra en Lucas 17:3-5, donde les dijo a sus discípulos: «Si tu hermano pecare contra ti, repréndele; y si se arrepintiere, perdónale. Y si siete veces al día pecare contra ti, y siete veces al día volviere a ti, diciendo: Me arrepiento; perdónale». Esta cuestión de perdonar siete veces en un día era algo tan contrario a la lógica que los discípulos entendieron que necesitaban la ayuda de Jesús para poder perdonar de esa manera.

El perdón comienza con la sinceridad

Hay algunos aspectos fundamentales para dar y recibir perdón.

Define la ofensa con cuidado. El uso del término *hermano* o *hermana* nos coloca en el contexto de la relación y nos recuerda que el lugar principal donde debe expresarse el perdón es dentro de la comunidad de la fe. Las palabras de Jesús tienen sabiduría para todos, pero los cristianos, más que cualquier otra persona, tienen que perdonarse mutuamente.

Igualmente importante es reconocer que Jesús estaba hablando del pecado; en especial, de si alguien «pecare contra ti» (V. 4). Muchas cosas de los demás nos irritan, nos molestan o nos enojan. Quizá necesitemos ser más tolerantes, sin que implique tener que perdonar. El perdón opera en el ámbito del pecado, cuando se quebrantan las normas de conducta de Dios.

El perdón no *ignora* ni *niega* el pecado, haciendo la vista gorda. No *trivializa* el pecado intentando buscarle el lado bueno. Jesús no se refería a enterrar el pecado bajo la ingenua suposición de que «el tiempo cura todas las heridas». Tampoco quiso decir que *olvidáramos* el pecado, como se sugiere en la frase trillada «perdonar es olvidar».

A menudo, le sumamos credibilidad a esta idea al citar el pasaje bíblico que afirma que Dios no se acuerda de nuestros pecados (HEBREOS 10:17). ¿Acaso esto significa que nuestros pecados se borran de la memoria de Dios? De ser así, ¡Dios no podría ser omnisciente! Cuando el Señor se olvida de nuestros pecados, ya no los tiene en nuestra contra. El centro de la cuestión no es que olvidemos, sino lo que hacemos cuando recordamos que alguien nos hizo mal. La única manera de perdonar verdaderamente es recordando. El perdón verdadero requiere una mirada atenta a lo que sucedió.

Confronta el pecado con valentía. La segunda consecuencia de las palabras de Jesús es que debemos *confrontar* el pecado con valentía. «Si tu hermano pecare contra ti, repréndele» (LUCAS 17:3). Jesús está diciéndonos que responsabilicemos a las personas de lo que hicieron. Para esto, es necesario que determinemos, con cuidado y en oración, la naturaleza de la conducta de la otra persona. Si es verdaderamente pecaminosa, no debemos ignorarla.

¡No pases por alto la importancia de este paso! Debemos hablar directamente con la persona, no sobre ella con otros; confrontar con franqueza al ofensor con el pecado de su conducta. El perdón sin confrontación invalida el proceso. El objetivo de este encuentro no es expresar nuestro enojo, sino animar al arrepentimiento, la restauración y la reconciliación. Cuando hemos sido maltratados, lo último que queremos es enfrentar al ofensor. Es más fácil quejarse o soportar el agravio en silencio, mientras eludimos la situación y nos retraemos. Sin embargo, no tenemos esta opción. El verdadero perdón requiere que confrontemos con franqueza el pecado.

Confronta el pecado de la manera adecuada. Tenemos que entender un tercer aspecto fundamental: debemos confrontar el pecado de manera adecuada. En Mateo 18:15, Jesús dijo: «Si tu hermano peca contra ti, ve y repréndele estando tú y él solos; si te oyere, has ganado a tu hermano».

Se ha vuelto común hacer énfasis en los beneficios terapéuticos del perdón. No niego que sea beneficioso perdonar a los demás, pero el perdón no se trata solo de mí. Jesús no nos perdonó por su bien, ¡sino por el nuestro! Aunque perdonar me beneficia de muchísimas maneras, se trata de haber «ganado» a mi hermano, al que me agravió, para ayudarlo a recuperar su salud espiritual.

Varios pasajes nos muestran cómo podemos abordar a un hermano que peca y manejarnos «hablando la verdad en amor» (EFESIOS 4:15 LBLA).

- *Tenemos que hacerlo en privado, no en público.* «Si tu hermano peca contra ti, ve y repréndele estando tú y él solos» (MATEO 18:15).
- *Tenemos que hacerlo con humildad y arrepentimiento, no con arrogancia y pretensiones de superioridad moral.* «¿O cómo dirás a tu hermano: Déjame sacar la paja de tu ojo, y he aquí la viga en el ojo tuyo? ¡Hipócrita! saca primero la viga de tu propio ojo, y entonces verás bien para sacar la paja del ojo de tu hermano»(MATEO 7:4-5).

- *Debemos hacerlo con mansedumbre.* «Hermanos, si alguno fuere sorprendido en alguna falta, vosotros que sois espirituales, restauradle con espíritu de mansedumbre» (GÁLATAS 6:1).

El perdón requiere que el ofensor acepte que pecó y se arrepienta

La siguiente frase del Señor, en Lucas 17:3, proporciona la respuesta adecuada si alguien pecó contra mí, pero también la respuesta si el ofensor soy yo. Estas palabras sencillas encierran un increíble significado: «y si se arrepintiere...».

Mi respuesta ante la confrontación de alguien que se interesa por mí lo suficiente como para cuestionar mi conducta pecaminosa revela mi carácter. El libro de Proverbios deja en claro que mi respuesta ante la reprensión adecuada es un indicio de mi sabiduría: «No reprendas al escarnecedor, para que no te aborrezca; corrige al sabio, y te amará» (PROVERBIOS 9:8).

El arrepentimiento genuino va más allá de una disculpa o una expresión de remordimiento. Es un cambio de actitud que produce un cambio en la manera de actuar. Es más profundo que el remordimiento, porque supone la determinación de cambiar. Y puede ser genuino aunque no produzca un cambio instantáneo. Después de todo, ¡Lucas 17:4 sugiere que alguien puede arrepentirse siete veces en un día! Además, el arrepentimiento que se describe aquí no es un mero sentimiento; es algo que se expresa («si [...] volviere a ti, diciendo: Me arrepiento...»). Sin arrepentimiento, el proceso se invalida. Jesús dijo: «si se arrepintiere, perdónale». El verdadero perdón fluye hacia el arrepentimiento.

El ideal está claro: alguien peca contra mí; confronto al ofensor; él declara con sinceridad su arrepentimiento; yo le ofrezco mi perdón. Pero, a veces, el ofensor no admite el pecado, no importa cuán clara sea la evidencia. Algunas veces, no hay remordimiento; el otro incluso puede celebrar el mal. En otros casos, la persona no puede arrepentirse porque ha muerto o está demasiado enferma como para responder. ¿Qué hacemos entonces? ¿Perdonamos de todas maneras? El perdón no siempre es algo sencillo.

El perdón se otorga con gracia y generosidad

Jesús no se mantiene al margen al hablar del caso de una persona que no se arrepiente. Su mandamiento es claro: si se arrepiente, perdónalo. El registro contra la persona perdonada queda en cero.

El Señor destacó la naturaleza maravillosa del perdón cuando aclaró en Lucas 17:4: «Y si siete veces al día pecare contra ti, y siete veces al día volviere a ti, diciendo: Me arrepiento; perdónale». Jesús no estaba alentando a pronunciar palabras superficiales de remordimiento; lo que quería decir era que sus seguidores deben imitar la maravillosa gracia de Dios, que nos busca en medio de nuestro pecado y nuestra rebeldía. El perdón no se gana, sino que se entrega, y se da con generosidad y gracia.

> **La palabra traducida *perdón*, que utilizó Jesús, tiene varios significados: «poner en libertad, liberar»; y, en ciertos contextos: «borrar, quitar».**

Observa que solo la persona agraviada puede perdonar. Algunas personas me han confesado pecados que cometieron contra otra persona u organización y me pidieron que las perdonara. Pero, si no soy parte de la ofensa, no puedo perdonar. El perdón tiene que venir de la persona agraviada.

Jesús nos exige que perdonemos al que se arrepiente. Eso significa descartar el deseo de venganza o, incluso, el «derecho» de exigirle que nos pague por lo que ha hecho. Perdonar es decir: «Eres libre. Tu deuda está saldada».

Perdonar no significa olvidarnos de recordar, sino recordar que debemos olvidar. Parece una paradoja, pero no lo es. No hay duda de que recordamos lo que se nos hizo; posiblemente, cada vez que nos encontramos con el ofensor. Pero declarar «te perdono» no es incurrir en una amnesia deliberada. Me comprometo a no tratarte según lo que has hecho, aunque lo recuerdo. El tiempo puede mitigar el dolor, pero es probable que no se borre por completo de la memoria.

El perdón te mira a los ojos y te dice las difíciles palabras: «Te perdono».

Al mismo tiempo, debemos reconocer que el perdón no necesariamente restaura el *statu quo*. El perdón no es lo mismo que la reconciliación. Perdonar limpia el registro, pero no reconstruye la confianza en forma instantánea. El perdón se otorga; la reconciliación se gana. El perdón cancela la deuda; no elimina todas las consecuencias. Por ejemplo, una esposa que ha sido abusada por su esposo puede perdonarlo, pero no es sabia si le permite regresar a la casa a menos que, con el tiempo, haya una evidencia clara de un cambio profundo. Un esposo puede perdonar de verdad a su esposa adúltera, pero eso no significa que el matrimonio quedará restaurado automáticamente. La reconciliación y el perdón están relacionados, pero son cosas bien diferentes.

En resumen, perdonar supone tanto una decisión como un proceso. El verdadero perdón no puede reducirse a una simple fórmula, pero es útil considerar cuatro pasos.

Hazle frente a la realidad. El perdón auténtico requiere que identifiquemos lo que ha sucedido y entendamos su importancia. Aquí se enumeran cuatro preguntas útiles:

- *¿Cuán grave fue la ofensa?* Algunas cosas requieren paciencia más que perdón.
- *¿La herida está abierta todavía?* No es solo una cuestión de tiempo. Es posible que estés «sacando la costra» para mantener la herida abierta.
- *¿Qué relación tengo con la persona?*
- *¿Cuán significativa es nuestra relación?*

Permítete sentir tus sentimientos. Existe el peligro del «perdón rápido» —una declaración verbal apresurada que evita que procesemos el agravio—, y un «perdón lento», un permanente «todavía no me siento listo». Hay un tiempo apropiado para dolerse por la pérdida de lo que podría haber sido.

Una decisión y una declaración. El perdón es cuestión de obediencia, una decisión interior que declara: «Te perdono». Estas palabras afirman que el problema está muerto y enterrado. Cuando nos viene a la mente, se lo entregamos al Señor.

Cuando tenía 15 años, convencí a mi papá para que me dejara conducir el automóvil desde casa hasta la iglesia un domingo. Por desgracia, perdí el control en una esquina y choqué contra un poste de la luz, haciéndole un costoso daño al vehículo. Sentí tanto vergüenza como miedo. Mientras salía humo del radiador, incluso antes de que saliéramos del auto, mi padre me miró y me dijo: «Está bien, Gary. Te perdono». Ni una vez, durante el resto de mi vida, mi padre volvió a mencionar lo que había sucedido, aunque le costó mucho dinero arreglarlo. Y, con gusto, me permitió usarlo cuando obtuve mi licencia.

Es necesario refrescarlo. El perdón no es una decisión de una sola vez. Solo al depender de la ayuda del Señor podemos evitar volver a sacar a la luz la ofensa. C. S. Lewis observó: «Perdonar en el momento no es difícil, pero seguir perdonando, perdonar la misma ofensa cada vez que aparece en la memoria... esa es la verdadera lucha».

Durante la Segunda Guerra Mundial, la familia de Corrie ten Boom fue capturada por esconder judíos. Ella y su hermana fueron enviadas a Ravensbruck, uno de los campos de concentración nazis, donde Corrie vio morir a su hermana y a muchos otros. En 1947, volvió a Alemania a predicar el evangelio.

En una de sus charlas, Corrie habló del perdón de Dios. Después de la reunión, muchas personas hicieron fila para hablar con ella. En la fila, vio un rostro terriblemente familiar: uno de los guardias más crueles del campo de concentración. Cuando lo vio, la mente se le inundó de recuerdos dolorosos. El hombre se le acercó, le extendió la mano y dijo: «Excelente mensaje, *fraulein*. Qué bueno es saber que todos nuestros pecados se encuentran en el fondo de la mar». Corrie no le dio la mano, sino que hizo como que buscaba algo en su bolso. Se le heló la sangre. Ella sabía quién era, pero él evidentemente no la había reconocido. Era lógico. Después de todo, ella había sido una prisionera sin rostro entre miles. Entonces, él dijo: «Usted mencionó Ravensbruck. Yo fui uno de los guardias allí. Pero, más adelante, me hice cristiano. Sé que Dios perdonó las cosas crueles que hice allí, pero también quisiera que usted me perdonara». Una vez más, extendió la mano. «*Fraulein*, ¿me perdona?».

¿Cómo podía perdonarlo, después de todo lo que había sucedido? No podía mover la mano, pero sabía que el Señor quería que lo perdonara. Lo único que pudo hacer fue clamar en su interior: *Jesús, ayúdame.* Yo puedo levantar la mano, pero tú tendrás que hacer el resto. En forma inexpresiva y mecánica, levantó la mano para tomar la de él. Estaba actuando por obediencia y fe, no por amor. Sin embargo, cuando lo hizo, experimentó la gracia transformadora de Dios. Escribió:

> *«¡Te perdono, hermano! —grité—. ¡De todo corazón!». Durante un largo momento, nos dimos la mano, el antiguo guardia y la antigua prisionera. Nunca experimenté el amor de Dios en forma tan intensa. Pero, incluso en ese momento, me di cuenta de que no era mi amor. Lo había intentado, pero no tenía el poder para hacerlo. Fue el poder del Espíritu Santo.*

Extraído y adaptado de *The Risk of Forgiveness* [El riesgo del perdón], de Gary Inrig.

Índice de temas

Índice de temas

Índice de temas